婴幼儿托育活动设计

——赋能理念下的"五育"课程

主　编　金春燕　朱　珠

副主编　苗芳芳

参　编　马利娜　郭盼盼　王梦秋

西南交通大学出版社

·成都·

图书在版编目（CIP）数据

婴幼儿托育活动设计：赋能理念下的"五育"课程 / 金春燕，朱珠主编. —成都：西南交通大学出版社，2022.12
ISBN 978-7-5643-9089-1

Ⅰ. ①婴… Ⅱ. ①金… ②朱… Ⅲ. ①托儿所 – 课程设计 Ⅳ. ①G618

中国版本图书馆 CIP 数据核字（2022）第 249010 号

Yingyouer Tuoyu Huodong Sheji: Funeng Linian Xia de "Wuyu" Kecheng
婴幼儿托育活动设计：赋能理念下的"五育"课程
金春燕　朱　珠　主编

责 任 编 辑	何宝华
封 面 设 计	原谋书装
出 版 发 行	西南交通大学出版社 （四川省成都市金牛区二环路北一段 111 号 西南交通大学创新大厦 21 楼）
发行部电话	028-87600564　028-87600533
邮 政 编 码	610031
网　　　址	http://www.xnjdcbs.com
印　　　刷	四川煤田地质制图印务有限责任公司
成 品 尺 寸	185 mm × 260 mm
印　　　张	14.25
字　　　数	329 千
版　　　次	2022 年 12 月第 1 版
印　　　次	2022 年 12 月第 1 次
书　　　号	ISBN 978-7-5643-9089-1
定　　　价	39.80 元

图书如有印装质量问题　本社负责退换
版权所有　盗版必究　举报电话：028-87600562

前言

　　生命早期1000天对个体发展的重要性不言而喻，重视0~3岁婴幼儿早期教育已经成为未来的教育趋势。随着"二孩""三孩"政策相继开放，高质量的托育服务迫在眉睫。

　　2019年5月9日国务院办公厅印发了《关于促进3岁以下婴幼儿照护服务发展的指导意见》，此后，根据此意见的要求，为指导托育机构为3岁以下婴幼儿提供科学、规范的照护服务，国家卫生健康委员会在2021年1月12日颁布了《托育机构保育指导大纲（试行）》。大纲中明确阐述了婴幼儿生活习惯、动作、语言、认知及情感与社会性等方面的教育要点。

　　虽然教育要点已基本明确，但因长期以来0~3岁婴幼儿教育资源的严重短缺，目前可用于0~3岁婴幼儿教育活动的课程较少，已有课程资源缺乏系统性、趣味性等问题比较突出。

　　本书以当前广泛应用于欧美及日本等国家、地区的，以及在医疗、养老、保育方面已有丰富实践的"赋能"理念为理论基础，立足于引导儿童发挥自己的主体性，赋能儿童、家长、教师，形成促进儿童发展的共同体。在赋能理念下，本课程开展以季节、我国传统节日与文化为主题的12个主题活动。每个主题活动下，实施"五育"的课程体系，即"食育、木育、美育、体育、感育"，且分1.5~2岁、2~3岁分别给出两个详细活动案例。全书共120个详细案例，且每个案例配有相应观察要点、丰富的教学资源以及家园合作指导要点。

　　本书立足于目前0~3岁婴幼儿托育、早教行业发展的时代背景，旨在为中职、高职院校的教师提供专业教材，为中高职院校0~3岁早期教育课程学习提供学习资源，同时为托育机构提供系统的课程体系示范以及丰富的活动案例。此外，本书附录有基于托育机构工作流程的行为规范与观察记录表格，为托育活动实践提供操作支持，也可以作为中高职院校学生实习手册使用。本教材力求体现以下特点：

突出课程理念的前沿性。本教材吸纳当前保育界比较盛行的赋能教育理念及其他教育理念，形成了"五育"主题课程。"五育"主题课程渗透"整合式""自主性""探究性"等学习方式；突出引导性、互动性、陪伴性的师幼关系；创设尊重、主动、支持、愉悦的教育环境，能够更好地激发儿童内在的潜能，凸显本教材课程理念的前沿性。

强调理论知识基础性。本教材在撰写的过程中充分考虑专科、普通本科大学生及幼儿园教师的专业素养及学习能力，力求简明扼要地阐述赋能教育的基本理论与五育课程体系，并结合案例展开分析，突出教材内容的可读性与实用性。同时，结合当前0~3岁婴幼儿早期教育的政策与保育理念，突出教材内容的科学性。

注重主题活动实操性。本教材以季节、我国传统节日等内容为主题，结合不同年龄段婴幼儿身心发展的特点，自主设计了120个活动案例，并为教师提供了观察记录、反思评价婴幼儿成长与课程实施的评价表，力求突出实操性与应用性。

本教材在撰写的过程中，借鉴和引用了部分学者的观点，在此一并表示衷心感谢。同时，在教材书写及校对的过程中，可能会有疏漏之处，望广大读者不吝赐教，我们将虚心接受并作出修改。在此，本教材编写组也非常感谢乐山师范学院对本教材编写及出版的大力支持！

编者

2022年8月30日

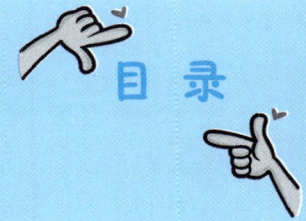

目 录

第一章 赋能理念下的"五育"课程概述 ……001

第一节 托育的赋能理念与"五育" ……001
第二节 赋能理念下的五育课程体系 ……006

第二章 赋能式五育课程设计 ……015

第一节 主题：春天来了 ……015
第二节 主题：悠悠清明 ……031
第三节 主题：宝贝一家 ……047
第四节 主题：夏季Party ……061
第五节 主题：端午节 ……076
第六节 主题：托育园的生活 ……091
第七节 主题：月儿圆圆 ……107
第八节 主题：丰收之趣 ……124
第九节 主题：我身边的生活 ……141
第十节 主题：这个冬天我不冷 ……158
第十一节 主题：新年快乐 ……174
第十二节 主题：科技生活初感知 ……190

第三章 托育机构中的观察与评价 ……205

附 录 托育机构记录与评价用表 ……209

参考文献 ……221

第一章

赋能理念下的"五育"课程概述

第一节 托育的赋能理念与"五育"

一、什么是赋能？

赋能（empower）一词由英语单词"power"和前缀"em-"组成，其意为发掘和展示我们的潜在力量。换言之，它意味着赋予人们希望和梦想，给予鼓励，促使人们发掘自身内在潜能。赋能可以让人们发挥自己的力量，建立纽带，发展人际关系网络，在这一环境中交流并分享自己的情感，与他人产生共鸣，得到更好的合作与发展。在某种意义上，它是一个可以触发想象、传播和建立组织的极具创造性的力量。

"赋能"来源于"赋权"，"赋权"一词首次使用是被作为17世纪的一个法律术语，指"赋予另一个人法律权力"。此后，它继续被用于给予他人权利或权威，在20世纪50年代主要用于提高某些社会群体的地位的活动中，例如民权运动、维护土著人权力、维护妇女权力等。

从1980年左右开始，"赋权"成为一项倡议，被应用于公共卫生及福利方面。1990年过后，则开始广泛应用于商业领域。随着"赋权"一词在各种领域的广泛应用，其对象已不再局限于权力，而扩展到给予人类希望和梦想、鼓励的力量，也就是"赋能"。目前，赋能的过程被定义为个人、群体或社会能够控制他们的环境，实现他们设定的目标，以及能够充分调动自己的内在潜力，提高生活质量，把控生活的过程。

赋能理论认为人的潜能是与生俱来的，所有人都拥有潜在的优秀能力，且能够在一生中运用这些能力，引导人发挥自身潜能的行为就是赋能。个体的潜在活力与可能性在恰当的引导下，能够好似泉涌现一样地被激发出来。

目前赋能理论被广泛应用于社会、商业、福利、教育等领域中，在不同领域有不同的含义。在社会领域中，它被定义为尊重并相信人类的潜在能力，使人们拥有创造一个公平、平等的世界的力量。在商业领域，它被定义为尊重创意，决策权的下放和责任的扩大。在福利领域，赋能被定义为让人拥有自制力、决策力及获得幸福健康。在教育中，它则被定义为内在动机、成功的经验、感知的能力，以及优势的发展及自我尊重。

二、赋能的理论背景

（一）生态系统理论

1979 年，美国生态心理学家、人类学家布朗芬布伦纳（Urie Bronfenbrenner）在《人类发展生态学》一书中提出了生态系统理论（ecological systems theory），并详细介绍了涉及人类发展的关键性环境因素，包括家庭、学校、社区、文化背景及时间变化等，并对这些因素之间的关系进行了分析。生态系统理论模型共有微观系统、中观系统、外观系统、宏观系统 4 个层次和一个时间维度（图 1-1）。儿童受直接环境（微观系统，例如家庭、学校等）到间接环境（宏观系统，如社会、文化、习俗等）的影响，并在每一个系统的交互作用中得到发展。

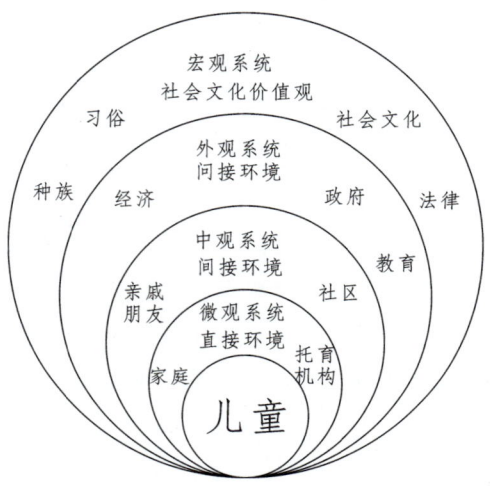

图 1-1 布朗芬布伦纳生态系统理论模型

赋能理论的提出者认为，通过长时间的对影响婴幼儿发展的各系统的支持，可以为其赋能，让其得到更好的发展。布朗芬布伦纳则认为，如果婴幼儿与成人之间是积极互动的，则可以建立良好的亲子关系，对婴幼儿的发展产生积极的作用。如果这时，有第三方的支持，那么成人和儿童之间的关系会得到进一步发展。例如，当妈妈一个人照顾孩子时会比较吃力，这时如果有老人的帮助，可以进一步促成成人和儿童之间的关系。可以看到在这一点上，生态系统理论与赋能理论的观点是相一致的。对于婴幼儿来说，他们的活动范围较窄，主要处于微观系统内，即家庭、托育机构等，因此支持微观系统，可有效为婴幼儿赋能。托育机构的教师可以通过不断接收外界的支持（参加培训、资源利用）等，为机构内婴幼儿的发展提供有效保障。

（二）马斯洛的需要层次理论

马斯洛说，人有五个层次的需求，只有在较低层次的需求得到满足后，他们的较高层次的需求才能得到满足。金字塔底部显示的最基本的需求是生理需求，如饮食和睡眠。在这之上是对安全的需要，能够安全地生活而不用担心，其次是社会归属感和尊重的需求，在金字塔的顶端是自我实现（图 1-2）。

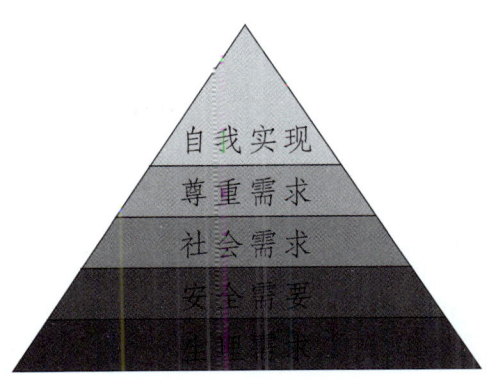

图1-2 马斯洛的需要层次理论

赋能理论认为，儿童最终可达到的理想目标是可以自己做决定，可以自己决定人生的自我实现。为了实现这一金字塔顶端的目标，教师需要用一致的观念、姿态及心理状态，通过高水平的托育技能，尊重儿童的人格，最终让儿童得到自我的实现。在托育机构的工作中，我们要做的不仅只是满足儿童的生理需求、安全需求等基本需求，而是为儿童不断赋能，最终把儿童培养为可以自主的独立个体。

三、赋能教育理念

赋能教育是指给予孩子梦想与希望，赋予孩子勇气，唤醒孩子与生俱来的生存力量的教育。我们坚信孩子拥有潜能，在赋能教育中，将充分尊重孩子的自主性，让婴幼儿自由探索，使孩子在探索中得到全面发展。

在本课程中，我们注重以观察为主，陪伴、引导、呵护与互动为辅，不断赋予婴幼儿探索的动机，让婴幼儿充分感知体验、自主探索、激发潜能，充分尊重婴幼儿的自发性行为，让婴幼儿在游戏中拥有自己独立的思考能力、自理能力与探索能力。

四、赋能教育理念与五育

赋能教育理念倡导给予婴幼儿基于观察的陪伴、引导、呵护与互动，为婴幼儿赋能，让婴幼儿在感知体验、自主探索中发挥潜能，使婴幼儿成为独立自主的个体。在课程实施中，赋能教育把重点放在师幼互动及适宜的环境方面，要求教师尊重婴幼儿的自主性，引导对其潜能的开发，最终获得婴幼儿与教师的共同成长。为了触发良好的师幼互动和创设适宜的环境，我们需要优质的课程活动来支持这一教育理念。

在理论探索与实践中我们发现，通过"五育"活动，即"木育、体育、食育、美育、感育"，婴幼儿不仅可以获得身体、动作、语言、认知、情感与社会性等五大领域的全面发展，而且五育课程注重婴幼儿的生活经验与游戏活动的体验，这是实现赋能教育理念的良好媒介。这些教育方式贯穿于婴幼儿的日常生活中，使婴幼儿得到更好的发展。

（一）食育

食育是指各种与饮食相关的活动与教育。"食育"一词来源于日本，日本营养学家石冢左玄在 1896 年出版的著作《食物养生法》中提出"体育、智育、德育即是食育"。此后，"食育"一词开始在婴幼儿的保育和教育领域广泛流行，日本规定每个月的 19 日为"食育日"，每年的 6 月为"食育活动月"，以此促进全民食育活动的开展。食育不仅有益于身心健康，也能增进人际关系。托育机构开展食育活动，不仅可以让婴幼儿感受、认识和享受食物，也可以培养其良好的进食行为和饮食习惯，启蒙中华饮食文化。对于 0~3 岁婴幼儿的食育活动，可从以下方面进行。

（1）感受和认识食物。适时引导婴幼儿感受食物，通过视觉、触觉、嗅觉、味觉、听觉等感知食物的色、香、味、质地，激发对食物的兴趣，促进其认识食物，接受新食物。可以让幼儿观察或参与简单的植物播种、照料、采摘等过程，并让幼儿参与食物的制备。

（2）培养饮食行为。营造安静温馨、轻松愉悦的就餐环境，引导婴幼儿享受食物，逐步养成规律就餐、专注就餐、自主进食的良好饮食习惯。正确选择零食，避免高糖、高盐和油炸食品。

（3）体验饮食文化。培养用餐礼仪、感恩食物、珍惜食物。结合春节、元宵、端午和中秋等传统节日活动，让幼儿体验中华饮食文化。

（二）木育

"木"和"育"组合起来字面意思上看似在表达"植树"，但这里的木育是指婴幼儿通过接触森林、树木、大自然及木制玩具，了解自然、爱护自然的教育。"木育"一词来源于日本，随着地球温室效应的加剧及自然环境的不断恶化，1989 年日本"北海道木育推进项目"会议上首次提出了木育理念，希望能从婴幼儿时期开始实行木育，让婴幼儿关注周围的自然环境，亲近自然、喜欢木制品，为将来创造人与自然共生的社会奠定基础。木育是防止地球环境恶化，实现生态环境可持续发展、解决环境问题的教学活动，在日本的诸多研究中木育也已被证明有效性。木育包含以下内容。

（1）婴幼儿接触花草、树木等植物的活动。婴幼儿通过观察植物的生长、树木的生长等，亲近自然，体验植物的生长变化。

（2）使用木制玩具的游戏或活动。让婴幼儿充分利用感官能力体验各种各样的木制品。接触木制玩具，喜欢木制品，对森林、树木充满好奇。

（3）与自然现象相关的活动。婴幼儿通过感受大自然的变化，了解自然现象，对大自然有初步的认识，体验并享受在大自然中生活的快乐。

（三）美育

美育指的是审美素养的培养。近代中国美育奠基者之一的蔡元培先生曾说："纯粹之美育，所以陶养吾人之感情，使有高尚纯洁之习惯，而使人我之见、利己损人之思念，以渐消沮者也。"

0~3岁婴幼儿尚处于感知觉发展阶段，随着视觉、听觉能力的发展，对"美"的欣赏能力也在逐渐提高。在生命早期实施美育，可以为将来陶冶性情，提高修养奠定一定的基础。0~3岁婴幼儿的美育，可从以下几个方面进行。

（1）审美能力的提升。喜欢"美"，识别"美"，对"美"有初步的感知。例如喜欢看色彩鲜艳的绘本，画作；喜欢听优美的音乐、动听的歌声、温柔的言语。

（2）艺术素养的培养。可以用动作、工具、语言等表现"美"。例如，能用动作表演简单的律动，能用画笔画出各种各样的颜色的点、线等，能使用简单的礼貌用语。

（四）体育

0~3岁是生长发育的第一个高峰时期，无论是身高、体重还是大脑，这一时期都发展得非常迅速。体育锻炼是维持身体健康必不可少的内容，对于动作发展迅速的0~3岁婴幼儿尤为重要。指导婴幼儿进行适当的体育锻炼，不仅能促进其生长发育、增强体质，也能提高对外界的抵抗能力和适应能力。虽然低年龄段的婴幼儿无法完成较复杂的体育动作，但可以对基本技能进行针对性的训练，以达到体育锻炼的目的。对于婴幼儿的体育活动可从以下方面进行。

（1）以大动作发展为主，充分让其进行爬、跑、跳、钻、攀、平衡等基本能力的训练。

（2）要适当结合精细动作如进行扔、抓、投掷等动作的训练。

（3）要注重趣味性。因年龄限制，对于婴幼儿进行枯燥的体育锻炼很容易让其失去兴趣，不愿意尝试。因此，在活动过程中要增加趣味性，在游戏中让婴幼儿得到锻炼。

（五）感育

感育是指婴幼儿情绪、情感的培养。情绪情感的发展对儿童的智力、性格及社会化的发展起着非常重要的作用。0~3岁是婴幼儿情感发展的敏感期，在这一时期加强对婴幼儿的情感教育，对其今后良好人格的形成有显著的效果。对婴幼儿而言，健康、积极的情感表现为自信、信任、惜物、爱探索、情绪的稳定以及对环境的适应性强等。0~3岁婴幼儿的感育，可从以下几个方面进行。

（1）感受爱。通过讲解、体验等方式，让婴幼儿充分感受到家长、教师以及周围人对他的爱，体会亲情，培养婴幼儿感受爱的能力。让婴幼儿接受来自外界的各种情感，体验自己的情绪、情感。

（2）表达情感。通过情感类活动，学会表达自己的情感，表达对周围人的好感、爱、关心等。

（3）喜欢分享，发展友谊。培养婴幼儿的共情能力，使其关心同伴、愿意与同伴分享。

第二节 赋能理念下的五育课程体系

一、赋能理念下的五育课程目标

(一) 赋能理念下的五育课程的总目标

在 0~3 岁保育教育中,赋能理念是一种相信每个幼儿都是具有潜能的、强调以幼儿为中心的保教理念。教师在保教过程中通过环境创设、教育活动为幼儿赋能,激发幼儿内在的学习兴趣,逐步培养其良好的学习品质与学习力。因此,赋能理念下的五育课程总目标在于家园基于对婴幼儿的观察,共同为幼儿的成长创建一种尊重、引导、支持的教育环境,共同助力于幼儿内在潜能的开发,促进婴幼儿身体发育,动作、语言、认知、情感与社会性的全面发展,使之逐步成为具有生活力、思考力、学习力、反省力、交往力的儿童,为其后续学习及终身发展奠定基础。

(二) 赋能理念下的五育课程的发展目标

在五育及每一个活动主题中,婴幼儿的发展目标融于课程内容中的每一个主题设计图中,"通过下表(表1-1),可对每一个年龄阶段的婴幼儿的发展进行评估,看是否达到发展目标。例如:2周岁的婴幼儿是否能向前踢球"。

表 1-1 婴幼儿发展评估表

儿童年龄	运动发育		社会适应性发育		语言发育	
	粗大运动	精细运动	生活技能	交往技能	表达	理解
12个月	能从坐位站立	能乱涂乱画	能用勺子吃饭	会追赶主要的抚养者	能正确模仿1~2个词	能理解要求(3个中成功1个):过来呀、吃吧、睡吧
14个月	能走2~3步	能试图取出玻璃杯中的小颗粒	能剥开包装吃点心	被表扬后会重复相同的动作	能说2个词	能理解要求(3个中成功3个):过来呀、吃吧、睡吧
16个月	能穿鞋走路	能叠起两块积木	能试图自己擦嘴	能简单帮忙	能说3个词	能执行简单的指令"把报纸拿过来"等
18个月	能跑	能将水从一个玻璃杯倒向另一个	为其穿裤子时,能伸出双脚	遇到困难的事情会求助	能看着绘本说出1件东西的名字	想要有人为其朗读绘本
21个月	能独自上楼梯,但需要两脚跨上同一格	能用铅笔胡乱画圆	能用吸管喝水	能与朋友握手	能看着绘本说出3件东西的名字	能把眼睛、嘴巴、耳朵、手、肚子指给人看(6个中成功4个)

续表

儿童年龄	运动发育		社会适应性发育		语言发育	
	粗大运动	精细运动	生活技能	交往技能	表达	理解
2周岁	能向前踢球	能并排摆放两块以上的积木	能在排尿前告知成人	能离开主要的抚养者玩耍	能说出由两个词组成的词组如"狗狗来了"	能明白"再来一次""再来一点"
2岁3个月	能轻轻地并脚跳	能双手提起铁棒	能自己脱裤子	能假装打电话进行玩耍	能表达出"漂亮""好吃"等	能把鼻子、头发、牙齿、舌头、肚脐、指甲指给人看（6个中成功4个）
2岁6个月	能两脚交替上楼梯	能临摹直线	能自己吃饭不洒出来	和朋友打架了会来告状	能说出自己的名字	能理解大小
2岁9个月	能站立快速旋转	能临摹画圆	能自己穿鞋	想要照顾更小的孩子	能复述两个数字组成的词（3个中成功2个）5-8 6-2 3-9	能理解长短
3周岁	能单脚站立2~3秒	能用剪刀剪纸	能自己脱上衣	会玩过家家游戏	能复述两个词组成的词组（3个中成功2个），如"小小的娃娃、红色的气球、好吃的点心"	能理解红、蓝、黄、绿（4个中成功4个）

二、五育课程内容

在赋能课程理念下，基于婴幼儿身体发育规律，从动作、语言、认知、情感与社会性等五大领域出发，我们设计出促进婴幼儿身体发育，认知能力及社会情感与社会性发展的"食育课程"；在大自然环境及木制环境中促进婴幼儿认知发展及动作发展的"木育课程"；促进婴幼儿语言发展、认知发展和精细动作发展的"美育课程"；促进婴幼儿身体发展及动作发展的"体育课程"和促进婴幼儿认知及社会情感与社会性发展的"感育课程"。这些课程交叉存在，相互融合，促进婴幼儿的全面发展（图1-3）。

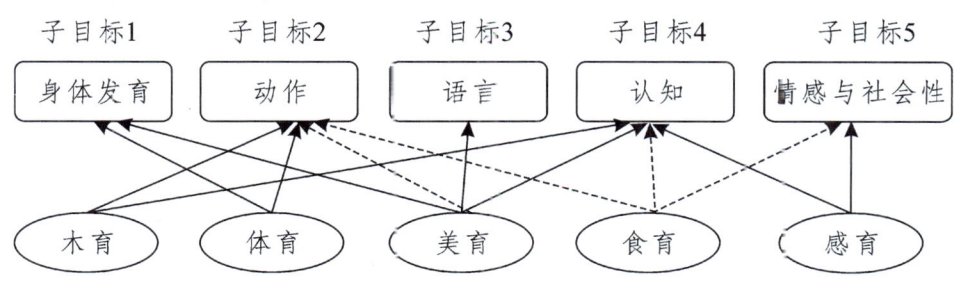

图1-3 五育课程模块构架

（一）食育课程

> 通过食育，培养国民终生健康的身心和丰富的人性。
> ——日本食育基本法

在食育课程中，婴幼儿将对食物进行视、听、闻、尝、触，了解并体验饮食文化、饮食礼仪、了解食品营养及安全等。在环境创设方面，需提供烹饪相关操作区、种植区等，让婴幼儿充分理解与饮食相关的事物。

通过食育课程，可培养孩子健康的饮食习惯，促进其身体发育及动作发展。同时，食育课程还能培养其艺术想象力，使其树立正确的人生观，促进其情感与社会性的发展。

（二）木育课程

> 让人与森林接触，从树木中学习，与森林和谐共生。
> ——烟山

在木育课程中，婴幼儿将进行与自然现象、自然环境以及动植物相关的活动，以利用木制材料和木制玩具的游戏为主。环境创设方面，给婴幼儿纯天然的木制环境，结合自然生态的户外环境，给婴幼儿安全、无污染且富有探索性的教育环境。

通过木育课程，让婴幼儿密切接触大自然，在大自然中尽情游戏，主动探索，发展智慧，释放天性，促进婴幼儿动作发展及认知发育，进一步发展婴幼儿的自主性。

（三）美育课程

> 美育者，应用美学理论于教育，以陶养感情为目的者也。
> ——蔡元培

在美育课程中，婴幼儿将对美术、绘本、工艺品、情景剧等进行欣赏及体验创作活动。在环境创设方面，成人应通过创设美工区域、建设活动室，达到构建美育空间的目的。可与园外机构合作（例如参观美术馆等），让婴幼儿感知美、喜欢美。

通过美育课程，可以促进婴幼儿的动作发展及认知发展，并且可以让幼儿充分发挥自主性，让其拥有感受美、爱好美和创造美的能力。

（四）体育课程

> 健全的身体是一个人做人、做事、做学问的基础。
> ——陈鹤琴

在体育课程中，婴幼儿将根据成人提供的体育器材及律动等，进行粗大运动及精细动作发展的游戏及户外活动。在环境创设方面，需提供适合婴幼儿年龄特点的体育训练教具及玩具，结合丰富的户外区域，为婴幼儿提供良好的体育锻炼环境。

通过体育课程，促进婴幼儿的身体发育及动作发展，使其进一步提高免疫力、增强体质，为婴幼儿拥有健全的身体打下坚实的基础。

（五）感育课程

善良的情感是良好行为的肥沃土壤。

——苏霍姆林斯基

感育课程包括情感表达方面的集教活动、游戏，以及在生活中的实际体验。在环境创设方面，需设立家园合作的环境、读书角与情感表达区。

通过感育课程，我们可以培养幼儿的认知能力、情感表达能力、共情能力，使其拥有正确的价值观以及自主性。

三、赋能理念下的五育课程实施

（一）赋能理念下的五育课程实施的原则

1. 主体性原则

五育课程实施的过程注重发挥师幼的主体性。一方面，发挥幼儿主体性。大量研究表明，幼儿不是被动、机械地接收外界的信息，而是主动、积极地投入周围环境并与之相互作用，建构经验。因此，五育课程遵循"让孩子拥有主题选择和推进的主导权和决定权""由孩子自己来思考问题和解决方法""以学习新知识和赋予更大的力量为契机，由孩子自己来分析失败和成功""在解决问题的过程中，促进孩子的积极参与，增强个人责任感"等原则，充分调动婴幼儿的主动性，让孩子参与主题课程选题、设计及实施的过程，极大满足婴幼儿探索的兴趣、需要。另一方面，教师作为课程实施的主要执行者，课程的实施形式、反思、调整、提高等都与教师息息相关。因此，发挥教师的主体性也尤为重要。如，教师要分析自身及婴幼儿身上的强化因子并加强。同时，教师要充实支撑婴幼儿问题解决过程的网络和资源。

2. 互动性原则

赋能理念下的五育课程强调师幼之间、幼幼之间、幼儿与环境之间的互动性。首先，五育课程在实施的过程中重视教师与幼儿之间的高质量互动，这主要体现在营造轻松、自由的心理环境、教师对于婴幼儿需求的有效回应，理解并尊重婴幼儿的个性，无条件地接纳和支持婴幼儿个性化地发展。其次，幼幼之间的交流、互动是同伴关系的重要体现，对幼儿的成长和发展具有重要意义。在五育课程的实施过程中，幼儿与幼儿之间需要通过交流、协商、冲突、合作等多种互动形式实现自我意识的建构、交往技能发展和情绪情感的发展。最后，环境是第三位教师。注重幼儿园整体互动环境的创设，如墙面环境与幼儿的互动性、幼儿与材料之间的互动性等。

3. 动态性原则

赋能理念下的五育课程，教师将追随婴幼儿的兴趣与需要，尊重婴幼儿在生活中的探究与创造欲望，支持其感知探究的兴趣与需要。教师可将五育课程预设的主题与班级幼儿的"真经验"

"真问题""真需求"相结合,将预设与生成相结合,关注婴幼儿感兴趣的问题,适时地为课程的生发提供支持,体现课程动态生成的原则。在研究本课程时,力图实现课程预设的计划与生成的空间相协调。如第八节的主题为"丰收之趣",该主题活动内容丰富,具有项目活动实施的走向,即本课程已给出了主题的计划,但教师也可根据幼儿的兴趣及当地丰收的景象进行延展,留下了本主题内容生成的空间。

(二)赋能理念下的五育课程实施的形式

托育机构课程实施的形式有个别活动、小组活动及集体活动,课程实施途径上有教学活动、游戏活动、生活活动及社会实践活动。为保证五育课程实施的有效性,以下重点阐述五育课程实施的最主要形式与途径。

1. 实行小组游戏

课程的实施可以分个别、小组及集体教育等形式。但在托育机构中,由于婴幼儿年龄小,兴趣、经验、能力发展差异较大,所以更提倡实行小组担当制度,即一位保育老师负责一个小组(1~2岁:3~5人;2~3岁:6~7人)。由于刚到新环境,婴幼儿会害怕恐惧,应由一位固定的保育老师来接手照护,满足他的需求和要求,建立良好的依恋关系。担当保育老师接触孩子后,应很好地把握孩子的发展阶段、心理情况,也要知道每个孩子生活习惯方面的特点。只有把好奇心旺盛的儿童放在一个能让其产生安全感的环境里,他才会产生对各种事物的兴趣,才会"想要做""想要去"。保育工作中要重视和孩子们一起参与、感受、发现事物。

2. 提倡户外活动

托育机构课程实施的户外活动形式,可以分为园内户外活动和走进社区的社会实践活动,甚至远足及亲子活动。1岁幼儿可通过步行来扩宽视野,对周围进行探索。好奇心旺盛的孩子会开始对各种各样的事物产生兴趣。保育老师可以带孩子从每天生活的房间走出去,到庭园散步。在途中,孩子可以看到植物、周围的交通工具,感受风吹拂肌肤,闻花儿的芳香等,用五感感受一切。在"春天来了""悠悠清明""夏季party""端午节"等主题活动中,婴幼儿可以走出教室,走进大自然去感受春天、夏天的天气特征与鸟鸣虫叫、多样化的植物等;还可以走进社区去感受清明及端午节的美味及习俗。

3. 倡导家园共育

托育机构、家庭是婴幼儿最早接触的两个社会文化环境,加强家园沟通,有效实现家园共育是婴幼儿身心健康发展的重要途径,也是统合教育资源,形成教育合力的重要方式。在五育课程实施的过程中,要充分调动家长的主动性和参与性,如在"春天来了"的主题中,婴幼儿不仅要在托育机构中感受春天,品尝春天的水果,了解各种代表春天的花草树木,更需要家长一起带孩子走进大自然去寻找春天,感受和观察春天的一切,让孩子的经验从托育机构延续至家庭、自然和社会中,不断深化婴幼儿的经验。在课程实施中,家长往往也是很多材料的提供者,如家庭废旧材料、亲子制作体育器械等,这些都为丰富五育课程实施的资源提供了保障。

（三）课程实施策略

为了设计以婴幼儿为主体，教师为观察者、支持者的课程模式，我们在课程实施策略方面参考了安梅勒江教授提出的"赋能流程设计"（图1-4）。根据婴幼儿的背景、现状、各方面的影响因素及经科学评估的实际发展状况，本课程活动以满足婴幼儿六大能区的发展（表1-1）为前提，充分尊重婴幼儿多方面的兴趣需求，制定相应的目标并实施相应的教育指导。

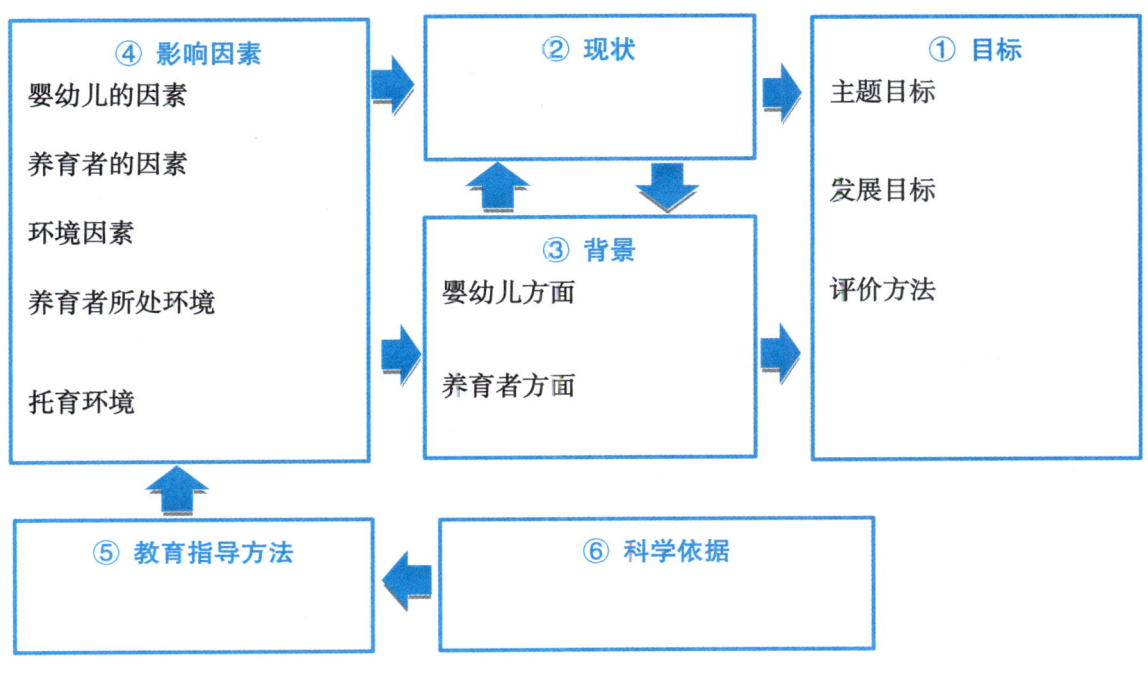

图1-4 赋能课程流程设计图

步骤一：想要达到的目标是什么？

步骤二：现状是什么？

步骤三：背景是什么？

步骤四：影响现状的主要因素是什么？影响背景的主要因素是什么？

步骤五：可以对影响因素带来变化的方法有哪些？

步骤六：依据是什么？

（四）赋能理念下的五育课程实施阶段

1. 需要达到的具体目标：以自主性培养为目标，从入园开始，每三个月为一期

（1）第一期。

- 和担当老师产生依恋关系，能安心地在托育机构的生活，情绪稳定。
- 习惯屋内的环境，渐渐喜欢和担当老师一起到庭园里玩耍。在外面看虫子，喜欢沙子的触感，为各种发现和感触感到高兴。

- 月龄大一点的孩子，自我意识萌发后，渐渐会用表情和语言来表达自己的心情和情感。
- 睡眠时间（午睡时间）稳定，保育园的生活节奏确立。

（2）第二期。
- 非常喜欢和其他小朋友一起玩游戏，喜欢玩身体游戏。而且活动量增加。
- 对身边的事情产生兴趣，"自己想做"的意识变强，在大人的帮助下能自己解决一些事情。
- 对同一组的小朋友产生兴趣，由一个人玩变成和朋友一起玩，一起玩的时间增多。同伴之间共同感兴趣的事物变多。玩耍增多的同时摩擦也会增加，需要大人插手去帮助双方表达。

（3）第三期。
- "自己想要做"的意识变得更强烈。表现出讨厌大人帮忙，不能顺利进行时心情焦急，自己会做的事情变多，开始进行语言交流。
- 在散步时和小朋友产生的共鸣增多，友情加深。发生冲突时，虽然需要大人帮忙，但也会开始用语言进行交流。

（4）第四期。
- 想要帮助有困难的朋友，友好对待朋友。不依赖大人而是依赖朋友。
- 使用语言来表达自己的想法，喜欢和朋友交谈。
- 也能用语言表达一些自己的感受，发生冲突时也学会用语言进行沟通。
- 结交一些合得来的朋友，增进了友情，经常说"要和××一起"。
- 和小组中朋友的感情更好，开始出现想要和其他小组的小朋友结交的情形。

2. 保育过程中的教育

（1）如厕训练。

来到托育园1个月左右时，孩子开始能在午睡起来时自己坐上马桶。想一些孩子感兴趣的办法使之想去厕所，可以读绘本，在厕所入口制作一个洞口等，让孩子逐渐戒掉尿不湿而转向去厕所。由于月龄不同和个人差异，保育老师要抓住每个孩子有尿意时的感觉。

（2）喂养。

在喂养方面，培养孩子独立吃饭的能力，让婴幼儿体验与其他小朋友一起吃饭的快乐。学会基本的用餐礼仪，如吃饭时不要走动、不要大声喧闹等。可以让婴幼儿参与一些餐前餐后的准备工作，做力所能及的事情，例如自己拿杯子等。

（3）人际交往。

这个时期虽已和身边可以使自己有安全感的大人建立了关系，但也要学会扩宽视野，对周围的朋友产生兴趣。例如，觉得别人正在玩耍的玩具很有趣因而自己也想玩，想要在朋友的旁边玩引起朋友的注意，"想要和朋友交流""要和朋友一起玩""想要这样"类似的想法层出不穷。此时，如果无法用语言表达自己的想法，就会用敲打、推、咬、啃的方式来向对方表达。因此教师要进行良好的引导，当孩子用语言以外的方式进行交流时，保育老师要理解双方的心情，转换成话语来表达，照顾到孩子的心情。幼儿到了2岁阶段，开始关注周围同伴。对于2岁幼儿，可适当让同伴之间通过牵手等皮肤接触增进友谊，并且可以从2~3人一组的小组，逐渐转化为一个小团体,让幼儿体验团体游戏。这一年龄阶段幼儿也开始可以理解简单的规则,因此,可以尝试让幼儿理解等待、轮流、交换等,为幼儿树立规则感。

四、计划的制订

要根据托育园的具体情况制定一日计划、周计划、月计划等。一日计划中,要保证婴幼儿一日所需及发展需求。以下是作息时间表、周计划、月计划的案例(表1-2,1-3,1-4)

表1-2 作息时间表

08:00~09:00	入园
09:00~09:30	早餐
09:30~09:40	如厕
09:40~10:10	自由活动
10:10~10:40	五育活动
10:40~11:00	户外活动
11:00~11:40	午餐
11:40~12:00	如厕、盥洗
12:00~15:00	午睡
15:00~15:10	如厕
15:10~15:30	点心
15:30~16:00	自由活动
16:00~16:30	讲故事或律动
16:30~17:00	检查身体,整理衣物,准备放学

表1-3 周活动计划表(案例)

项目	内容
周教育重点	1. 熟悉园所环境,体验园所活动的快乐 2. 认识教师和同伴,愿意参与到游戏中
周保育重点	1. 帮助幼儿适应新的环境,让幼儿知道洗手间、游戏区、睡眠区等的位置 2. 在进餐时给予一定的帮助,让幼儿快乐进餐
教育内容	开展食育、木育、美育、体育、感育领域相关活动(详情参考后文)
保育内容	1. 教师温情对待幼儿,多抱一抱,建立良好的依恋关系 2. 充分尊重幼儿的自主性,让幼儿探索周围,主要以做操作性自由游戏为主 3. 观察每一位幼儿,在幼儿自己能完成时给予鼓励,遇到困难时给予相应的帮助 4. 有意识地告诉幼儿玩好的玩具要放回原来的地方

续表

项目	内容
家园共育	1. 通过家长问卷或访谈，了解每一个孩子的个性特点 2. 提前告知家长孩子在园所里遇到的困难 3. 告知家长这一周的活动内容及孩子的表现 4. 要求家长坚持来园

表1-4　月活动计划表（案例）

项目	内容
月教育重点	1. 适应托育园的生活，喜欢托育园，喜欢老师及其他小朋友 2. 认识自己的标记，知道洗手间、游戏区、睡眠区等位置 3. 乐于参与到集体活动中，喜欢区域活动
月保育重点	1. 帮助幼儿适应新的环境，让幼儿知道洗手间、游戏区、睡眠区等的位置 2. 初步形成动力定型，知道什么时间吃饭，吃完饭要睡觉
教育内容	第六节：托育园的生活
保育内容	1. 入园及在园所期间，要亲近幼儿，多拥抱，对于情绪不稳定的幼儿，及时用玩具吸引，让幼儿参与活动 2. 观察危险因素，并及时排查 3. 提供辅助用勺，给予充分的时间自己吃饭
保育内容	4. 引导幼儿有了尿意要告知老师，如厕方面给予一定的帮助 5. 对于闹觉的幼儿，适当给予安抚
环境创设	1. 游戏区域需要根据玩具种类进行划分。需要准备有声响、色彩鲜艳的玩具 2. 户外活动材料需要准备颜色鲜艳且安全的物品 3. 背景墙可根据第六章的内容进行布置
家园共育	1. 通过家长问卷或访谈，了解每一个孩子的个性特点 2. 提前告知家长孩子在园所里遇到的困难 3. 告知家长这一个月的活动计划，并在一个月后简单对幼儿一个月的表现向家长进行总结 4. 要求家长坚持来园，对坚持的家长进行鼓励

第二章

赋能式五育课程设计

第一节 主题：春天来了

主题设计图

④ 影响因素

婴幼儿的因素
1. 精力旺盛，向往户外；
2. 情绪波动大，分离焦虑较强；
3. 有意注意较少，需要引导；集体适应能力差异较大。

养育者的因素
正面因素：新的一年中有提高婴幼儿养育环境的计划；重视婴幼儿的成长环境；
负面因素：家长带婴幼儿观察春季景物的意识较缺乏。

环境因素
生活环境得到改善，季节感减弱，城市绿化程度不一。

养育者所处环境
一年的开始，工作等方面可能发生变动。

托育环境
托育园里万物复苏，植物发芽。

② 现状
1. 春季到了，万物复苏；
2. 婴幼儿接触自然界的机会少，缺少亲身体验；
3. 对一些图片或现象的观察只能保持一段时间的兴趣；
4. 春季是传染病的高发期，婴幼儿的体质较弱。

③ 背景

婴幼儿方面
1. 几乎没有季节经验；
2. 喜欢自然界环境，喜欢观察动植物；
3. 认知方面，输入比输出多。

养育者方面
1. 对于春季的感受度不同，有人喜欢，有人不喜欢；
2. 春游不一定带孩子出行。

① 目标

主题目标
1. 感知春天的景象，体验自然界带来的美好；
2. 感受各种生命的存在；
3. 能够认识一些春季特有的水果和植物；
4. 积累一些春季活动的愉快经验；
5. 喜欢春季。

发展目标
详见表1-1[①]

评价方法
1. 婴幼儿对月计划活动的参与度；
2. 家长的配合度与反馈；
3. 目标的达成情况。

⑤ 教育指导方法
1. 食育　　2. 木育
3. 美育　　4. 体育
5. 感育

⑥ 科学依据
理论模型
实证研究成果
儿童发育评估客观数据
实际观察中的场景数据

[①] 根据婴幼儿年龄确认每一个领域的发展是否达标。

春天，万物复苏，万象更新。迎春花、梨花、桃花等是春季代表性花卉，柳树发芽，柳枝摇曳是春意盎然的表现。"好雨知时节，当春乃发生""竹外桃花三两枝，春江水暖鸭先知"等诗句都描绘了春季的美好。同时，很多孩子从春天起开始集体生活，迎来成长中新的挑战。因此，春天主题设计贴近儿童生活，提高儿童的集体生活适应性。主题活动中主要使用的材料体现春季大自然的特点，环境创设也围绕春天万物生长的氛围，同时配以家长说明会等特色活动促进家园合作。

活动一 认识水果（食育）

【适合年龄】1.5~2岁

【组织形式】室内集体活动

【建议时间】12分钟

【活动目标】

1. 认识生活中常见的水果。
2. 能够说出苹果、香蕉、橙子三种水果的名字。

【活动重难点】

重点：认识不同的水果。

难点：能够说出水果的名称。

【活动准备】

1. 物质准备：实物水果（苹果、香蕉、橙子）、日常生活中常见水果的图卡。
2. 经验准备：在日常生活中婴幼儿有见过和吃过水果的经历。

【活动过程】

活动环节	教师行为	观察要点
一、实物呈现，引发婴幼儿关注（2分钟） 1. 呈现苹果、香蕉、橙子三种水果，引导婴幼儿表达出水果的名称。 2. 让婴幼儿观察水果，引导婴幼儿说出水果的颜色。 3. 教师向婴幼儿展示水果，并沿着水果的轮廓边摸边解说，分别请婴幼儿也摸摸	提问： 1. 小朋友们，你们认识这些水果吗？你们喜欢吃吗？ 2. 小朋友们你们看，这是苹果，苹果是圆圆的，橙子也是圆圆的，香蕉是弯弯的	1. 婴幼儿对水果是否熟悉。 2. 是否关注到水果的不一样之处
二、认识水果（5分钟） 1. 拿出水果图卡让小朋友指认水果：苹果、香蕉、橙子、葡萄、西瓜、柠檬、芒果、火龙果等。 2. 让婴幼儿指认三种实物水果分别是哪三种水果图卡	1. 我们一起来看看，水果卡片上都有哪些水果呀。 2. 一起来认一认吧！	通过图卡的展示让小朋友们认识水果的形状

续表

活动环节	教师行为	观察要点
三、朗诵水果儿歌（5分钟） 1. 教师展示出三种水果图片，边指着水果边朗诵儿歌： 香蕉弯弯像月牙，黄色衣服往上爬； 苹果香香又甜甜，红色皮肤真光滑； 橙子圆圆像皮球，橙色外衣好好看	1. 你们认识它们了吗？ 教师示范朗诵	观察婴幼儿是否愿意跟着老师复述儿歌（说词），或者尝试发声

【活动延伸】

在活动区域布置各种各样的水果图片，在环境设计中增强婴幼儿的认知，可让婴幼儿互玩指认游戏。

【家园联系】

在日常生活中家长们可以带孩子逛逛超市，认识不同的水果。

【注意事项】

儿歌的图教师可自己制作，将儿歌抄写在大纸上，每句儿歌配上简单的图，如：西瓜、香蕉、草莓等。

【场景拓展】

在托育园区角活动中提供各种水果图卡，丰富婴幼儿对水果的认识。

活动二　藏在水果里的秘密（食育）

【适合年龄】2~3岁

【组织形式】室内集体活动

【建议时间】15分钟

【活动目标】

1. 知道水果里面有种子。

2. 能用自己的身体动作表现种子生长的过程。

3. 对种子产生兴趣。

【活动重难点】

重点：知道水果里面有种子。

难点：能用自己的身体动作表现种子生长的过程。

【活动准备】

1. 物质准备：水果（葡萄、西瓜、橘子）、教学图片。

2. 经验准备：婴幼儿在生活中见过常见的食物种子。

【活动过程】

活动环节	教师行为	观察要点
一、实物呈现，引发婴幼儿关注（5分钟） 1. 呈现葡萄、西瓜、橘子三种水果，引导幼儿说出名字、形状、味道。 2. 幼儿品尝水果，通过提问，关注到水果里的秘密——种子。 3. 小结：原来水果里面有种子，有了种子才能进行种植，发芽生长，结出更多的水果	提问： 1. 小朋友们，你们认识这些水果吗？你们爱吃水果吗？让我们尝一尝吧。 2. 你们发现了什么秘密？	婴幼儿对水果是否熟悉。 是否关注到水果里有种子
二、朗诵《小种子》儿歌（5分钟） 1. 出示《小种子》儿歌，教师边指边读儿歌，引导幼儿观察图片信息。 2. 请幼儿和教师一起边说儿歌，边做动作模仿小种子长大和开花	教师示范朗诵提问：在这首儿歌里我们可以加入哪些动作？	婴幼儿是否主动积极参与朗诵
三、学习照顾小种子（5分钟） 1. 引导幼儿思考需要做哪些事情帮助种子长大。 小结：种子的生长离不开阳光、水、肥料，需要大家的精心呵护。	提问： 1. 小种子需要什么才能长大？ 2. 如果你来照顾它，你会怎么做？	1. 婴幼儿对种子长大的认识。 2. 是否主动愿意参与照料小种子

【儿歌：小种子】

小种子，真奇妙，
太阳照，水儿浇，
发芽长叶节节高，
开出花儿多美好。

【活动延伸】
在自然角种植花草，请幼儿分组每天轮流照顾植物。

【家园联系】
在日常生活中引导幼儿继续关注其他水果、植物的种子。

【注意事项】

1. 儿歌的图教师可以自己制作，将儿歌抄写在大纸上，每句配上简单的图，如：太阳、水壶、发芽的种子等。

2. 在提问"你会怎样照顾小种子？"时，教师可通过提示，帮助婴幼儿了解应该注意的问题，如水不能浇得过多、轻轻地触摸等。

3. 自然角选择种植的植物，最好在婴幼儿的能力范围内，简单易活。

【场景拓展】

1. 在托育园区角活动中提供各种种子，丰富婴幼儿对种子的认识。

2. 在表演区提供服装、头饰、儿歌，婴幼儿表演种子的生长过程。

活动三 水果串珠（木育）

【适合年龄】1.5~2 岁
【组织形式】室内区角活动
【建议时间】10~15 分钟
【设计意图】
1.5~2 岁年龄段的婴幼儿的手指精细能力应该得到初步的培养，老师让婴幼儿在串珠的过程中感受串珠的快乐。使用水果类型的串珠，婴幼儿的认知能力也能得到很好的发展。
【活动准备】
1. 物质准备：水果串珠、线。
2. 经验准备：婴幼儿在平时游戏中有串珠相关的经验。
【环境布置】

环境布局图	目标要求	好	一般	差
座位 小组一 桌子，分发水果串珠	水果串珠的数量充分，保证每位婴幼儿一套			
	座位的摆放要保证婴幼儿间的适当活动空间			
座位	婴幼儿将水果串珠穿在绳子上			
座位 小组二 桌子，分发水果串珠	教师注意观察每位婴幼儿的手指精细动作发展 注意观察婴幼儿动作是否正确、协调			
座位	游戏教具分类摆放，便于婴幼儿物归原处			

【教师行为】
1. 提供充足的教具，丰富水果珠子的类别，以保证每位婴幼儿都有足够的教具。
2. 不打断婴幼儿的活动，如果有求助，教师给予帮助，再鼓励婴幼儿尝试。
3. 教师强调不能将教具放入口中，并特别注意婴幼儿的安全。
【家园联系】

1. 过程中对婴幼儿进行观察记录，将结果与家长及时沟通。
2. 建议家长可以和婴幼儿一起串珠子，这样有利于培养孩子手指精细动作的发展。

【注意事项】

因为婴幼儿正处于口欲期，喜欢将东西放嘴里，甚至已经养成这样的习惯，故在活动过程中，教师要特别留意观察婴幼儿的动作。

活动四 种子拼贴画（木育）

【适合年龄】2~3 岁
【组织形式】室内区角活动
【建议时间】20 分钟
【设计意图】

婴幼儿能利用种子进行粘贴作画，根据种子不同的外形特征表现一定的物体形象，发现自然材料的美，体验成功的乐趣；能在活动中耐心、细心地完成作品。

【活动准备】

1. 物质准备：油菜种子、芝麻、绿豆、小米、大红豆等；托盘、胶水、棉签、卫生纸若干。
2. 经验准备：婴幼儿在生活中见过常见的种子。

【环境布置】

环境布局图	目标要求	好	一般	差
各种各样的种子摆放区 工具取放区（托盘、胶水、棉签、卫生纸等） 工作台 椅子若干 墙面：种子装饰画	提供种子粘贴画供幼儿欣赏			
	种子粘贴流程用图画表示，婴幼儿对粘贴的流程了解清楚			
	提供种子装饰画，吸引婴幼儿主动尝试			
	制作过程，要保证有教师在场，防止幼儿吞食			
	工具分类摆放，便于婴幼儿物归原处			

【教师行为】

1. 提供充足的工具材料，或者组织轮流进行。
2. 不打断婴幼儿的活动。如果有求助，引导其观察流程标识进行。
3. 提示婴幼儿注意安全。

【家园联系】

1. 过程中对婴幼儿进行观察记录，将结果与家长及时沟通。

2. 建议家长可以和婴幼儿一起认识生活中常见的种子，扩展幼儿的生活经验。

【注意事项】

活动前在托盘上画好简单的图画供幼儿选择，引导婴幼儿用棉签沾上胶水涂在图画里，不能涂得太多。幼儿之间要保证足够的空间，避免干扰。拿种子的时候要互相谦让。保持画面的干净。

活动五　春天真美（美育）

【适合年龄】1.5~2 岁

【组织形式】室内集体活动

【建议时间】15 分钟

【活动目标】

1. 在看和玩的过程中感知大自然，感受花和草的美。
2. 在涂画中锻炼婴幼儿手指精细能力，使之享受涂画的快乐。

【活动重难点】

重点：感知春天的花草，感受花草的美。

难点：能按照要求画在纸上，不到处乱画。

【活动准备】

1. 物质准备：小猪佩奇图片、各种颜色花的图片、颜料、棉棒、绿色草坪卡纸、婴幼儿罩衣。
2. 经验准备：婴幼儿在生活中看到过花和草，有相关的认知经验。

【活动过程】

活动环节	教师行为	观察要点
一、谈话导入，激发幼儿兴趣（2 分钟） 1. 教师出示绿色草坪卡纸和佩奇的图片，吸引婴幼儿的兴趣。 2. 教师提问，鼓励婴幼儿用简单的词语回答，根据教师出示的图片，婴幼儿能够进行指认。 3. 婴幼儿仔细听教师讲，教师鼓励婴幼儿和同伴一起说一说	提问： 1. 小朋友们看，这是什么？看看谁来了？我们和佩奇打个招呼吧！佩奇今天是要去哪里呢？ 2. 我们来听一听，佩奇带我们到哪里呢？	1. 婴幼儿是否愿意和老师互动。 2. 是否有想表达的欲望
二、观察图片，看花的特征（3 分钟） 1. 教师提问，引导幼儿观察花园里的花：花儿都长得不一样，颜色也不一样。 2. 小结：小朋友们都发现了花朵是五颜六色的，而且它们的颜色都不一样，有红色、黄色、绿色、白色的	提问： 1. 小朋友们请认真看看，你看到了什么？ 2. 红色是哪一个？黄色是哪一个？	1. 对图片是否感兴趣。 2. 注意力集中的时间。 3. 是否能正确指出一种或两种颜色

续表

活动环节	教师行为	观察要点
三、出示材料，师幼共同探讨添画的方法（3分钟） 　　教师拿出一块绿色的草坪卡纸，草坪上没有花朵，请小朋友们给草坪上画上美丽的花朵。 　　1. 教师先拿棉棒蘸颜料然后涂到绿色的卡纸上。 　　2. 请小朋友上来用棉棒蘸颜料涂到绿色的卡纸上	教师交代本次活动的具体要求： 　　1. 幼儿可以自由选择颜色涂画。 　　2. 注意不要让幼儿把颜料涂在眼、口、鼻。	是否能用道具（棉棒）画画
四、幼儿创作，教师巡回指导（5分钟） 　　幼儿可以根据自己的喜好选择颜色进行涂鸦	教师观察并鼓励婴幼儿自己完成	婴幼儿对绘画工具感兴趣，并使用工具作画
五、作品评价与展示（2分钟） 　　请所有小朋友们拿着自己的画，教师为其拍照留念	教师表扬婴幼儿作品	

【活动延伸】

将婴幼儿作品张贴在主题墙上进行环境创设；在美工区放置其他的材料制作花朵。

【家园联系】

1. 将婴幼儿与作品的合照发送至家长群，请家长分享并和婴幼儿讨论作品。

2. 家长引导婴幼儿在生活中继续观察春天的变化。

【注意事项】

1. 1.5~2岁的婴幼儿动手操作能力较弱，力度大小掌控不够，如果无法根据要求进行涂画，也可以自行随意涂画，教师可以通过询问的方式引导、提醒主题，但是不应该强迫或者打断。

2. 教师应注意引导婴幼儿自由表达和创作，不过多干涉他们，从而激发他们的创造力。

活动六　春天的花园（美育）

【适合年龄】2~3岁

【组织形式】室内集体活动

【建议时间】15分钟

【活动目标】

1. 在看看、说说、玩玩的过程中感知花儿的美感。

2. 尝试用排笔添画线条，体验玩颜料的快乐。

3. 婴幼儿喜欢参加集体活动并乐意动手操作。

【活动重难点】

重点：感知春天的花朵，了解花朵的特征。

难点：用排笔进行添画的方式表达对花朵的认识和喜爱。

【活动准备】

1. 物质准备：草地图片、喜羊羊图片、PPT（各种各样的花的图片）、颜料、颜料盘、排笔、棉签、教师绘制的各种各样的花的图片。

2. 经验准备：婴幼儿在生活中对于春天的花草有一定的认知经验。

【活动过程】

活动环节	教师行为	观察要点
一、谈话导入，激发幼儿兴趣（2分钟） 1. 教师出示草地图片、喜羊羊的图片，吸引婴幼儿的兴趣。 2. 教师提问，鼓励婴幼儿用完整的语言表达。 3. 幼儿仔细听老师讲的话，可以和同伴一起说一说，然后回答	提问： 1. 小朋友们看，这是什么？看看谁来了？我们和喜羊羊打个招呼吧！喜羊羊今天是要去哪里呢？ 2. 我们来听一听，喜羊羊带我们到哪里呢？	1. 婴幼儿是否愿意主动分享自己的想法。 2. 发音是否清晰、完整，语速是否适中
二、出示PPT，观察花的特征（3分钟） 1. 提问，请幼儿仔细观察PPT，分享自己的发现；引导幼儿观察：花园里有好多的花，它们都不一样。 2. 小结：小朋友们都发现了花朵是五颜六色的，而且它们的形状都不一样，有的是圆圆的，有的是三角形的，有的是爱心形的，还有的是五角星形的	提问： 1. 小朋友们看一看PPT，你发现了什么秘密？你看到了什么？ 2. 它们都是什么形状的？它们的颜色一样吗？	1.能否仔细观察花朵的颜色、形状。 2.注意力集中的时间
三、出示材料，师幼共同探讨添画的方法（3分钟） 老师这里有好多的花朵，可是它们都没有颜色，不漂亮了，下面我想让小朋友们给这些花朵添上颜色。 1. 教师先拿排笔蘸颜料然后涂到花朵上面。 2. 请小朋友上来用排笔蘸颜料涂到花朵上面做示范	教师交代本次活动的具体要求： 1. 幼儿可以利用各种各样颜色的水粉添涂到花朵上面。 2. 不要让婴幼儿把颜料涂在眼口鼻。	观察婴幼儿对于绘画工具（排笔和棉签）使用方法的掌握
四、幼儿创作，教师巡回指导（5分钟） 1. 幼儿可以根据自己的喜好选择颜色进行添涂。 2. 指导幼儿不要将颜料涂到画纸外面	教师巡回观察，鼓励婴幼儿自己完成	婴幼儿是否能够根据自己的喜好选择颜色，对绘画工具的使用是否正确
五、作品评价与展示（2分钟） 1.请幼儿拿着自己的画给小朋友们讲一讲自己都涂了什么颜色，为什么涂这个颜色。 2.请所有小朋友们拿着自己的画，教师为幼儿拍照留念	倾听婴幼儿的解释说明	婴幼儿是否愿意分享自己的想法

【活动延伸】
将婴幼儿作品张贴在主题墙上进行环境创设；在美工区放置其他的材料（如棉签）给花朵涂颜色。
【家园联系】
让幼儿将画带回家中与家长一起分享，家长引导幼儿在生活中继续观察春天的变化。
【注意事项】
1. 2岁~2.5岁的婴幼儿动手操作能力还有些弱，对于力度和大小的控制不够，如果无法根据要求进行添画，也可以自行随意涂画，教师可以通过询问的方式引导、提醒主题，但是不应该强迫或者打断。

2. 教师应注意引导婴幼儿自由表达和创作，不过多干涉他们，从而激发他们的创造力，使每一朵花都与众不同。

活动七 小乌龟爬爬（体育）

【适合年龄】1.5~2岁
【组织形式】室外集体活动
【建议时间】12分钟
【活动目标】
1. 了解小乌龟爬行的动作。
2. 能够掌握爬行动作的要领。
3. 喜欢小乌龟这种小动物，愿意模仿小乌龟爬行。
【活动重难点】
重点：训练婴幼儿的腰部及腿部力量。
难点：模仿小乌龟爬行。
【活动准备】
1. 物资准备：小乌龟的头套若干（从课程开始时就为所有婴幼儿带上）、布置好悬挂的小鱼、音响、音乐。
2. 经验准备：春天来了，气候渐暖，婴幼儿有在户外活动的经验。
【活动过程】

活动环节	教师行为	观察要点
一、学习小乌龟爬行动作（2分钟） 1. 热身活动。 2. 教师模仿小乌龟爬行的动作，吸引婴幼儿的兴趣。 3. 婴幼儿自由模仿小乌龟爬的动作	1. 模仿小乌龟爬，进行向前、向后的动作。 2. 婴幼儿感兴趣以后，教师组织婴幼儿自由模仿小乌龟爬，注意保障婴幼儿的安全	1. 婴幼儿是否愿意动起来。 2. 是否有模仿小乌龟爬的行为

续表

活动环节	教师行为	观察要点
二、小龟散步（3分钟） 1. 教师组织婴幼儿进行小乌龟爬爬游戏，看谁爬得快。 2. 教师选择几位婴幼儿的动作，进行点评，请婴幼儿学习模仿做得较好的婴幼儿的动作，对动作不规范的婴幼儿进行动作纠正并鼓励。 3. 婴幼儿在原地进行左右脚交替爬的练习	1. 尽量引导幼儿，让其动作规范。 2. 进行正确示范：双脚左右交替爬	1. 是否能够做到双脚交替。 2. 是否能够手脚配合
三、小乌龟运鱼（5分钟） 1. 教师在楼道上悬挂不同颜色的小鱼教具，在终点放置相应颜色的框子。 2. 教师说明游戏规则：小乌龟饿了，想吃小鱼了，想请小朋友爬着去拿到小鱼，放到对应颜色的框子里。 3. 游戏分组进行，每组时间2分钟，拿到小鱼多的小组获胜，未进行游戏的婴幼儿先在一旁等待观察	1. 说明游戏规则，找婴幼儿重复规则。 2. 注意悬挂小鱼道具的高度可以不同，以适应婴幼儿的差异。 3. 鼓励婴幼儿挑战不同的高度	1. 婴幼儿在老师的指令下能够等待，轮流游戏。 2. 婴幼儿是否能够独立向前爬。 3. 婴幼儿是否四肢协调
四、放松活动（2分钟） 1. 活动手腕脚腕。 2. 帮助老师整理小鱼道具，放回原位	帮助婴幼儿调整呼吸，逐渐稳定情绪	检查是否有婴幼儿受伤

【活动延伸】

可在课后鼓励婴幼儿尝试向前、向后爬，鼓励其越过障碍物。

【家园联系】

家长可以在春天里多带孩子外出郊游，多带孩子观察小动物，模仿不同动物走路的方式，从而让孩子喜欢小动物，并锻炼其走、跑、跳、爬的动作技能。

【注意事项】

1. 引导婴幼儿学习双脚交替爬的动作要领。
2. 提醒婴幼儿遵守游戏规则，注意保护自己和同伴。

活动八 小兔跳跳（体育）

【适合年龄】2~3岁

【组织形式】室外集体活动

【建议时间】15分钟

【活动目标】

1. 了解小白兔跳的方式。
2. 能够掌握跳的要领，喜欢蹦蹦跳跳。
3. 喜欢小白兔，愿意模仿小白兔跳。

【活动重难点】

重点：喜欢蹦蹦跳跳。

难点：双脚并拢，膝盖弯曲，规范向上跳起。

【活动准备】

1. 物质准备：萝卜道具若干（胡萝卜、白萝卜、青萝卜、辣萝卜）、同萝卜道具颜色相同的塑料筐若干（橙色、白色、绿色、红色）、播放器、U盘。

2. 经验准备：春天来了，小朋友们喜欢到户外参加体育活动。

【活动过程】

活动环节	教师行为	观察要点
一、我是跳跳兔（2分钟） 1. 热身活动。 2. 教师模仿小兔跳，吸引婴幼儿的兴趣。 3. 婴幼儿自由模仿小兔跳的动作	1. 模仿小兔进行向上、向前、向后跳跃障碍的动作。 2. 婴幼儿感兴趣以后，教师组织其自由模仿小兔跳，注意保障婴幼儿安全	1. 婴幼儿是否愿意运动。 2. 是否有模仿小兔跳的行为
二、小兔跳高（5分钟） 1. 婴幼儿模仿小兔跳高，看谁跳得高。 2. 教师选择几个小朋友，对其动作进行点评和示范 3. 婴幼儿在原地进行双脚跳的练习	1. 纠正婴幼儿的错误动作。 2. 进行正确示范：双脚并拢，膝盖弯曲，双手握拳带动上身，努力向上跳。 3. 强调膝盖弯曲，防止运动受伤	1. 是否双脚离地。 2. 是否有屈膝动作。 3. 是否能够双手配合
三、小兔运萝卜（5分钟） 1. 教师在高低杠上悬挂不同颜色的萝卜道具，在终点放置相应颜色的框子。 2. 教师说明游戏规则，请小朋友跳起来拿到萝卜，放到对应颜色的框子里。 3. 游戏分组进行，每组时间2分钟，拿到萝卜多的小组获胜。未进行游戏的小朋友在终点等待	1. 说明游戏规则，找婴幼儿重复规则。 2. 注意悬挂萝卜道具的高度可以不同，以适应婴幼儿的差异。 3. 鼓励婴幼儿挑战不同的高度	1. 婴幼儿在老师的指令下能够等待，轮流游戏。 2. 婴幼儿向上跳的动作是否规范。 3. 婴幼儿是否四肢协调。 4. 能否双脚离地向上跳
四、放松活动（3分钟） 1. 活动手腕脚腕。 2. 帮助老师整理萝卜道具，放回原位	帮助婴幼儿调整呼吸，逐渐稳定情绪	是否有婴幼儿受伤

【活动延伸】

尝试向前、向后跳、跳过障碍物。

【家园联系】

家长可以在春天里多带孩子外出郊游，多带孩子观察小动物，模仿不同动物走路的方式，从而让孩子喜欢小动物，并锻炼其走、跑、跳、爬的动作技能。

【注意事项】

1. 引导婴幼儿学习双脚跳的动作要领。
2. 鼓励婴幼儿自由跳，探索不同形式跳的乐趣。
3. 提醒婴幼儿遵守游戏规则，注意保护自己和同伴。

活动九　请轻拿轻放（感育）

【适合年龄】1.5~2岁
【组织形式】室内集体活动
【建议时间】10分钟
【活动目标】

1. 知道不能随意采摘花草。
2. 引导婴幼儿学会轻拿轻放。
3. 能够把花轻轻插入宽口瓶中。

【活动重难点】

重点：能够知道不随意采摘花草树木，能轻拿轻放。

难点：能够将花轻轻插入宽口瓶中。

【活动准备】

1. 物质准备：漂亮的花草图片2张；不采摘花的图片2张；自制花或鲜花几朵；空篮。
2. 经验准备：婴幼儿有见过花草树木的经验；能听懂教师指令。

【活动过程】

活动环节	教师行为	观察要点
一、感受园内春天的景色（2分钟） 1. 话题导入：春天到了，我们的托育园真美。 2. 引导婴幼儿关注园内景色，鼓励婴幼儿用简单的语言表达。 3. 小结：美丽的花草树木，让托育园更美丽	提问： 1. 这些花好看吗？你喜欢吗？ 2. 托育园美吗？	在老师引导婴幼儿关注园内景色时，婴幼儿是否有东看西看的动作，是否用眼睛观察外面景象
二、出示图片，讲述图片主要内容（3分钟） 1. 引导幼儿观察图片内容，漂亮的花草图片2张；不采摘花的图片2张。 2. 小结：花儿好看我不摘，小草植物要爱护	提问： 1. 图片上有什么？花儿漂亮吗？ 2. 小朋友乱采花了没有？（没有。）我们也不要乱采花朵哦	婴幼儿是否对图片画面感兴趣

续表

活动环节	教师行为	观察要点
三、学会轻拿轻放（5分钟） 　　1. 教师拿出自制花或鲜花，向婴幼儿进行动作行为展示，轻轻地拿起，再轻轻地插入瓶中，强调动作要"轻"，声音很"轻"。 　　2. 为每位婴幼儿发放花朵，一个一个轻轻地放在婴幼儿手中，请婴幼儿轻轻放在桌上，插进瓶子里。 　　3. 游戏时间结束，请幼儿轻轻地将花和瓶子分别放在教师的空篮里。 　　4. 课程总结，表扬在课中轻轻做动作的小朋友	在生活中，除了要爱护花草，还有很多的东西需要我们爱护，比如说我们最喜欢的玩具	1. 婴幼儿是否理解"轻轻放回"。 　2. 在摆弄花时动作是否做到"轻"，若出现花被折断或损坏的情况，教师可温柔提醒婴幼儿。 　　放回花和瓶子时，动作是否做到"轻"，如没有，教师可引导婴幼儿再放一次

【活动延伸】

在美工区设计轻拿轻放的标志，提醒婴幼儿要爱护教具玩具，强调轻拿轻放。

【家园联系】

在家时，家长可以观察婴幼儿在玩耍或拿物品时是否做到轻拿轻放，做到时可给予适当表扬，若做不到家长可轻声引导并示范，让婴幼儿慢慢学习。

【注意事项】

1. 1~2 岁的婴幼儿对使用物品的轻重程度不太能掌握，教师需不断示范动作，引导幼儿。
2. 在强调轻拿轻放时，语言上也需轻柔一些，语速放慢，声音尽量压低。

【场景拓展】

1. 托育园区角活动进行"轻拿轻放"练习。
2. 带婴幼儿到公园去观察花草树木，在游玩的过程中，强调爱护花草树木的意识。

活动十　花儿好看我不摘（感育）

【适合年龄】2~3 岁

【组织形式】室内集体活动

【建议时间】15 分钟

【活动目标】

1. 知道花园里的花草、树木很美，是给大家欣赏的（理解能力）。
2. 能做到不采摘花朵、树叶。
3. 愿意爱护花草，喜欢大自然。

【活动重难点】

重点：能做到不采摘花朵、树叶。

难点：知道花园里的花草、树木很美，是给大家欣赏的。

【活动准备】

1. 物质准备：图片（婴幼儿摘花）。
2. 经验准备：在日常生活中对花草感兴趣。

【活动过程】

活动环节	教师行为	观察要点
一、感受园内春天的景色（2分钟） 1. 话题导入：春天到了，我们的托育园真美。 2. 引导幼儿关注园内景色，鼓励婴幼儿用完整的语言表达。 3. 小结：托育园的花是叔叔、阿姨种给大家看的，有了花，托育园就会更美丽	提问： 1. 这些花好看吗？你喜欢这些花吗？为什么？ 2. 这些花谁种的？为什么种这些花？	婴幼儿是否关注到春天季节的变化。 发音是否清晰、完整，语速是否适中
二、出示图片，讲述图片主要内容（8分钟） 1. 引导幼儿观察图片内容。 2. 鼓励婴幼儿用完整句表达。 3. 小结：花儿离开自己的妈妈心里会难过，而且会慢慢枯萎，最后死掉。叔叔、阿姨在托育园、公园、大路旁种了许多美丽的花，让人们欣赏、喜欢它们，小朋友们也爱这些花。我们要做到花儿好看我不摘	提问： 1. 这是什么地方？小朋友在干什么？花儿是什么心情？ 2. 花儿这么好看，我们摘一朵行不行？为什么？	婴幼儿对摘花行为的看法
三、欣赏儿歌（5分钟） 1. 引导幼儿了解除了花儿不能摘之外，还有小树、小草等植物都需要我们好好爱护。 2. 教师有感情地朗诵儿歌。 3. 请幼儿和老师一起朗诵儿歌。 4. 分组比一比：哪组朗诵得最好听	提问：除了花儿不能摘，还有什么不能摘呢？ 教师示范朗诵。 利用多种形式组织婴幼儿朗诵	婴幼儿是否关注到除了花，还有哪些植物需要爱护。 是否愿意主动参与朗诵

【活动延伸】

在美工区设计爱护花草的标志，提醒大家要爱护花草。

【家园联系】

在日常生活中帮助婴幼儿养成爱护花草的好习惯。

【注意事项】

1. 2~3岁的婴幼儿对事物的观察比较直接，容易受他人情绪的影响，教师可以通过设置花朵也会有难过的心情的场景，将情绪转移到婴幼儿身上，让婴幼儿学会为他人着想，体会他人的心情。

2. 教师可以讲述一些场景，请婴幼儿判断对错，巩固其对爱护花草的认识。注意引导婴幼儿思考人与周围环境的关系。

【场景拓展】

1. 托育园区角活动进行模拟角色扮演游戏。

2. 带婴幼儿到公园去观察花草树木，在游玩的过程中，进一步巩固婴幼儿爱护花草树木的意识，并在游玩时向婴幼儿交代安全事项。

文明标语

花儿好看我不摘

公园里，花儿开，

红的红，白的白，

花儿好看我不摘，

大人都说我真乖。

第二节 主题：悠悠清明

主题设计图

④ 影响因素

婴幼儿的因素
1. 能够关注新鲜事物，主动探究；
2. 喜欢运动，乐于动手操作。

养育者的因素
正面因素：具有丰富的感性经验，在生活中影响婴幼儿；
负面因素：价值观与文化素养不同。

环境因素
传统节日的仪式感越来越淡。

养育者所处环境
即将放假，准备清明计划。

托育环境
进行关于清明节的主题设计。

② 现状
1. 清明节即将到来；
2. 节日的商业化活动增多；
3. 传统节日气氛在家庭中有降低的趋势。

③ 背景

婴幼儿方面
1. 对清明节没有经验或经验少；
2. 对新鲜事物感兴趣。

养育者方面
1. 希望利用清明假期提高亲子互动质量；
2. 家长对于传统节日的理解。

① 目标

主题目标
1. 了解中华民族的传统节日；
2. 通过对节日的体验，让婴幼儿感受生活的仪式感；
3. 初步了解清明要做什么；
4. 积极动手创作，积累感性经验。

发展目标
详见表1-1

评价方法
1. 婴幼儿对月计划活动的参与度；
2. 家长的配合度与反馈；
3. 家庭对传统节日态度的变化；
4. 儿童对清明节的认识。

⑤ 教育指导方法
1. 食育　　2. 木育
3. 美育　　4. 体育
5. 感育

⑥ 科学依据
理论模型
实证研究成果
儿童发育评估客观数据
实际观察中的场景数据

清明节是中国的传统节日之一。悠悠清明这一主题以清明节前后的季节特点、清明节的历史文化背景为线索，开展系列保教活动。首先，清明节是中国人祭奠祖先，缅怀故人的节日。儿童可以通过这一活动主题学会感恩、珍惜生活。其次，中国各地有不同的清明节习俗。儿童可以通过体验本地的清明文化，了解其他地区的清明节习俗，拓宽视野，感受乐趣。主题活动中可以灵活利用清明节习俗相关植物、食物和其他物品、环境，围绕踏青主题，同时配合春游等特色活动，促进家园合作。

活动一 动手做青团(食育)

【适合年龄】1.5~2 岁
【组织形式】室内集体活动
【建议时间】15 分钟
【活动目标】
1. 知道清明节是中国传统节日之一。
2. 学会"揉""团""捏"的动作。
3. 体验玩黏土的乐趣和完成作品的成就感。
【活动重难点】
重点:能够自己动手完成超轻黏土的揉捏过程。
难点:能够尝试"包馅",再将超轻黏土团成一个圆球形状。
【活动准备】
1. 物质准备:提前为婴幼儿安排好分组和座位、绿色的超轻黏土及模具、青团实物图、超轻黏土做的青团。
2. 经验准备:婴幼儿平时有吃过馒头、糯米团或叶儿粑的生活经验。
【活动过程】

活动环节	教师行为	观察要点
一、提问导入(2 分钟) 1. 教师出示青团的实物图,请婴幼儿观察。 2. 教师展示出自己提前用超轻黏土做好的青团,请婴幼儿仔细观察颜色和形状	小朋友们看图片上和老师手上的东西,这个叫作青团,青团是清明节大家都要吃的一种食物	婴幼儿是否对青团实物感兴趣
二、大家一起做青团(8 分钟) 1. 教师演示做青团,请婴幼儿认真学习:先将绿色的超轻黏土团圆,用大拇指在黏土中挖一个坑,然后将大拇指放在坑内,其余四指放在外边,把黏土捏成碗状,再将其他颜色的材料放入,最后把洞口封住,团圆,做好啦。 2. 教师请幼儿拿取绿色的超轻黏土,看看,捏捏,搓搓,团团。 3. 婴幼儿尝试自己动手做青团。 4. 教师巡回指导,指导帮助个别能力较弱的幼儿。 5. 提醒婴幼儿可做不同形状的青团,并互相学习、互相欣赏	提问: 1. 青团是怎样制作的呢? 2. 注意提醒婴幼儿捏、团的基本动作。 3. 教师巡回指导	1. 婴幼儿是否集中注意观察制作环节。 2. 婴幼儿捏、团的动作灵活度,是否能按照操作要求完成
三、拍照留念(5 分钟) 1. 教师询问婴幼儿的内心感受。 2. 教师为婴幼儿和作品拍照留念。 3. 组织回收教具,带婴幼儿去洗手,准备下课	提问: 1. 宝贝你做好了青团,开心吗? 2. 你喜欢自己的作品吗?	说出"开心""喜欢"两个词语

【活动延伸】
在照片展示区展示婴幼儿与作品的合照，让婴幼儿自己动手贴上墙。
【家园联系】
1. 提供给婴幼儿观察、了解和参与制作食物的机会，感受劳动的乐趣。
2. 可为婴幼儿购买青团食物尝尝，加深婴幼儿的认知。
【注意事项】
1. 在活动过程中，注意婴幼儿不要将手或超轻黏土放入口中，活动结束后及时清洗手。
2. 要给予婴幼儿充足的时间去操作，鼓励婴幼儿做出不同样式的"青团"来。
3. 观察婴幼儿在活动中是否感到充实快乐。

活动二　做青团，品清香（食育）

【适合年龄】2~3 岁
【组织形式】室内集体活动
【建议时间】20 分钟
【活动目标】
1. 知道吃青团是清明节的重要风俗习惯（理解能力）。
2. 尝试做青团，学会捏、团（精细动作）。
3. 体验制作的乐趣和成功感。
【活动重难点】
重点：尝试做青团，学会捏、团。
难点：知道吃青团是清明节的重要风俗习惯。
【活动准备】
1. 物质准备：拌有艾草汁的糯米粉团、馅料、盘子、橘叶等若干。
2. 经验准备：婴幼儿在过节的时候吃过青团。
【活动过程】

活动环节	教师行为	观察要点
一、提问导入（3 分钟） 1. 出示青绿色的糯米粉团，引起幼儿做青团的兴趣。 2. 请幼儿拿取绿色的粉团、看看、捏捏、搓搓、团团，然后猜猜是什么东西，说说拿在手里有什么感觉。 3. 教师将绿色粉团和白色粉团进行对比，介绍绿米粉团是加入了艾草汁，出示实物艾草	提问： 1. 清明节快到了，小朋友们知道清明节会吃什么吗？ 2. 绿色粉团和白色粉团有什么不一样？ 3. 青团是怎样制作的呢？	婴幼儿是否关注清明节会吃什么食物。 发音是否清晰，完整，语速是否适中。 婴幼儿对艾草的经验认识

续表

活动环节	教师行为	观察要点
二、观看录像，教师示范（4分钟） 1. 播放图片：采摘艾草、洗净剁碎艾草、和面、做青团、蒸青团。 2. 教师演示做青团：先将米粉团圆，用大拇指在米粉团中挖一个坑，然后将大拇指放在坑内，其余四指放在外边，把米粉团捏成碗状，再将馅料放入，最后把洞口封住、团圆，摆在橘叶上放入蒸笼	注意提醒婴幼儿捏、团圆的基本动作	婴幼儿是否集中注意力观察制作环节 婴幼儿捏、团的动作灵活度，是否能按照操作要求完成
三、引导幼儿做青团（10分钟） 1.幼儿操作，教师巡回指导，帮助个别能力较弱的幼儿。 2.提示幼儿做不同形状的青团，互相欣赏。 3.集中放置青团，送厨房蒸熟	巡回指导	婴幼儿是否主动参与分享自己的想法
四、品尝青团（3分钟） 说一说味道、口感，感受青团的清香		

【活动延伸】

美术区提供超轻黏土，引导婴幼儿创造性地制作青团。

【家园联系】

1. 为婴幼儿提供观察、了解和参与制作食物的机会，感受劳动的乐趣。
2. 大胆尝试各种食物，减少挑食、偏食等不良习惯。

【注意事项】

1. 在活动过程中，注意婴幼儿的手部清洁，洗完手后不要随意触摸其他地方。
2. 要给予婴幼儿充足的时间去操作，鼓励婴幼儿探索用不同的方法包住馅料。
3. 可在就餐前1小时准备此活动，方便婴幼儿在就餐环节食用。

活动三 一起散步吧（木育）

【适合年龄】1.5~2岁

【组织形式】户外活动

【建议时间】25分钟

【活动目标】

1. 婴幼儿自由行走。
2. 婴幼儿能够在遇到困难时积极寻求帮助。
3. 能够在散步的过程中有自己的发现。

【活动重难点】

重点：能够自由行走、散步。

难点：注意沿路的景象，主动发现自己感兴趣的事物。

【活动准备】

1.物质准备：托育园户外操场或花园、教师提前学习动作并示范动作、音乐《学走路》。

2.经验准备：婴幼儿会独立行走。

【活动过程】

活动环节	教师行为	观察要点
一、热身准备，一起学走路（3分钟） 1. 教师和婴幼儿进行热身运动。 2. 教师示范走路的姿势和动作，婴幼儿一起走路：向前走、向后走、向左走、向右走，沿着路走	1. 孩子们，今天我们一起来学走路。 2. 你们都会走路对不对，那请你们教教老师，老师学习学习你们的走路姿势和动作	观察婴幼儿精神状态：婴幼儿是否感觉到有趣和快乐
二、一起散步吧（18分钟） 1. 教师交代本次户外活动的规则，请婴幼儿在规定的范围内自由活动，自由走路、散步，观察身边的风景，可以观看花草等；提醒婴幼儿注意安全。 2. 婴幼儿自由散步，自由活动。 3. 教师巡回观察婴幼儿表现，主动询问婴幼儿的感受及他们的发现	1. 教师语言提醒婴幼儿注意安全，并时刻留意着婴幼儿的行动。 2. 为婴幼儿拍照留念	1. 婴幼儿是否有危险的行为。 2. 婴幼儿是否感到愉悦。 3. 婴幼儿身体协调能力及平衡能力发展是否较好
三、组织集合，分享发现（4分钟） 1. 教师询问婴幼儿在散步活动中的惊喜发现，请婴幼儿主动分享。 2. 检查婴幼儿身体，总结下课	教师检查婴幼儿有没有拾到小石子或其他的东西	教师仔细检查婴幼儿的身体情况

【活动延伸】

教师可以将婴幼儿在活动中拾得的石子、树叶或花瓣加工成手工作品。

【家园联系】

1. 建议家长可以多带婴幼儿参加户外活动，在沙池里玩沙，公园里捡小石子或树叶等。

2. 引导家长为婴幼儿创造自己动手做盆栽的机会，让婴幼儿进一步感受自然的美。

【注意事项】

1. 在活动中教师要特别注意婴幼儿的安全，提醒婴幼儿在规定的场地范围活动。

2. 注意婴幼儿的动作行为，避免误食或受伤现象。

3. 整个过程教师要巡回观察婴幼儿情况，尊重其感受，避免打断婴幼儿自己的想法。

【场景拓展】

1. 绘本区角中可放置《小蛇散步》《蹦》《跳》等婴幼儿绘本，让婴幼儿自行翻阅。

2. 可以和婴幼儿在空旷的场地进行蹦、跳或小跑等运动,促进婴幼儿和教师、同伴间的情感链接。

活动四 小山坡绿了(木育)

【适合年龄】2~3 岁

【组织形式】户外活动

【建议时间】20~30 分钟

【设计意图】

沙子是婴幼儿非常喜欢的一种自然材料,通过挖沙、运沙、堆沙、拍沙等动作,可以让婴幼儿感知沙子松散、可塑等特点,促进手眼动作的协调发展。婴幼儿通过与同伴幼儿合作堆建小山,初步体验合作的快乐。

【活动准备】

1. 物质准备:成品材料(塑料小树、亭子、小桥等)、半成品材料(彩色插塑、小球等)、玩沙工具(铲子、小桶等)。

2. 经验准备:婴幼儿玩过沙土,对沙土的特点有一定的认知经验。

【环境布置】

环境布局图	目标要求	好	一般	差
沙池区 / 取水处 / 换鞋区 / 材料区 / 劳动工具架(铲子、小桶等)	沙土保持洁净、卫生,定期消毒			
	材料要丰富,同类材料数量充足,避免争抢			
	准备 5~6 双雨靴便于幼儿更换,同时控制区域人数			
	劳动工具分类摆放,便于婴幼儿物归原处			
	劳动工具架要符合婴幼儿身高,方便取用			
	用铲子翻沙时,保证足够的空间,避免受伤			

【教师行为】

1. 引导幼儿选择合适的工具挖沙、运沙、堆沙、拍沙。

2. 鼓励幼儿在遇到困难时积极寻求帮助。

3. 提示婴幼儿保持距离,注意安全。

【家园联系】
1. 建议家长可以和婴幼儿多玩沙土，提供适宜工具，鼓励婴幼儿动手操作。
2. 引导家长创造条件支持婴幼儿在生活中参与种植活动。

【注意事项】
1. 活动时，必须保证至少一名教师在场。提醒婴幼儿小心使用铲子，不扬沙，不争抢工具。
2. 对婴幼儿的作品，注意拍照留存，以便婴幼儿与同伴分享和对家长展示。
3. 提醒婴幼儿在活动结束后，能按标记分类摆放、收拾材料和用具，养成整理的好习惯。

活动五　绘风筝，好好看（美育）

【适合年龄】1.5~2 岁
【组织形式】室内集体活动
【建议时间】10 分钟
【活动目标】
1. 让婴幼儿认识风筝。
2. 能够在白色的风筝上随意作画，体验绘画带来的快乐。
3. 喜欢自己的作品，因自己动手而感到满足和自豪。

【活动重难点】
重点：在风筝上随意绘画。
难点：画面整洁度的保持，绘画作品的美感。

【活动准备】
1. 物质准备：白色布风筝（材质好不易破）、蜡笔、各种各样风筝的图片、儿童罩衣。
2. 经验准备：婴幼儿有涂鸦相关经验。

【活动过程】

活动环节	教师行为	观察要点
一、观看图片，激发幼儿兴趣（2分钟） 1. 教师展示风筝图片，请婴幼儿观察。 2. 询问婴幼儿认识风筝吗？	提问： 1. 小朋友们，你们看看，这是什么？ 2. 你们认识风筝吗？今天我们就一起来好好认识一下风筝吧！	1. 婴幼儿对风筝是否感兴趣。 2. 是否能够表现出有强烈的想认识风筝的兴趣和欲望。 3. 是否能说出"风筝"这一词。
二、教师作画示范，婴幼儿绘制风筝（5分钟） 1. 教师展示出蜡笔，向婴幼儿讲解示范蜡笔的用法，婴幼儿观察并学习动作。	1. 小朋友们都要认真学习绘画动作哦。 2. 强调用笔的安全，提醒婴幼儿不能用画笔戳同学，要涂在风筝上，不要在其他地方涂色。	1. 婴幼儿是否仔细观察教师的示范。 2. 婴幼儿是否能用蜡笔在风筝上作画。

续表

活动环节	教师行为	观察要点
2. 分好组，摆好蜡笔，婴幼儿穿好儿童罩衣，为婴幼儿每人发放1个风筝。 3. 婴幼儿自由绘画。 4. 教师巡回观察婴幼儿绘画情况，及时鼓励或及时纠正		
三、作品展示，结束课程（3分钟） 1. 请婴幼儿按顺序展示自己的风筝画，引导婴幼儿积极分享自己的想法，为每位婴幼儿送上鼓励。 2. 作品保存，放学时带回家。 3. 引导婴幼儿收拾教具，下课洗手	教师检查婴幼儿衣物，及时清理衣物	

【活动延伸】

可以让婴幼儿在绘画纸上任意涂鸦，随意绘画，慢慢培养婴幼儿对色彩、对美的认知。

【家园联系】

1. 家长可带婴幼儿在户外放风筝，可以放婴幼儿自己涂画的风筝。
2. 可将婴幼儿的绘图风筝作品收藏起来或在家中展示。

【注意事项】

1. 婴幼儿分组时座位的距离尽量远一些，切记不能太过紧密，否则不太方便婴幼儿施展绘画。
2. 教师特别关注婴幼儿使用画笔工具的安全，避免误伤他人或自己。
3. 应提醒婴幼儿轻轻绘图，不能太过用力，以免戳破风筝。
4. 无论婴幼儿画得如何，尽量不要打断婴幼儿自己的创作，教师应多鼓励或指导。

【场景拓展】

1. 户外天气好时，中、大班幼儿放风筝，可请婴幼儿观看。
2. 可向婴幼儿展示班级外的绘画作品，初步培养婴幼儿的审美能力。

活动六　长长的线路图（美育）

【适合年龄】2~3岁

【组织形式】户外集体活动

【建议时间】20分钟

【活动目标】

1. 尝试用延续的线体现春游的情景（精细动作）。
2. 知道春天来了，感受春天的美景。
3. 乐意以边听儿歌边作画的形式绘画。

【活动重难点】

重点和难点：尝试用延续的线体现春游的情景。

【活动准备】

1.物质准备：音乐《郊游》、人手一份记号笔和画纸。

2.经验准备：婴幼儿对绘画线条有一定的基础。

【活动过程】

活动环节	教师行为	观察要点
一、谈话导入，激发幼儿兴趣（2分钟） 1. 师：小朋友们，你们知道现在已经是什么季节了吗？ 2. 师：是啊，美丽的春天来了，小树、小草都绿了，小花也开得五颜六色，来，让我们一个跟着一个去春游吧！	组织幼儿到户外观察周围环境。 提问： 小朋友想不想看看春天的花、草、树木有什么变化？	婴幼儿是否愿意主动分享自己的想法。 发音是否清晰、完整，语速是否适中
二、师幼随音乐围着幼儿园户外场地春游（4分钟） 1. 师边走边说：看，这边的花儿开得真好看，我们围着它绕一圈，"走走走，看到小花绕一圈"，小朋友也来说一说，小树绿了，我们也来围着它绕一圈，"走走走，看到小桥绕一圈"，那边还有小桥，我们也绕一圈，"走走走，看到小桥绕一圈"。 2. 鼓励幼儿和老师一起边走边说	提问： 刚才一路上你都看到了什么呀？	婴幼儿能否仔细倾听儿歌，尝试说一说
三、学习徒手画延续的线（2分钟） 师：来，伸出你们的小手，和老师一起边画边说好吗？准备好了吗？我们出发，"走走走，走走走，看到小花绕一圈"。注意了，要绕圈了，看看怎么绕，别停下来，让我们继续走。"走走走，走走走，看到小树绕一圈"	提问： 小朋友的表情都很开心，说明春游很快乐，想不想把快乐的春游记录下来啊？ 鼓励幼儿再次与老师一起边画边念儿歌	婴幼儿是否能按照教师说的内容做出相应的动作
四、用绘画的形式体现春游时的快乐（10分钟） 1. 师出示记号笔：如果用笔，你会画吗？伸出你的小手跟老师一起在这张好看的画纸上来画画吧，先打开画笔粗粗的一头。 2. 教师示范，提醒幼儿线要连续地画、不要断下来，画的时候不要挤在一起，尽量在空白的地方画	提问： 你们想不想在好看的纸上画一画今天春游的事情呢？	婴幼儿是否仔细观察教师的示范
五、幼儿操作，交流作品（2分钟） 鼓励先画好的幼儿向好朋友介绍自己的作品	作品评价：线条是否流畅等	婴幼儿是否能按照要求绘画线条。 婴幼儿是否愿意主动分享自己的作品

【活动延伸】
美工区准备各种自然景物或建筑物的小贴画,婴幼儿可以在自己的作品上继续创作。
【家园联系】
1. 家长带婴幼儿外出活动时,引导婴幼儿关注路线及周边的设施、景观等。
2. 在家里玩"照镜子"游戏,积累婴幼儿对五官形状的认识。
【注意事项】
1. 可在户外准备好小板凳,婴幼儿在观察后将纸张放在小板凳上进行绘画。
2. 在线条绘画的基础上,可以让婴幼儿将看到的事物添加进画中,允许婴幼儿用点、线、圈等自己喜欢的方式表达。
【场景拓展】
1. 教师可以自制托育园平面图,婴幼儿可在平面图上绘制路线。
2. 可以根据托育园自身环境,设置场景,供婴幼儿观察。

活动七 开心·做体操(体育)

【适合年龄】1.5~2 岁
【组织形式】室外/室内集体活动
【建议时间】15 分钟
【活动目标】
1. 初步学习体操,学习《小动物模仿操》。
2. 能够模仿小动物的动作。
3. 喜欢做体操,乐于模仿动作并勇于展示。
【活动重难点】
重点:学习跳《小动物模仿操》。
难点:熟记体操的动作要领。
【活动准备】
1. 物质准备:播放器、U 盘、教师提前学习体操、音乐《小动物模仿操》。
2. 经验准备:婴幼儿喜欢在户外运动,有在户外做体操的相关经验。
【活动过程】

活动环节	教师行为	观察要点
一、熟悉音乐,模仿动物(3 分钟) 1. 热身运动。 2. 教师示范小动物动作:蜜蜂、小蛇、鸭子、小兔子、老鹰等的动作,吸引婴幼儿的兴趣。 3. 婴幼儿自由模仿小动物的动作	1. 教师带领婴幼儿进行热身活动。 2. 请婴幼儿认真学习模仿动作,自己练习	1. 婴幼儿是否愿意运动。 2. 是否有模仿各种动作的行为

续表

活动环节	教师行为	观察要点
二、小动物模仿操（10分钟） 1. 教师分解动作：蜜蜂飞飞的动作、小蛇扭扭的动作、鸭子摇摇摆摆的动作、小兔子跳跳的动作、老鹰扇动翅膀的动作。 2. 婴幼儿模仿动作。 3. 教师带领婴幼儿配合音乐完成	1. 纠正婴幼儿的错误。 2. 教师进行正确示范，鼓励婴幼儿积极运动	1. 是否愿意学习小动物的动作。 2. 学习小动物动作是否正确。 3. 是否能够跟上音乐节奏来进行体操运动
三、放松活动（2分钟） 1. 教师组织婴幼儿集合，进行拉伸舒缓动作。 2. 教师总结，宣布下课	帮助婴幼儿调整呼吸，逐渐稳定情绪	教师观察婴幼儿身体状态

【活动延伸】

可以和婴幼儿练习边说儿歌边做动作，儿歌内容："小兔小兔，蹦蹦跳；小羊小羊，咩咩叫；小狗小狗，汪汪叫；公鸡公鸡，喔喔叫；青蛙青蛙，呱呱呱；小熊小熊，走来了，咚咚咚。"

【家园联系】

家长可以和婴幼儿共同完成《小动物模仿操》，加深婴幼儿对小动物动作的印象，还可以引导婴幼儿学习模仿更多小动物。

【注意事项】

1. 引导婴幼儿学习模仿小动物的动作，提醒婴幼儿按音乐节奏来完成。
2. 在活动中注意自己和同伴的安全。

【场景拓展】

1. 观察日常生活中各种小动物走路的姿势和动作。
2. 有机会可以让婴幼儿去动物园，认识更多的小动物，使其对动物印象更深刻。

活动八　小动物模仿操（体育）

【适合年龄】2~3岁

【组织形式】室外/室内集体活动

【建议时间】20分钟

【活动目标】

1. 了解小鸟飞、小猫洗脸、大象仰头、小兔跳跳的动作。
2. 能够掌握小动物模仿操的要领，喜欢做操。
3. 喜欢动物们，愿意模仿。

【活动重难点】

重点：掌握动物模仿操的动作。

难点：模仿操动作组合的顺序、方向。

【活动准备】

1. 物质准备：播放器、U盘、教师示范动作视频。

2. 经验准备：婴幼儿们见过小鸟飞、小猫洗脸、大象仰头、小兔跳。

【活动过程】

活动环节	教师行为	观察要点
一、熟悉音乐，模仿动物（3分钟） 1. 热身活动。 2. 播放教师示范动作视频，吸引婴幼儿的兴趣。 3. 婴幼儿自由模仿小动物的动作	1. 教师带领婴幼儿进行热身活动。 2. 播放动作视频。 3 观看婴幼儿模仿的动作	1. 婴幼儿是否愿意运动。 2. 是否有模仿各种动作的行为
二、小动物模仿操（15分钟） 1. 教师分解动作教学一：小鸟组合。 采用镜面示范，结合线性渐进法和递加法进行教学。 2. 婴幼儿模仿动作。 3. 教师带领婴幼儿配合音乐完成。 4. 小猫、大象、小兔的教学同小鸟。 扫描二维码，观看小动物模仿操	1. 纠正婴幼儿的错误。 2. 进行正确示范：双脚并拢，手臂侧下和侧上举，并掌，同时注意抬头和低头的动作以及踏步时上下肢动作的规范度	1. 婴幼儿是否双脚并拢。 2. 是否手臂动作规范。 3. 是否在踏步时能够上下肢协调配合
三、放松活动（2分钟） 1. 拉伸运动。 2. 教师总结，宣布下课	帮助婴幼儿调整呼吸，逐渐稳定情绪	是否有婴幼儿受伤

【活动延伸】

婴幼儿练习边说儿歌边做动作。

小鸟醒来了，吱吱喳喳叫，飞到草地上，做呀做早操；小猫醒来了，喵喵喵喵叫，走到草地上，做呀做早操；大象醒来了，身子摇呀摇，走到草地上，做呀做早操；小兔醒来了，蹦蹦又跳跳，跳到草地上，做呀做早操。

【家园联系】

家长可以带着孩子共同完成小动物模仿操，除此以外，还可以带着孩子模仿青蛙跳、乌龟爬、小猴子摘桃等动作，通过引导，让孩子爱动物、爱做操。

【注意事项】

1. 引导婴幼儿学习《小动物模仿操》的动作，包括动作要领、顺序、方向。

2. 鼓励婴幼儿做操,模仿不同动物进行锻炼。
3. 提醒幼儿按照音乐完成动作,注意保护自己和同伴。

活动九 大手牵小手(感育)

【适合年龄】1.5~2 岁
【组织形式】亲子特色活动
【建议时间】60 分钟
【活动目标】
1. 亲密接触大自然,感受春天的美景。
2. 婴幼儿与家长能够配合完成亲子游戏。
3. 婴幼儿体验与父母、同伴、老师一起出游的乐趣。
【活动重难点】
重点:婴幼儿体验与父母、同伴、老师一起出游的乐趣。
难点:婴幼儿与家长配合完成亲子游戏。
【活动准备】
1. 物质准备:提前告知家长(爸爸妈妈都出席),选好附近公园。选一个阳光明媚的日子,准备食物、太阳帽、垃圾袋、防潮垫等,准备急救包(消毒清创用品、创可贴、棉签、面纸等)、鲜花瓣若干、相机或手机一部、口哨。
2. 经验准备:婴幼儿有外出活动的相关经验,对外出活动感兴趣。
【活动过程】

活动环节	教师行为	观察要点
一、做好准备工作(5 分钟) 1. 入园前做好准备工作(上厕所,检查衣物、所带物品)。 2. 交代要求,提醒婴幼儿出行安全(和大人或同伴紧紧拉手、眼睛看队伍前面)	提问: 1. 小朋友们,今天我们要跟着爸爸妈妈和小伙伴去踏青,你们准备好了吗? 2. 一路上都要拉着爸爸妈妈的手不能松开哦	1. 婴幼儿的穿着、精神状态是否适合外出活动,并及时调整。 2. 婴幼儿是否主动观察外部环境
二、到达目的地,寻找一块空旷的草地(10 分钟) 1. 教师事先询问相关工作人员,找一块能够坐躺的平地,组织家长选好地方铺好防潮垫,距离稍微挨近一些。 2. 教师请婴幼儿摸一摸草地,感受春天嫩绿的草地,待婴幼儿休息好之后开始进行亲子游戏环节		家长与婴幼儿间的互动是否频繁,互动过程是否是积极向上的

续表

活动环节	教师行为	观察要点
三、草坪上做亲子游戏（20分钟） 1. "加油宝贝一家" 游戏准备：鲜花瓣若干。 游戏玩法：设置起跑线和终点，请爸爸带着婴幼儿在起跑线上集合等待，妈妈则在终点等待，口哨吹响代表游戏开始。婴幼儿拿一朵花瓣，爸爸背着婴幼儿奔跑至妈妈处，婴幼儿将花瓣交给妈妈，爸爸再背着婴幼儿折返至起点处，重复过程。 比赛时间设定为5分钟，以最终妈妈花瓣最多的家庭为胜。 2. 小脚踩大脚 玩法：以家庭为单位分组，家长和幼儿在起点线处，孩子与家长面对面站立，孩子踩在家长脚上，游戏开始后向终点处移动，先到终点的为胜	1. 讲解游戏的规则，强调安全。 2. 教师为家庭拍下照片，纪念温馨快乐的时光	1. 家庭成员能否理解游戏的玩法。 2. 观察婴幼儿对游戏的兴趣与参与的积极性。 3. 家长是否积极配合。 4. 婴幼儿能否感受到亲子游戏的快乐
四、亲子自助餐（15分钟） 1. 所有家庭集聚在一起，互相分享美食。 2. 教师与家庭一起朗诵诗歌。 春天到，春天到，花儿朵朵开口笑。 草儿绿，鸟儿叫，蝴蝶蜜蜂齐舞蹈	鼓励婴幼儿与父母及其他小朋友分享食物。 家长能否引导婴幼儿共同朗诵诗歌。 提醒孩子爱护环境，将垃圾装入垃圾袋带走	1. 婴幼儿是否积极跟着复述诗歌（含诗歌的最后一个词语或音节）。 2. 是否能主动尝试发音。 3. 婴幼儿是否与父母及其他小朋友分享食物
五、组织回园（10分钟） 询问婴幼儿的内心感受是否开心愉悦		

【活动延伸】

可与婴幼儿进行卡片猜猜猜游戏，选取婴幼儿熟知的物体卡片、食物卡片，让婴幼儿说出其名称。

【家园联系】

1. 家长之间可以互相讨论学习更多亲子游戏，与婴幼儿共同体验亲子游戏的快乐，密切亲子关系。

2. 有空时多带领婴幼儿去户外散步或踏青。

【注意事项】

1. 教师应特别强调外出安全，请家长负责看管好自己的孩子。

2. 有的婴幼儿由于年龄原因并不能够将自己对环境的认识表达出来，对于此种情况，只要让婴幼儿多聆听他人的表述即可，不用过于强求。

3. 鼓励家长和婴幼儿积极参与游戏，感受亲子活动的快乐。
4. 鼓励家长捕捉活动中的精彩瞬间，拍照分享。

【场景拓展】
1. 踏青可以在园所内进行，结合园所场地、景色设计方案。
2. 设计室外角色游戏：爸爸妈妈带我去踏青，可邀请教师、同伴共同参加。

活动十 一起去踏青（感育）

【适合年龄】2~3 岁
【组织形式】亲子特色活动
【建议时间】60 分钟
【活动目标】
1. 寻找和观察春天的美景，感受各种植物的变化（理解能力）。
2. 能听从游戏指令，不擅自离开集体。
3. 体验与父母、同伴、老师一起出游的乐趣。

【活动重难点】
重点：体验与父母、同伴、老师一起出游的乐趣。
难点：能听从游戏指令，不擅自离开集体。

【活动准备】
1. 物质准备：提前告知家长，准备食物、太阳帽、垃圾袋、急救包（消毒清创用品、创可贴、棉签、面纸等）、游戏道具（红色丝带）等。
2. 经验准备：婴幼儿对外出活动感兴趣。

【活动过程】

活动环节	教师行为	观察要点
一、做好准备工作（5分钟） 1. 离园前做好准备工作（上厕所，检查衣物、所带物品）。 2. 交代要求，提醒婴幼儿注意出行安全（和大人或同伴紧紧拉手、眼睛看队伍前面）。	提问： 小朋友们，今天我们要去踏青，你们准备好了吗？	婴幼儿的穿着、精神状态是否适合外出活动，并及时调整
二、到达目的地，寻找、观察春天的景色（15分钟） 1. 摸一摸草地，感受春天嫩绿的草地。 2. 观察柳树的颜色、形态，柳树像什么。 3. 找一找哪些花开了，说一说是什么颜色的。	提问： 小草长什么样子？摸一摸是什么感觉？柳树、花儿又是什么样子？ ……	1. 婴幼儿是否主动观察。 2. 发音是否清晰，完整，语速是否适中

续表

活动环节	教师行为	观察要点
三、草坪上做亲子游戏（15分钟） 1. "揪尾巴" 准备："尾巴"若干。 玩法：游戏开始时，家长和孩子各自将红色丝带的三分之一塞进裤腰里，其余部分拖在外面当"尾巴"，"尾巴"不可太短，否则孩子不容易抓住。家长和孩子面对面站立，同时数"一二三"，两人同时开始左右挪动，互相揪对方的"尾巴"，先揪到"尾巴"的为胜。 2. 小脚踩大脚 玩法：以家庭为单位分组，家长和幼儿在起点线处，孩子与家长面对面站立，孩子踩在家长脚上，游戏开始向终点处移动，先到终点的为胜	讲解游戏的规则，强调安全	1. 婴幼儿能否理解游戏的玩法 2. 观察婴幼儿对游戏的兴趣和参与的积极性
四、亲子自助餐（15分钟） 家长和孩子围坐在一起共同分享午餐	鼓励婴幼儿与父母及其他小朋友分享食物，提醒孩子爱护环境，将垃圾装入垃圾袋带走	婴幼儿是否与父母及其他小朋友分享食物
五、组织回园（10分钟） 请幼儿说一说，今天玩得开不开心，相互分享自己的心情	倾听婴幼儿的语言表达	观察婴幼儿的语言表达水平

【活动延伸】
组织语言活动，请婴幼儿结合亲子活动照片，分享踏青的经历。

【家园联系】
1. 可以利用网络学习各种亲子游戏，与婴幼儿共同体验亲子游戏的快乐，增进亲子关系。
2. 带领幼儿外出，逛公园、爬山、郊游等，感受春天的景象，关注季节带来的变化。

【注意事项】
1. 外出踏青时，需要注意每名婴幼儿的安全，做到每个婴幼儿都有对应负责的教师或家长。
2. 有的婴幼儿由于年龄原因并不能够将自己对于环境的认识表达出来，对于此种情况，只要让婴幼儿多聆听他人的表述即可，不用过于强求。
3. 鼓励家长和婴幼儿积极参与游戏，感受亲子活动的快乐。
4. 提倡家长捕捉活动中的精彩瞬间，拍照分享。

【场景拓展】
1. 踏青可以在园所内进行，结合园所场地、景色设计方案。
2. 设计角色游戏：爸爸妈妈带我去踏青。

第三节 主题：宝贝一家

主题设计图

④ 影响因素

婴幼儿的因素
1. 对家庭特别留恋；
2. 知道家庭成员之间的关系；
3. 理解能力不断完善；
4. 自我服务能力有待提高。

养育者的因素
正面因素：在生活上会对婴幼儿有一定程度的指导和示范；
负面因素：指导和示范不一定正确与科学。

环境因素
养育环境越来越复杂，生活方式越来越多样。

养育者所处环境
工作、生活压力大，对婴幼儿的教育力不从心。

托育环境
物质环境不断优化，需要注重对婴幼儿心灵的理解与关怀。让婴幼儿在喜爱小家的同时，喜欢托育园的大家庭。

② 现状

1. 家是婴幼儿最熟悉、最为重要、最为亲切的生活环境；
2. 婴幼儿年龄小，个别婴幼儿情绪不稳定；
3. 生活中家长给予婴幼儿太多爱，婴幼儿习惯索取爱和接受爱。

③ 背景

婴幼儿方面
1. 婴幼儿熟悉家庭成员，并在不同程度上有一定的依赖感；
2. 感恩意识及为他人服务意识仍然十分欠缺。

养育者方面
1. 隔代带养等不同的带养情况下，对于婴幼儿独立自主能力的关注不够。
2. 养育者自身不同的生活习惯会影响婴幼儿。
3. 养育者的育儿观受书籍、网络的影响比较大。

① 目标

主题目标
1. 升华家庭积累的感性经验，感受浓浓的亲情，温暖而幸福；
2. 萌发爱家人的情感，并学会用自己的方式表达爱；
3. 在教师的指导和提醒下，做力所能及的事情表达对父母的感恩之情。

发展目标
详见表1-1。

评价方法
1. 完成该主题的月计划活动；
2. 婴幼儿生活行为上的一些变化；
3. 家长反馈。

⑤ 教育指导方法

1. 食育
2. 木育
3. 美育
4. 体育
5. 感育

⑥ 科学依据

理论模型
实证研究成果
儿童发育评估客观数据
实际观察中的场景数据

家庭是婴幼儿成长的摇篮，也是宝贝快乐的源泉。家庭首先由婴幼儿最亲的家庭成员组成，婴幼儿与其他家庭成员有着最亲密的依恋关系。家庭环境还包括家庭的生活习惯、相处方式，婴幼儿在充满爱的家庭环境中茁壮成长。"宝贝一家"主题基于宝贝的家庭生活，分享宝贝在生活中的点点滴滴，也向家长普及科学的教养知识，帮助家长感受与孩子一同成长的乐趣。主题活动可以充分动员家长一同参与，环境创设方面，也可以通过照片墙的方式营造如家庭般温馨的环境。本次主题活动可以促进托育园和家长的沟通，实现家园共育。

活动一 奶油蛋糕大比拼（食育）

【适合年龄】1.5~2 岁
【组织形式】室内集体活动
【建议时间】25 分钟
【活动目标】
1. 锻炼婴幼儿对颜色的认知能力。
2. 体验活动的乐趣。
【活动重难点】
重点：体验做蛋糕活动的乐趣。
难点：通过观察了解奶油蛋糕的制作过程。
【活动准备】
1.物质准备：成型的蛋糕、奶油、盘子若干个。
2.经验准备：婴幼儿对蛋糕非常熟悉。
【活动过程】

活动环节	教师行为	观察要点
一、出示神秘箱，引起幼儿兴趣（3 分钟） 教师：小朋友们，我们过生日的时候都要吃什么呀！喜不喜欢吃蛋糕啊？	提问： 小朋友们，你们看老师今天带来了什么啊？	婴幼儿是否认真听老师的讲解
二、做蛋糕前准备工作（7 分钟） 1. 让小朋友欣赏各种各样的蛋糕图片。 2. 教师逐一介绍做蛋糕所用材料和工具。 3. 请幼儿去洗手，做好准备		
三、幼儿制作蛋糕（15 分钟） 1. 拿出成型的蛋糕，让小朋友们往上面挤奶油，制作过程注意卫生、安全。 2. 做好后可以拿相机拍照留念。 3. 与其他幼儿互相分享、品尝		1. 婴幼儿是否能够集中注意力完成"挤"奶油的动作。 2. 是否有强烈的想自己动手的欲望

【活动延伸】

提供超轻黏土，供幼儿搓、团、压，为家人做好吃的蛋糕。

【家园联系】

现在小朋友们还处于口欲期，所以对吃的东西都特别感兴趣，家长们可以带宝宝多去超市或者蛋糕店逛逛，让小朋友们多观察和品尝一下。

【场景拓展】

1. 通过集体教学活动认识多种水果，品尝水果。
2. 在区角活动小厨房游戏中制作水果沙拉。

活动二 水果沙拉大比拼（食育）

【适合年龄】2~3 岁

【组织形式】室内集体活动

【建议时间】30 分钟

【活动目标】

1. 感知各种水果的外形特征。
2. 通过观察了解制作水果沙拉的过程（生活技能）。
3. 体验亲子活动的乐趣。

【活动重难点】

重点：体验亲子活动的乐趣。

难点：通过观察了解水果沙拉的制作过程。

【活动准备】

1. 物质准备：神秘箱一个、各种水果、每桌一把儿童用水果刀、盘子若干个、沙拉酱等。
2. 经验准备：婴幼儿对常见的苹果、香蕉等水果非常熟悉。

【活动过程】

活动环节	教师行为	观察要点
一、出示神秘箱，引起幼儿兴趣（4 分钟） 1. 教师：刚才一位神秘老爷爷听说咱们班小朋友的爸爸妈妈今天来到了托育园，所以啊，神秘爷爷就带来了一个神秘的箱子。 2. 幼儿从神秘箱里摸一个神秘果进行观察。用各种感官去感知不同的水果。 小结：它们长得都不一样，形状不同，颜色不同，但是它们有一个共同的名字叫作水果	提问： 小朋友们，你们猜一猜神秘爷爷带来了什么礼物？ 看一看是什么样的？ 摸一摸有什么感觉？ 闻一闻是什么味道？	1. 婴幼儿是否认真听老师的提问。 2. 婴幼儿对水果的认知经验

续表

活动环节	教师行为	观察要点
二、欣赏拼盘图片（4分钟） 1. 请幼儿讨论水果有哪些吃法。 水果可以榨成果汁吃、水果可以做成水果罐头、水果还可以做成各种水果味的面包和酸奶。 教师：今天老师要告诉小朋友们水果还有一种吃法——把它们做成水果沙拉。 2. 出示水果拼盘图片，幼儿欣赏	提问： 水果有哪些吃法？	婴幼儿对水果的吃法的认知
三、制作水果沙拉的准备工作（7分钟） 1. 做水果沙拉需要准备些什么呢？ 2. 教师逐一介绍所用材料和工具。 3. 请家长带幼儿去洗手，做好准备	提问： 怎样制作水果沙拉呢？	幼儿保持注意力的时间，对使用工具的认识
四、幼儿和家长一起制作水果沙拉（15分钟） 1. 家长和幼儿一组，选择桌面上的水果制作沙拉，制作过程注意卫生、安全。 2. 做好后家长可以拿相机拍照留念。 3. 与其他幼儿、家长互相分享、品尝		1. 能否主动协助家长，对制作工具的使用是否正确。 2. 是否主动分享

【活动延伸】
提供超轻黏土，供幼儿搓、团、压，为家人做好吃的水果拼盘。

【家园联系】
丰富幼儿对水果的认识，让幼儿多观察、多品尝，养成爱吃水果的好习惯。

【注意事项】
1. 教育幼儿注意安全，既不把刀对着别人，也不要弄伤自己。
2. 有条件的托育园可添加一些辅助食品进行装饰，如薯片。幼儿可以把制作好的水果丁放置在薯片上做成水果船来品尝。

【场景拓展】
1. 通过集体教学活动认识多种水果，品尝水果。
2. 在区角活动小厨房游戏中制作水果沙拉。

活动三　拼一拼（木育）

【适合年龄】1.5~2岁
【组织形式】室内集体活动
【建议时间】15分钟

【活动目标】

1. 锻炼婴幼儿的动手能力。
2. 锻炼婴幼儿的手眼协调能力。
3. 锻炼婴幼儿的思维能力。

【活动重难点】

重点：锻炼婴幼儿可以拼4块拼图。

难点：锻炼婴幼儿的手眼协调能力，婴幼儿可以按照图案，正确拼接。

【活动准备】

1.物质准备：木质拼图。

2.经验准备：婴幼儿对图形有一定的配对经验。

【活动过程】

活动环节	教师行为	观察要点
一、拼图游戏，激发兴趣导入（2分钟） 教师出示拼图教具，里面有各种不同的图形，激发婴幼儿的兴趣	提问： 小朋友们看看老师手里拿的是什么啊？	婴幼儿是否对拼图感兴趣
二、老师和婴幼儿一起先认识拼图上的图形内容（3分钟） 老师手里有张图片，我们看看有没小朋友认识？来告诉老师是什么？	老师展示手里的拼图，并一个一个告诉小朋友们拼图上的内容	婴幼儿是否积极动手
三、比一比、拼一拼（10分钟） 让小朋友们自己动手拼，老师在旁边可以做指导	鼓励已经拼好的小朋友，为还没拼好的小朋友进行指导	婴幼儿是否愿意主动参与活动

【家园联系】

家长们平时在家也可以让婴幼儿玩玩拼图，可以先从较简单拼图开始玩。

【注意事项】

教师特别注意观察婴幼儿行为，以防其将拼图等教具放入口中。

活动四 我爱我家（木育）

【适合年龄】2~3岁

【组织形式】室内区角活动

【建议时间】20~30分钟

【设计意图】

家是婴幼儿熟悉与喜欢的环境，是孩子们每天生活的场所。婴幼儿能够根据已有的生活经验，感知木制材料特征，熟悉材料的操作方法，在搭建"家"的活动中感受到温馨与开心。

【活动准备】

1. 物质准备：各种不同形状、长短、大小的木头积木；纸盒、鞋盒、奶粉罐等。

2. 经验准备：知道自己家中房子的格局，有哪些主要的家具及生活用品。

【环境布置】

环境布局图	目标要求	好	一般	差
材料架（废旧材料鞋盒、奶粉罐等的用品，奶瓶、水杯、纸张等）／积木取放区／墙面装饰／操作台／操作台／墙面装饰	丰富材料架内的物品，给幼儿选择的空间			
	提供各种家中环境的图片和有关家居饰品的图片			
	物品摆放分类明确，便于幼儿归还原处			
	幼儿爱护玩具，掉在地上及时捡起来			
	给予幼儿充足的空间，防止相互干扰			

【教师行为】

1. 如果发生争抢，尽量补充提供同样的教具，或者组织轮流进行。

2. 提醒幼儿积木要放平放稳，才不会倒掉。同时引导幼儿要小心，不要把别人搭建的家碰倒。

3. 表扬能大胆建构、大胆创造的幼儿。

【家园联系】

1. 过程中对婴幼儿进行观察记录，将结果与家长及时沟通。

2. 建议可以让婴幼儿和家长一起搭建"我们的家"。

【注意事项】

由于该年龄阶段的孩子建构经验比较缺乏，教师应引导幼儿在搭建的过程中运用连接、延长、围合、加宽、垒高等主要构造技能。同时可以在建构区增设建构作品的图片展示，丰富婴幼儿的建构经验。

活动五　爱妈妈（美育）

【适合年龄】1.5~2 岁

【组织形式】室内集体活动

【建议时间】12 分钟

【活动目标】

1. 了解妈妈照顾宝宝的方式。

2. 学会涂色等动作技能。

3. 感受手工贺卡活动带来的乐趣。

【活动重难点】

重点：感受手工贺卡活动带来的乐趣。

难点：学会涂色技能。

【活动准备】

1. 物质准备：不同颜色的皱纹纸，打印好的花朵模板若干。

2. 经验准备：婴幼儿在生活中处处能感受到妈妈对自己的照顾。

【活动过程】

活动环节	教师行为	观察要点
一、感受妈妈对宝宝的爱（2分钟） 教师：今天在上课之前呀，老师要做一件事情，小朋友猜猜看是什么事情？那就是和小朋友来个拥抱。 小结：和老师拥抱会很开心很快乐。 师：刚才小朋友和老师拥抱了，你们和妈妈拥抱了吗？那拥抱的时候你们是什么感觉呢？ 小结：和妈妈拥抱也很快乐很开心，因为妈妈和老师都很爱你们	提问： 1. 和老师拥抱开心吗？ 2. 宝宝和妈妈拥抱开心吗？	1. 婴幼儿是否愿意主动和老师抱抱。 2. 婴幼儿对抱抱行为是否抗拒
二、制作贺卡送妈妈（10分钟） 1. 拿出打印好的花朵模板，涂上颜色，最后把花朵粘到卡纸上。 2. 婴幼儿操作，教师巡回指导。 总结：小朋友们都制作了非常漂亮的贺卡，母亲节快到了，我们把它作为礼物，送给我们的妈妈吧	教室示范并说明操作方法	1. 观察婴幼儿对涂色是否感兴趣。 2. 能否将颜色涂在相应位置。 3. 在参与过程中，婴幼儿是否积极认真

【活动延伸】

在美工区做手工创作，为爸爸、奶奶等家人制作特别的贺卡，表达对家人的爱。

【家园联系】

幼儿与妈妈一同整理衣物、玩具等，体验和妈妈一起做事的乐趣。

【注意事项】

婴幼儿的作品不一定要精致漂亮，重在表达出对妈妈的爱。

【场景拓展】

1.开展角色游戏：好爸爸、好妈妈。

2.在图书角与婴幼儿一起讲讲我和妈妈爱的故事。

活动六 感恩贺卡（美育）

【适合年龄】2~3岁
【组织形式】室内集体活动
【建议时间】15分钟
【活动目标】
1. 了解妈妈照顾宝宝的方式。
2. 学会涂色、搓等动作技能（精细动作）。
3. 感受手工贺卡活动带来的乐趣。
【活动重难点】
重点：感受手工贺卡活动带来的乐趣。
难点：学会涂色、搓等动作技能。
【活动准备】
1. 物质准备：收集班级中妈妈照顾小朋友的照片，不同颜色的皱纹纸，打印好的花朵模板若干。
2. 经验准备：婴幼儿在生活中处处能感受到妈妈对自己的照顾。
【活动过程】

活动环节	教师行为	观察要点
一、感受妈妈对宝宝的爱（5分钟） 教师：今天在上课之前呀，老师要做一件事情，小朋友猜猜看是什么事情？那就是要和小朋友亲亲。 小结：和老师亲亲会很开心很快乐。 师：刚才小朋友和老师亲亲了，你们和妈妈亲亲吗？那亲亲的时候你们是什么感觉呢？ 小结：和妈妈亲亲也很快乐很开心，因为妈妈和老师都很爱我们	提问： 1. 和老师亲亲是什么感觉？ 2. 宝宝和妈妈亲亲是什么感觉？	1. 婴幼儿是否愿意主动分享自己的想法。 2. 发音是否清晰、完整，语速是否适中。 3. 婴幼儿对亲亲行为所表达的含义的理解
二、播放妈妈平时照顾宝宝的图片（5分钟） 例如：生病时照顾我，哄我睡觉，送我上学，给我洗澡，带我去玩，为我做饭，给我买新衣服，为我洗衣裳，为我梳头等。 小结：妈妈带我们很辛苦，我们应该能做的事情就自己做，帮妈妈做力所能及的事	提问： 小朋友们你们知道妈妈是怎么照顾我们的吗？	1. 婴幼儿是否集中注意力关注图片信息。 2. 婴幼儿是否能够回顾已有经验，表达交流
三、制作贺卡送妈妈（5分钟） 1. 教师示范：拿出打印好的花朵模板，涂上颜色，用搓纸搓成纸团做花蕊，最后把花朵粘到卡纸上。 2. 婴幼儿操作，教师巡回指导。 3. 给自己的作品起名字，介绍自己的作品。 总结：小朋友们都制作了非常漂亮的贺卡，母亲节快到了，我们把它作为礼物，送给我们的妈妈吧	边讲边演示	1. 观察婴幼儿对涂色、搓技能的掌握。 2. 婴幼儿是否积极参与制作贺卡

【活动延伸】
在美工区继续为爸爸、奶奶等家人制作特别的贺卡，表达对家人的爱。
【家园联系】
幼儿与妈妈一同整理衣物、玩具等，体验和妈妈一起做事的乐趣。
【注意事项】
1. 可请婴幼儿上前模仿妈妈是如何照顾自己的，让婴幼儿从自身的体验来理解妈妈对自己的爱。
2. 为婴幼儿提供更多的机会去尝试独立完成某一事情，让婴幼儿深刻体会到自己的事情自己做，帮妈妈做力所能及的事。
3. 婴幼儿的作品不一定要精致漂亮，重在表达出对妈妈的爱。
【场景拓展】
1. 开展角色游戏：我是好爸爸、好妈妈。
2. 在图书角和其他婴幼儿讲讲我和妈妈爱的故事。

活动七　我爱投球（体育）

【适合年龄】1.5~2岁
【组织形式】室外集体活动
【建议时间】20分钟
【活动目标】
1. 了解投掷的动作。
2. 锻炼手臂力量。
【活动重难点】
重点：掌握投掷的动作。
难点：对投掷准确性的把握。
【活动准备】
1. 物质准备：筐子、皮球若干。
2. 经验准备：婴幼儿用手投掷过。
【活动过程】

活动环节	教师行为	观察要点
一、热身环节（5分钟） 1. 小朋友们分组站好。 2. 老师给每个小朋友发一个皮球。 3. 小朋友们排好队按先后顺序依次把球投进框里	1. 发口令、及时观察每位婴幼儿的动作。 2. 进行正确示范。 3. 提醒婴幼儿遵守游戏规则，不要踩线或者越过线进行游戏	婴幼儿是否愿意参加运动

续表

活动环节	教师行为	观察要点
二、看谁投得好（12分钟） 1. 老师讲解活动过程。 2. 注意投球的姿势。 3. 教师讲解活动玩法，小朋友开始投球，看小朋友们谁投得准，能够投进框里。 4. 按规则重复进行游戏	帮助婴幼儿调整呼吸，逐渐稳定情绪	1. 是否能够用双手投球。 2. 是否能够遵守简单的游戏规则
三、结束部分（3分钟） 1. 拍打手臂放松。 2. 婴幼儿帮助老师收回球、筐子。 3. 教师总结，宣布下课		观察是否有婴幼儿受伤

【活动延伸】

距离可以调远，1米、2米等；尝试用一只手投掷。

【家园联系】

家长可以带孩子到户外共同体验投球的乐趣。

【注意事项】

投掷时，提醒婴幼儿对准目标，注意安全，以免误伤他人。

活动八　袋鼠妈妈（体育）

【适合年龄】2~3岁

【组织形式】室内集体活动

【建议时间】20分钟

【活动目标】

1. 了解投掷的动作。

2. 练习用纸球对准目标进行投掷，锻炼手臂力量。

3. 培养合作精神，体验成功的快乐。

【活动重难点】

重点：掌握投掷的动作。

难点：对投掷准确性的把握。

【活动准备】

1. 物质准备：自制布袋、果子（纸球）各若干。

2. 经验准备：婴幼儿用手进行过投掷，比如球、纸飞机等。

【活动过程】

活动环节	教师行为	观察要点
一、准备部分（3分钟） 1. 情景导入。 2. 婴幼儿自由模仿小袋鼠跳的动作。 3. 引出教学内容：袋鼠妈妈与宝宝	情景导入： 1. 在森林里，住着这样一家人，宝宝喜欢待在妈妈的怀抱里，而且他们是跳得最远的哺乳动物，大家猜到是谁了吗？ 2. 今天，我们一起走进袋鼠家，体验袋鼠带给大家的快乐！ 3. 观看婴幼儿的模仿动作	1. 婴幼儿是否愿意运动。 2. 是否有模仿各种动作的行为
二、宝宝、妈妈准备好（7分钟） 1. 教师讲解游戏玩法：婴幼儿两两一组，面对面站立。一人扮演袋鼠妈妈，将布兜围在腰间，站在线上；一人扮演袋鼠宝宝，取10个果子，站在1.5米线上，做好准备。听到口令后，袋鼠宝宝单手投果子，袋鼠妈妈收果子。 2. 婴幼儿听指令后完成游戏。 3. 互换角色，再次进行游戏，重复2次	1. 发口令，及时观察每位婴幼儿的动作。 2. 进行正确示范。 3. 提醒婴幼儿遵守游戏规则，不要踩线或者越过线进行游戏	1. 是否单手投掷。 2. 是否脚在线的规定范围，遵守规则
三、看谁扔得准（7分钟） 1. 教师讲解游戏玩法：听口令，婴幼儿开始扔果子，10个果子扔完，请婴幼儿一起计算袋鼠妈妈布袋里的果子，数量多的为胜。 2. 按规则，婴幼儿角色互换，再次游戏	同第二环节	1. 婴幼儿是否姿势正确。 2. 是否能听懂游戏规则
四、结束部分（3分钟） 1. 拍打手臂放松。 2. 婴幼儿帮助老师回收果子、布袋。 3. 教师总结，宣布下课	帮助婴幼儿调整呼吸，逐渐稳定情绪	是否有婴幼儿受伤

【活动延伸】

距离可以调远，2米、3米等；尝试另一只手投掷或双手投掷。

【家园联系】

家长可以扮演袋鼠妈妈，与孩子共同体验游戏的乐趣。

【注意事项】

1. 投掷时，提醒婴幼儿对准目标，注意安全，以免误伤他人。

2. 提醒围观婴幼儿游戏开始时不从旁边经过。

3. 提醒幼儿按照音乐完成动作，注意保护自己和同伴。

活动九　做个相框送爸妈（感育）

【适合年龄】1.5~2 岁

【组织形式】室内集教活动

【建议时间】10 分钟

【活动目标】

1. 让婴幼儿感知爸爸妈妈照顾自己的辛苦。

2. 学习做相框，并将作品送给爸妈。

3. 促进婴幼儿手指精细动作能力发展。

【活动重难点】

重点：知道做相框送给爸妈，表达对父母的爱。

难点：感知爸爸妈妈的辛苦和对自己的爱。

【活动准备】

1. 物质准备：父母的照片、胶棒、相框纸。

2. 经验准备：婴幼儿在平日生活中能够感知家人对自己的爱。

【活动过程】

活动环节	教师行为	观察要点
一、出示神秘卡片，引起幼儿兴趣（3 分钟） 　教师：小朋友们，看看老师手里拿的是什么啊？对了，这是妈妈的照片。妈妈漂亮吗？	老师拿出照片让小朋友们看	婴幼儿是否认真听老师的讲解
二、做相框前准备工作（2 分钟） 1. 让小朋友们拿着父母的照片。 2. 教师逐一介绍相框所用的材料和工具		
三、幼儿做相框（5 分钟） 1. 拿出父母的照片，用胶棒沾到相框卡纸上。 2. 做好后老师可以拿相机拍照留影	鼓励小朋友们发挥动手能力，并拍照留影	婴幼儿是否能够集中注意力完成，是否理解工具的使用。 　是否有强烈的想自己动手的欲望

【教师行为】

1. 如果发生争抢，尽量补充提供同样的教具。

2. 不打断婴幼儿的活动，如果有求助，引导其观察标识进行。

【家园联系】

1. 过程中对婴幼儿进行观察记录，将结果与家长及时沟通。
2. 可以让婴幼儿在家庭中参与力所能及的劳动。

【注意事项】

该阶段婴幼儿处于独立或者平行游戏阶段，同伴交往的机会较少，教师要根据婴幼儿的数量投放材料，种类不宜过多，但是每种玩教具的数量必须充足。

活动十 我是好爸爸、好妈妈（感育）

【适合年龄】2~3 岁

【组织形式】室内集体活动

【建议时间】20 分钟

【活动目标】

1. 了解家庭成员之间的关系。
2. 愿意在大家面前大胆地介绍自己的家人（语言表达）。
3. 懂得关心家人，萌发爱家人的情感。

【活动重难点】

重点：愿意在大家面前大胆地介绍自己的家人。

难点：懂得关心家人，萌发爱家人的情感。

【活动准备】

1. 物质准备：大头儿子、小头爸爸、围裙妈妈布偶，幼儿的全家福等相关图片。
2. 经验准备：婴幼儿对自己的家庭成员了解、熟悉。

【活动过程】

活动环节	教师行为	观察要点
一、布偶游戏，激发兴趣导入（3分钟） 1. 教师出示布偶教具，分别是小头爸爸、围裙妈妈、大头儿子。 2. 婴幼儿表达交流，并思考他们是什么关系。 小结：他们是幸福的一家人	提问： 今天班里请来了三位新朋友，看一看他们是谁？	婴幼儿对动画片人物的认知
二、出示全家福、幼儿介绍家人（7分钟） 1. 教师：刚才我们看了大头儿子的家人。引导幼儿拿出全家福，引导幼儿向同伴介绍自己的家人。 2. 初步引导幼儿讲述家庭成员之间的称谓和关系。 师：看看照片，请幼儿和同伴交流，介绍自己的家人	提问： 1. 现在我们看看我们的家人都有谁？ 2. 除了爸爸妈妈以外，你能讲讲家里还有哪些人吗？	1. 婴幼儿能否主动积极介绍自己的家人。 2. 发音是否清晰，语句是否完整

续表

活动环节	教师行为	观察要点
三、观看照片，萌发爱家人的情感（10分钟） 　1. 观看图片，与幼儿一起讨论：爸爸妈妈是怎么爱我们的呢？ 　引导幼儿要学会做力所能及的事情。 　2. 小结：今天的活动使我们看到了每个小朋友都有一个快乐、幸福的家，也了解了家人为我们的成长付出的辛苦，希望小朋友们今后更爱自己的爸爸妈妈，爱自己的家！	提问： 我们应该怎样表示对家人的感激之情？	婴幼儿是否主动参与，分享自己的想法

【活动延伸】

幼儿进行角色扮演，进一步加深对家人的情感。

【家园联系】

1. 适时向幼儿提出要求，教给孩子爱家人的表现方式，对孩子的爱心表现及时肯定和鼓励。

2. 印发"夸夸宝宝"记录表，请家长填写宝宝在家关心家人做的事情。

【注意事项】

在介绍自己家人的过程中，婴幼儿可能会表现出明显的差异，对语言发展水平发展较弱的婴幼儿，教师要给予支持和鼓励，适时表扬婴幼儿的积极参与。

第四节 主题：夏季 Party

主题设计图

④ 影响因素

婴幼儿的因素
1. 能够有一定的观察与思考能力；
2. 好奇心旺盛；
3. 精力充沛，活泼好动；
4. 身体适应气候能力不强，容易受细菌感染等。

养育者的因素
正面因素：希望能够在夏季有一些高质量的亲子互动与陪伴；
负面因素：把自己的一些负面情绪（如焦躁等）传递给婴幼儿。

环境因素
生活环境得到改善，季节感减弱，城市绿化程度不一。

养育者所处环境
工作等压力造成心情波动。

托育环境
夏季有一些短期假期；
托育园里植物茂盛。

② 现状
1. 夏季到了；
2. 空调等科技产品，人为改变了一些季节的真实感受；
3. 婴幼儿的生活由于季节变化发生变化。

③ 背景

婴幼儿方面
1. 有了一定的季节经验；
2. 喜欢自然界环境，如玩水、捉小虫等；
3. 对于季节的理解比较感性，不全面。

养育者方面
1. 对于夏季的感受度不同，有人喜欢，有人比较害怕炎热；
2. 会有一些假期可以进行亲子陪伴；
3. 会有一些出游计划。

① 目标

主题目标
1. 体会夏季的特点，能够在夏季体验当下季节的不同经验，获得愉悦；
2. 时间知觉、气候知觉不断增强，感受自然与自己生活的关系；
3. 能够认识一些夏季特有的水果、植物、气候等；
4. 喜欢夏季。

发展目标
详见表1-1。

评价方法
婴幼儿对月计划活动的参与度；
家长的配合度与反馈；
开展夏季运动会，对一个月的活动进行总结。

⑤ 教育指导方法
1. 食育
2. 木育
3. 美育
4. 体育
5. 感育

⑥ 科学依据
理论模型
实证研究成果
儿童发育评估客观数据
实际观察中的场景数据

夏季是孩子们最喜欢的季节之一。夏季有郁郁葱葱的树木，有五颜六色的花朵，服装轻便，可以玩水玩沙。托育园可以通过夏天的主题充分激发儿童运动的热情，鼓励儿童在大自然中自由活动，打造一场属于儿童的夏日聚会。由于儿童已经有了一定的集体活动的基础和经验，夏季主题中使用的材料应该是生成性的，教师和儿童可以一同收集、制作完成。夏季主题的环境创设也可以体现出互动性，比如在空白墙体上进行涂鸦等。在家园合作方面，教师可以鼓励家长与儿童一同进行适宜的户外活动，促进身心健康。

活动一 小手倒茶（食育）

【适合年龄】1.5~2 岁

【组织形式】室内集体活动

【建议时间】10 分钟

【活动目标】

1. 能够体验倒茶的乐趣。
2. 锻炼动手能力。

【活动重难点】

重点：锻炼手指精细动作发展。

难点：倒茶的前后顺序与步骤。

【活动准备】

1. 物质准备：小茶壶一套、汉服一套。
2. 经验准备：婴幼儿在生活中看到过家长喝茶。

【活动过程】

活动环节	教师行为	观察要点
一、展示泡好的茶水，进行导入（2分钟） 小朋友们家里谁最喜欢喝茶啊？那今天老师带大家来体验一下倒茶的乐趣吧	小朋友们看一看这是茶水	1. 是否对泡茶活动感兴趣。 2. 是否愿意尝试"倒茶"的精细动作。 3. 是否能够成功将水倒入杯中
二、茶水我会泡（5分钟） 1. 教师示范将适量的柠檬片放进水壶中，并倒适量的温水在壶里。 2. 冲泡之后，把茶水从壶里倒进杯子里，然后由小朋友们来体验。 3. 小朋友们依次尝试倒茶的乐趣，把茶水从水壶倒进下个杯子里	教师正确示范，突出精细动作，语速慢，可以通过提问的方式，引起婴幼儿的注意	1. 能否集中注意力倾听。 2. 能否仔细观察老师的示范。 3. 是否有模仿能力
三、作品展示（3分钟） 教师展示婴幼儿的制作，给予鼓励。并且告知大家，今天我们就喝自己泡的柠檬茶水。猜一猜可能是什么味道	组织小朋友们自己体验倒茶的乐趣，教师巡回指导	可以表达"酸"

【活动延伸】
让婴幼儿尝试从一个杯子往另一个杯子倒水。
【家园联系】
和父母一起尝试泡茶的乐趣,也可以做水果茶,感受夏季水果的多样性。
【注意事项】
1. 由于婴幼儿的年龄太小,活动不要求婴幼儿完全独立完成,婴幼儿重在主动探索,积极尝试。
2. 泡茶过程中注意水温,避免烫伤。
【场景拓展】
由于活动较难,可以分为若干节课完成,比如,第一节课体验的是倒茶,第二节课可以体验喝茶。

活动二　五彩面条(食育)

【适合年龄】2~3 岁
【组织形式】室内集体活动
【建议时间】15 分钟
【活动目标】
1. 了解夏季常见的水果、蔬菜。
2. 能够通过挤、按压、揉、搓等动作,尝试自制面条。
3. 喜欢动手制作食物,体验成功的乐趣。
【活动重难点】
重点:锻炼精细动作发展,尝试自制面条。
难点:制作的前后顺序与步骤。
【活动准备】
1. 物质准备:西瓜、青菜、芒果和面粉,自制相关图片。
2. 经验准备:婴幼儿在生活中看过家长和面,愿意吃面食。
【活动过程】

活动环节	教师行为	观察要点
一、水果、蔬菜变变变(5分钟) 1. 教师出示五彩面条的图片,吸引婴幼儿兴趣。 2. 出示西瓜、青菜和芒果,讨论如何利用这些蔬果,进行染色。 3. 婴幼儿分组尝试将不同的蔬果挤压出汁,放入碗中。 4. 教师在婴幼儿充分尝试后,为每组婴幼儿添加三种蔬果汁,保证后面制作的顺利进行	提问: 1.(指着五彩面条)小朋友们猜一猜,这是什么呢? 2. 吃过吗?面条怎么会变成五颜六色呢? 3. 蔬果怎么才能变成汁呢?	1. 是否对五彩面条感兴趣。 2. 是否能够大胆猜测将蔬果变汁的方法。 3. 是否能做出挤压、揉、扭等不同的精细动作。 4. 是否有简单的合作交流

续表

活动环节	教师行为	观察要点
二、彩色面条我会做（7分钟） 1. 教师示范将面粉倒入适量的蔬果汁中，搅拌至黏稠。 2. 拿出面团，不断揉捏。 3. 用玩具擀面杖和划刀，将面团切成细条状。 4. 婴幼儿自主尝试	1. 教师正确示范，突出精细动作，语速慢，可以通过提问的方式，引起婴幼儿的注意。 提问：小朋友们猜一猜我们下面要做什么？ 2. 组织婴幼儿自己尝试，教师巡回指导	1. 能否集中注意力倾听。 2. 能否大胆猜测。 3. 能否仔细观察老师的示范。 4. 是否有模仿能力。 5. 是否愿意主动动手探索
三、作品展示（3分钟） 教师展示婴幼儿的作品，给予鼓励。并且告知大家，中午的午餐就是五彩的面条。总结五彩面条丰富的营养价值，婴幼儿猜一猜可能是什么味道	组织婴幼儿分享，体会成功的喜悦	是否会自我肯定，有自信心

【活动延伸】

思考还有什么蔬果可以制作五彩面条，在区角活动中尝试。

【家园联系】

和父母一起尝试做面食，感受夏季蔬果的多样性。

【注意事项】

1. 由于婴幼儿的年龄太小，能力参差不齐，所以活动不要求婴幼儿完全独立完成。婴幼儿重在主动探索，积极尝试。

2. 制作过程中不能过分浪费果蔬，应当爱惜，杜绝浪费。

3. 教师的示范要规范、完整，同时通过语言等吸引婴幼儿兴趣，启发思考。

【场景拓展】

由于活动较难，可以分为若干节课完成。比如，第一节课介绍蔬果，探索如何打汁，第二节课探索和面等，分步进行学习与探索。

活动三　树叶之旅（木育）

【适合年龄】1.5~2岁

【组织形式】室外集体活动

【建议时间】20分钟

【活动目标】

1. 锻炼婴幼儿对颜色的认知。

2. 锻炼婴幼儿的动手能力。

【活动重难点】

重点：能够对颜色进行描述。

难点：动手开展创作。

【活动准备】

1. 物质准备：汗巾，医疗包。

2. 经验准备：婴幼儿对树叶的喜爱。

【活动过程】

活动环节	教师行为	观察要点
一、美丽的树叶（3分钟） 1. 夏天到了，老师想带小朋友们出去走一走、看一看，你们开心吗？ 2. 外面好多树掉了些树叶，我们看哪个小朋友捡得最多，好不好看	带小朋友出去要注意安全	1. 小朋友们是否对花、草、树叶感兴趣；是否有想要去触摸、接触的动作反应。 2. 是否在活动中感到快乐。 3. 指认绿色
二、小树叶一片片（12分钟） 1. 欣赏不同的树叶，看看都有什么颜色。 2. 拿着树叶让小朋友们看一看，摸一摸	提问：这个树叶是什么颜色的啊？	
三、组织回教室（5分钟） 1. 老师整理好小朋友们捡回的树叶。 2. 小朋友们排队洗手，做好卫生。 3. 拍照留影		

【活动延伸】

在区角中用干树叶贴出自己喜欢的画。

【家园联系】

和家长一起去郊外游玩，增强真实体验，再次分享。

【注意事项】

1. 尽量使用实物，调动婴幼儿的多种感官，进行观察。

2. 因为婴幼儿的年龄阶段不同，很多时候不能够用完整语言表达，教师可以引导、补充，帮助婴幼儿表达完整。

【场景拓展】

1. 如果有条件可以去户外进行实地观察。

2. 开展亲子特色活动，集体游玩。

3. 家长带婴幼儿游玩的时候，可以拍摄不同形状树叶的照片进行分享。

活动四 荷花开了（木育）

【适合年龄】2~3 岁

【组织形式】室内集体活动

【建议时间】20 分钟

【活动目标】

1. 知道荷花、荷叶的外形特征。

2. 能够仔细观察，从颜色、形状等方面对荷花、荷叶进行描述。

3. 感受荷花的美丽，对新现象感到好奇，喜欢探究。

【活动重难点】

重点：能够仔细观察，用简单、适宜的词语（尤其是形容词）描述。

难点：喜欢自己发现，探究有趣的现象。

【活动准备】

1. 物质准备：PPT、荷叶和荷花若干（如果实在没有，可以用图片或者玩具模型代替）、小滴管。

2. 经验准备：婴幼儿知道或见到过荷花，知道荷花的名称。

【活动过程】

活动环节	教师行为	观察要点
一、荷叶尖尖（10 分钟） 1. 教师组织提问，吸引婴幼儿的兴趣。 2. 教师播放图片 PPT，引导婴幼儿观察荷叶，描述特征。 3. 拿出真实的荷叶，分发给每个小组摸一摸。 4. 小实验：打不湿的荷叶。 每桌婴幼儿为一组，每人分发一只滴管，每组一碗水。婴幼儿将水滴在荷叶上，水滴会怎么样？荷叶湿了吗？	1. 提问： 夏天里大家会看到什么植物呢？大家看一看这是什么呢？ 2. 组织婴幼儿自由感知荷叶。 3. 组织婴幼儿进行滴水实验。	1. 能否清晰地表达自己的想法。 2. 是否有关于荷花的经验积累。 3. 是否对新现象感兴趣，主动探究。
二、荷花朵朵（5 分钟） 1. 用 PPT 播放荷花的照片，组织讨论荷花的外形特征。 2. 拿出真实的荷花，分发给每个小组，闻一闻，摸一摸	提问：荷花是什么颜色？花瓣儿是什么形状？	1. 能否使用适宜的简单形容词。 2. 能否调动多种感官，仔细观察

续表

活动环节	教师行为	观察要点
三、美丽的荷花池（5分钟） 1. 教师出示荷花池的图片（图片中有荷花、荷叶、莲蓬、藕，还有一只小蜻蜓），教师组织提问。 2. 总结：荷花池里的夏天真美丽。	提问： 1. 图片里有什么？ 2. 荷叶下面有什么？ 3. 荷花中间有什么？ 4. 荷花池里飞来一只什么小昆虫？ 5. 你喜欢夏天的荷花池吗？	1. 是否能够表达对荷花池的感受。 2. 能否有目的地对图片进行观察。 3. 能否根据观察，针对问题简单回答。

【活动延伸】

在区角中画出自己心目中的荷花池。

【家园联系】

和家长一起去荷花池游玩，增强真实体验，再次分享。

【注意事项】

1. 尽量使用实物，调动婴幼儿多种感官，进行观察。

2. 因为婴幼儿的年龄阶段不同，很多时候不能够用完整的语言表达自己的想法，教师可以引导、补充，帮助婴幼儿表达完整。

3. 在活动中渗透有序、比较等观察和思维方式。

【场景拓展】

1. 如果有条件可以去户外进行实地观察。

2. 开展亲子特色活动，集体游玩。

3. 家长带婴幼儿游玩的时候，拍摄荷叶的照片互相分享。

活动五　我是涂画小达人（美育）

【适合年龄】1.5~2岁

【组织形式】室内区角活动

【建议时间】15分钟

【设计意图】

爱玩水几乎是所有孩子的天性。夏季的到来，给予孩子们更多玩水的机会。婴幼儿可以自由选择蘸水在室外地面或者墙面上自由涂鸦。有些地方不容易出现水痕，有些地方被水涂过后，颜色会变深（木头、水泥地等），在满足婴幼儿兴趣的同时，发展婴幼儿的动手能力、创造能力和审美意识。

【活动准备】

1. 物质准备：水画认知卡、水笔、水。

2. 经验准备：婴幼儿喜欢玩水，有用笔作画的经验。

【环境布置】

环境布局图	目标要求	好	一般	差
材料放置桌：水画笔若干，认知卡片若干。 操作台 操作台	室内布置操作环境，以满足婴幼儿需求			
	水笔每位小朋友一支，防止争抢			
	材料放在方便拿取和使用的地方			
	设置婴幼儿的活动区域，在自由创作的同时保证安全			

【教师行为】
1. 不干扰婴幼儿的活动，尽量让孩子自己动手，体验活动的快乐。
2. 关注婴幼儿的安全，避免衣服弄湿和小朋友争抢材料。

【家园联系】
过程中对婴幼儿进行观察记录，同时将婴幼儿作品进行拍照记录，向家长及时反馈。

【注意事项】
1. 因为水画会随着水分蒸发而消失，教师要及时拍照记录。
2. 由于婴幼儿年龄不同，当婴幼儿分散时，教师要特别关注安全问题，追踪到每个婴幼儿。
3. 教师主要以观察记录为主，当婴幼儿需要帮助的时候，尽量采用间接指导的方式。

【场景拓展】
1. 除了水画，还可以用油画棒、水彩笔等，强调动手能力。
2. 通过集体教学活动，强调规则，示范用笔技能，引起兴趣，启发创作。

活动六 奇妙的水画（美育）

【适合年龄】2~3 岁
【组织形式】室外区角活动（走廊、室外围墙均可）
【建议时间】20~30 分钟
【设计意图】
爱玩水几乎是所有孩子的天性。夏季的到来给予孩子们更多玩水的机会。婴幼儿可以选择自己喜欢的画笔，蘸水在室外地面或者墙面上自由绘画。有些地方不容易出现痕迹（瓷砖），有些地方被水涂过后，颜色会变深（木头、水泥地等）。所以选择在什么地方作画、用什么样的画笔、画笔如何使用、画些什么这些问题都可以通过婴幼儿自己的探索尝试解决。此次室外区角活动设计，在满足婴幼儿兴趣的同时，发展婴幼儿的动手能力、创造能力和审美意识，使婴幼儿能够创造属于自己的奇妙水画。

【活动准备】

1. 物质准备：小碗装少许水、粗排笔、油漆刷（小、中、大号）。
2. 经验准备：婴幼儿喜欢玩水，有用笔作画的经验。

【环境布置】

环境布局图	目标要求	好	一般	差
材料放置桌：水桶一个，小碗若干，各种不同的画笔若干。 操作台（毛毡画布） 操作台（毛毡画布）	室内外都布置操作环境，以满足婴幼儿需求			
	画笔数量充足，防止争抢			
	多种材料单独放置在材料桌上。在防止材料过多、分散婴幼儿注意力的同时还要注意方便拿取和使用			
	设置婴幼儿的活动区或，在自由创作的同时保证安全			

【教师行为】

1. 不干扰婴幼儿的创造活动，鼓励自由创作水画。
2. 如果婴幼儿太小，无法进行活动，可以通过语言对话进行启发。
3. 关注婴幼儿的安全，避免危险因素。

【家园联系】

过程中对婴幼儿进行观察记录，同时将婴幼儿作品进行拍照记录，向家长及时反馈。

【注意事项】

1. 因为水画会随着水分蒸发而消失，教师要及时拍照记录。
2. 由于婴幼儿年龄不同，当婴幼儿分散时，教师要特别关注安全问题，追踪到每个婴幼儿。
3. 教师主要以观察记录为主，当婴幼儿需要帮助的时候，尽量采用间接指导的方式。
4. 不打扰婴幼儿的创作过程，尊重婴幼儿的表达。

【场景拓展】

1. 除了水画，还可以制作沙画等。强调自由创作。
2. 在室内区角可以给予颜料让婴幼儿选择，在白纸上进行水画创作。
3. 通过集体教学活动，强调规则，示范用笔技能，吸引兴趣，启发创作。

活动七　好饿的小蛇（体育）

【适合年龄】1.5~2 岁

【组织形式】室外集体活动

【建议时间】15 分钟

【活动目标】
1. 了解蛇的爬行方式。
2. 锻炼身体的协调能力。

【活动重难点】
重点：手膝着地自然协调地爬。
难点：愿意模仿小蛇爬行。

【活动准备】
1. 物质准备：小蛇头饰若干、绿色垫子两块。
2. 经验准备：读过绘本《好饿的小蛇》。

【活动过程】

活动环节	教师行为	观察要点
一、了解蛇是怎么爬的（3分钟） 1. 教师提问，吸引婴幼儿的兴趣。 2. 教师表演蛇爬的动作，引起学生参与学习的愿望。 3. 婴幼儿在垫子上听指令后全身着地扭动着爬行	提问： 小朋友们见过蛇吗？	观察小朋友们对蛇这类动物是否有好奇，是否害怕认识"蛇"
二、游戏规则（2分钟） 1. 教师将婴幼儿分组。 2. 教师讲解并示范游戏玩法：每个小朋友趴在垫子上，钻过场地，扭曲着身体爬过障碍物，从场地右边小路绕回起点处。 3. 老师鼓励表扬完成的小朋友	提示游戏规则。 提醒婴幼儿注意安全	1. 能否完成手膝着地扭曲身体爬的动作。 2. 婴幼儿在老师的指令下能够排队，轮流完成游戏。 3. 是否能够理解简单的规则，能够在老师的指导下完成游戏
三、自由爬、爬爬乐（10分钟） 1. 游戏开始，每个小朋友从起点爬到指定范围内站起来。 2. 慢慢增加难度，设置障碍物。 3. 集体游戏，重点指导爬时前后的距离		

【活动延伸】
1. 在家里进行爬行练习。
2. 爬行越过障碍物。

【家园联系】
家长可以在夏天里多带孩子外出，多带孩子观察蚯蚓的习性，从而让孩子喜欢小动物，并模仿其爬行。

【注意事项】
1. 引导婴幼儿学会手膝着地自然协调地向前或向后爬。

2. 鼓励婴幼儿自由爬行，探索不同地面爬行的乐趣。
3. 关注婴幼儿的卫生教育，提醒婴幼儿不吃手、不用脏手揉眼睛等。活动结束立即做好清洁卫生。

活动八 青蛙跳跳（体育）

【适合年龄】2~3 岁
【组织形式】室内集体活动
【建议时间】20 分钟
【活动目标】
1. 了解青蛙跳的方式。
2. 听懂节拍、练习双脚移动跳的动作，提高动作的协调性和灵敏性。
3. 喜欢小青蛙，愿意模仿青蛙跳；培养合作能力，体验合作带来的乐趣。
【活动重难点】
重点：听懂节拍、双脚跳。
难点：双脚移动跳。
【活动准备】
1. 物质准备：桌子若干、录音机、背景音乐、教室。
2. 经验准备：会双脚跳。
【活动过程】

活动环节	教师行为	观察要点
一、自由跳跳（5 分钟） 1. 教师提问，吸引婴幼儿的兴趣，鼓励婴幼儿用完整语言表达，并模仿青蛙跳的动作。 2. 教师播放音乐，婴幼儿原地自由练习双脚跳	提问： 1. 小朋友们，你们喜欢青蛙吗？ 2. 青蛙是怎么样跳的？	1. 婴幼儿能否用动作来模仿青蛙跳。 2. 动作是否准确、协调
二、青蛙跳跳（5 分钟） 1. 教师讲解游戏玩法：婴幼儿排好队，一个接一个，围在桌子周围，听音乐，按照四拍的节奏在原地跳："1234、跳跳，2234、跳跳"。 2. 教师示范动作，婴幼儿观看。 3. 婴幼儿依次完成练习	教师巡回观察，鼓励婴幼儿自己完成，仔细观察幼儿动作并指导	1. 婴幼儿节奏是否准确。 2. 动作是否为双脚跳
三、提高游戏（7 分钟） 1. 教师讲解游戏玩法：婴幼儿排好队，一个挨着一个，围在桌子周围，听音乐，前四拍可以随音乐颤膝，同时双手拍桌面，后四拍进行逆时针行进间跳跳（四拍一跳）。 2. 根据婴幼儿掌握动作的情况改变节奏	教师带领婴幼儿一起完成，时刻提醒婴幼儿遵守游戏规则	1. 培养合作能力。 2. 婴幼儿是否能完成横向移动跳

续表

活动环节	教师行为	观察要点
四、结束部分（3分钟） 1. 教师带领婴幼儿做平板支撑练习（10~20秒一组），共2组，每组休息20秒。 2. 放松运动：拍打双腿、拉伸各关节。 3. 总结、宣布下课	做示范、讲要领、观察婴幼儿完成情况	1. 平板支撑时动作是否规范。 2. 婴幼儿是否出汗，并注意及时补充水分

【活动延伸】

跳时可以进行二拍一跳、也可进行逆时针跳，或者边跳边拍桌面。

【家园联系】

家长可以在家带孩子进行游戏，也可以边放音乐边击掌或膝盖弹动，培养婴幼儿韵律感。

【注意事项】

1. 练习时间不宜过长，以免婴幼儿累。
2. 提醒婴幼儿遵守游戏规则，跳时注意左右间距、自身安全和同伴安全。

活动九　下雨天（感育）

【适合年龄】1.5~2岁

【组织形式】室外集体活动

【建议时间】35分钟

【活动目标】

1. 观察下雨的场景。
2. 体验下雨的乐趣。

【活动重难点】

重点：观察下雨的场景。

难点：在雨中玩耍时，尽量避免淋湿衣物，感冒生病。

【活动准备】

1. 物质准备：请家长为婴幼儿准备雨衣、雨鞋和备用的衣物。
2. 经验准备：婴幼儿有在雨中玩耍的经验。

【活动过程】

活动环节	教师行为	观察要点
一、各种各样的雨具（10分钟） 1. 教师组织观察下雨天。 2. 交代雨中玩耍的要求：穿好雨具、观看雨中的世界、遵守纪律不打闹。 3. 组织婴幼儿穿好雨鞋、雨衣	1. 强调活动要求。 2. 检查每个小朋友是否穿好了雨具	1. 是否喜欢下雨天。 2. 是否对雨中的世界感兴趣。

续表

活动环节	教师行为	观察要点
二、踏雨（15分钟） 1. 教师带领婴幼儿走到户外，尝试用手接雨滴，踩地上的积水，感受下雨天的乐趣。 2. 注意婴幼儿的安全。 3. 结束踏雨活动后，检查婴幼儿衣服是否淋湿，及时更换，预防着凉	1. 教师组织婴幼儿有序进行活动。 2. 注意观察，避免小朋友们之间发生推挤。 3. 组织婴幼儿返回教室，整理雨具	1. 能否用语言主动表达自己的激动和开心。 2. 在活动中是否感受到快乐
三、夏天的雨（10分钟） 1. 教师组织婴幼儿说一说刚才看到了什么。 2. 欣赏儿歌《下雨天》	1. 提问：小朋友们刚才看到了什么？喜不喜欢雨天啊？ 2. 播放《下雨天》儿歌，观察小朋友们是否在听	是否愿意咿咿呀呀学语，跟着复述儿歌内容

【儿歌：下雨天】

下雨天，下大雨，
Bingo 想要出去玩。
雨伞，雨伞，在这里，
雨伞，雨伞，啦啦啦。
下雨天，下大雨，
Bingo 想要出去玩。
雨鞋，雨鞋，在这里，
雨鞋，雨鞋，啦啦啦。
下雨天，下大雨，
Bingo 想要出去玩。
雨衣，雨衣，在这里，
雨衣，雨衣，啦啦啦。
Du lu lu　　Du lu lu lu。

【活动延伸】

在区角中进行《小雨点》绘画。

【家园联系】

1. 活动前后及时与家长沟通，提醒其注意婴幼儿的健康情况，避免感冒。
2. 家长可以带小朋友多出去看看下雨天的景色。

【注意事项】

1. 1.5~2岁的婴幼儿自我控制能力差，尽量由教师带领，引导观察活动。

2. 活动结束后，立即检查衣服是否有潮湿之处，及时换掉避免感冒。
3. 不喜欢踏雨的婴幼儿可以在室外进行观察。鼓励但是不强制其参与活动。

【场景拓展】
1. 如果室外环境不适宜，可以在教室或者走廊里观察下雨。
2. 可以播放不同下雨场景的视频，小雨、大雨、雷阵雨等，让小朋友们观看。
3. 开展雨后环境的观察活动。

活动十 夏天的雨（感育）

【适合年龄】2~3岁
【组织形式】室外集体活动
【建议时间】30分钟
【活动目标】
1. 知道雨衣、雨鞋的作用，能够自己穿雨具（理解能力，生活技能）。
2. 能够积极观察下雨的场景，倾听雨的声音。
3. 对下雨天感兴趣，乐于积极探索。

【活动重难点】
重点：积极观察下雨的场景，倾听雨的声音。
难点：在雨中探索游戏时，尽量避免过多淋湿衣物，避免感冒生病。

【活动准备】
1. 物质准备：请家长为婴幼儿准备雨衣、雨鞋和备用的衣服、袜子，不同天气的图片。
2. 经验准备：婴幼儿有在雨中玩耍的经验。

【活动过程】

活动环节	教师行为	观察要点
一、各种各样的雨具（10分钟） 1. 教师组织讨论下雨天需要使用的雨具。 2. 交代雨中玩耍的要求：穿好雨具、注意观察雨中的世界、倾听雨滴落在不同地方的声音、遵守纪律不打闹等。 3. 组织婴幼儿穿好雨鞋、雨衣。	1. 提问： 今天下雨了，大家是怎么来的呢？ 2. 强调活动要求。 3. 检查每个小朋友是否穿好了雨具	1. 是否喜欢下雨天。 2. 是否明白活动要求。 3. 是否能自己穿戴雨具
二、踏雨（10分钟） 1. 教师带领婴幼儿走到户外，尝试用手接雨滴，踩地上的积水，感受雨滴落在不同地方的声音等。 2. 注意婴幼儿的安全。 3. 踏雨活动结束后，教师组织婴幼儿整理好自己的雨具，检查婴幼儿衣服是否淋湿，及时更换，预防着凉	1. 教师组织婴幼儿排队进行活动。 2. 活动既要有序进行，又要有适宜的自由体验时间。 3. 组织婴幼儿整理雨具，返回教室	1. 是否对雨中的世界感兴趣。 2. 是否愿意积极主动地感受雨天

续表

活动环节	教师行为	观察要点
三、夏天的雨（10分钟） 1. 教师组织婴幼儿说一说刚才看到了什么，感受到了什么。 2. 教师展示不同天气的图片，鼓励婴幼儿在比较中体会下雨天的特点。 欣赏儿歌《小雨点》	1. 提问： 小朋友们刚才看到了什么？ 小雨滴是什么样子的？ 小雨滴有什么样的声音？ 2. 有节奏地朗诵儿歌《小雨点》，组织婴幼儿倾听，感受节奏	1. 能否清楚地描述发生的事情。 2. 使用简单的描述声音的词语。 3. 是否能够感受到语言的节奏感

【儿歌：小雨点】

小小雨点小小雨点，沙沙沙沙沙沙，
　落在花园里，花儿乐得张嘴巴。
小小雨点小小雨点，沙沙沙沙沙，
　落在花园里，花儿乐得张嘴巴。
小小雨点小小雨点，沙沙沙沙沙，
　落在鱼池里，鱼儿乐得摇尾巴。
小小雨点小小雨点，沙沙沙沙沙，
　落在田野里，苗儿乐得笑哈哈。

【活动延伸】

在区角中进行了《下雨啦》主题绘画。

【家园联系】

活动前后及时与家长沟通，第一，注意婴幼儿的健康情况，避免感冒；第二，分享踏雨的经验，和家长分享快乐。

【注意事项】

1. 2岁的婴幼儿自我控制能力差，尽量由教师带领，引导观察活动。

2. 活动结束后，立即检查婴幼儿衣服是否有潮湿，可以喝一些姜茶，预防感冒。

3. 不喜欢踏雨的婴幼儿可以在室外进行观察，鼓励但是不强制参与活动。

【场景拓展】

1. 如果室外环境不适宜，可以在教室或者走廊里观察下雨。

2. 可以播放不同下雨场景的视频，小雨、大雨、雷阵雨等，开展讨论活动。

3. 开展雨后环境的观察活动。

第五节　主题：端午节

主题设计图

④ 影响因素

婴幼儿的因素
1. 关注新鲜事物，主动探究；
2. 喜欢动手、动脑。

养育者的因素
正面因素：具有丰富的感谢经验，在生活中影响婴幼儿；
负面因素：价值观与文化素养不同。

环境因素
炎热。

养育者所处环境
即将放假，准备端午计划。

托育环境
进行关于端午节的主题设计。

② 现状

1. 端午节即将到来；
2. 传统节日的商业化活动增多；
3. 传统节日气氛在家庭中日渐淡薄；
4. 托育园需要进行相关主题活动。

③ 背景

婴幼儿方面
1. 对新鲜事物感兴趣；
2. 婴幼儿逐渐适应集体保育生活。

养育者方面
1. 希望利用端午假期提高亲子互动质量；
2. 希望孩子了解中国的传统节日与文化；
3. 家长对于传统节日的理解程度不同。

① 目标

主题目标
1. 通过节日的仪式感，体验文化归属感，拓展多元体验，促进全面发展；
2. 多种形式体验端午节的庆祝活动，愿意主动参与；
3. 积极动手创作，积累感性经验；
4. 增强文化认同感，丰富高级情绪情感。

发展目标
详见表 1-1。

评价方法
1. 婴幼儿对月计划活动的参与度；
2. 家长的配合度与反馈；
3. 家庭对传统节日态度的变化；
4. 儿童对端午节的文化认同感。

⑤ 教育指导方法

1. 食育
2. 木育
3. 美育
4. 体育
5. 感育

⑥ 科学依据

理论模型
实证研究成果
儿童发育评估客观数据
实际观察中的场景数据

端午节是夏季的传统节日。端午节有很多传统习俗，比如吃粽子、赛龙舟、插艾叶等。可以围绕端午节的各种习俗开展丰富多彩的文体活动，尝试组织儿童进行简单的合作游戏和规则游戏，促进儿童社会性的发展。端午节主题中可以使用较为丰富的材料，儿童通过视听嗅味触的多种感官体验，感受中国传统节日的魅力。在环境创设方面，为了配合一些合作游戏或者规则游戏的开展，在环境中可以增加一些符号、标志，起到指示的作用。托育园可以尝试开展家长助教等家园合作特色活动，在已有家园信赖关系的基础上，进一步开展有利于儿童成长的特色活动。

活动一　我会做粽子（食育）

【适合年龄】1.5~2 岁

【组织形式】室内集体活动

【建议时间】20 分钟

【活动目标】

1. 锻炼小朋友的动手能力。
2. 锻炼小朋友的手眼协调能力。

【活动重难点】

重点：认识粽子的形状。

难点：包粽子的过程。

【活动准备】

物质准备：粽子图片（自制）、超轻黏土、贴贴纸等材料。

经验准备：托育园进行端午节主题的环境创设。

【活动过程】

活动环节	教师行为	观察要点
一、端午节的习俗（3 分钟） 1. 小朋友们，过两天我们就要过端午节了，端午节我们要吃粽子。 2. 这就是好吃的粽子	提问： （拿出粽子图片）这是什么？	1. 能否仔细观察。 2. 是否充满好奇心地说出"粽子"这一词
二、制作粽子（10 分钟） 老师拿出超轻黏土分发给小朋友们，让他们随意地捏、揉，捏出喜欢的图形，然后贴上贴贴纸，变成一个可爱的粽子	教师示范捏三角形	幼儿是否模仿，是否有捏的动作
三、感受儿歌《五月五》（7 分钟） 1. 教师示范朗诵儿歌。 2. 师幼共读。 《五月五》 五月五，是端阳，插艾蒿，戴香囊，吃粽子，撒白糖，龙舟下水，喜洋洋	1. 教师示范朗读时要有节奏感，语速慢。 2. 组织婴幼儿参与共读互动	1. 是否有兴趣主动跟读。 2. 是否愿意主动开口表达词语

【活动延伸】

在阅读区阅读相关绘本《端午节粽米香》。

【家园联系】

在家中和父母一起体验剥粽子。

【注意事项】

1. 在做粽子时多注意，避免小朋友之间发生争抢。
2. 活动中鼓励婴幼儿积极参与。

【场景拓展】

婴幼儿吃粽子时自己剥粽子。

活动二 我爱吃粽子（食育）

【适合年龄】2~3 岁
【组织形式】室内集体活动
【建议时间】20 分钟
【活动目标】
1. 了解包粽子的材料以及不同的粽子（理解能力）。
2. 能够简单说出包粽子的主要步骤（语言表达）。
3. 喜欢吃粽子，乐意尝试包粽子或者剥粽子。
【活动重难点】
重点：认识粽子的材料，了解包粽子的主要过程。
难点：能够积极参与包粽子的过程。
【活动准备】
1. 物质准备：粽子图片 PPT（自制）、粽叶、糯米、棉线等包粽子材料。
2. 经验准备：午饭吃了粽子。在吃的时候引导婴幼儿观察，尝试自己剥粽子。
【活动过程】

活动环节	教师行为	观察要点
一、好吃的粽子（5分钟） 1. 组织婴幼儿回忆中午吃的粽子。 2. 根据婴幼儿的回答，出示相应的图片，鼓励婴幼儿说完整句子。 3. 引导婴幼儿仔细观察，了解粽子的外形、气味特征等	提问： 1. 中午的时候小朋友们都吃了粽子，喜欢吃吗？ 2. 粽子是什么样子的？ 3. 什么味道的？	1. 语言是否完整、清晰。 2. 是否能够了解粽子的基本特征
二、粽子我来包（10分钟） 1. 出示包粽子的材料。 2. 教师一步步示范包粽子，强调动词和动作的对应。如：展开、卷、放、压、折、叠、扣等。 3. 教师邀请婴幼儿在粽子里放入小枣，共同完成粽子制作	1.示范过程中通过提问，吸引婴幼儿的兴趣，如：这是什么？接下来呢？ 2. 根据情况，请婴幼儿参与简单的制作环节	1. 能否集中注意力观察教师包粽子的过程。 2. 婴幼儿对于动词的理解

续表

活动环节	教师行为	观察要点
三、各种各样的粽子（5分钟） 1. 教师出示各种各样粽子的图片。 2. 组织婴幼儿观察图片，讨论不同地区不同粽子的做法。 3. 通过展示不同的粽子介绍不同地区的不同风俗习惯，帮助婴幼儿体会祖国的幅员辽阔	出示图片PPT，组织讨论。 提问： 这个粽子有什么不同？它是什么馅的？	1. 能否有目的地观察图片。 2. 是否初步形成比较的思维方式。 3. 思维能力有一定程度的发展

【活动延伸】

在区角活动中尝试动手画粽子。

【家园联系】

在家中和父母一起包粽子、剥粽子。

【注意事项】

1. 在午餐吃粽子前鼓励婴幼儿多观察，为后面的活动做好经验准备。

2. 教师在包粽子的时候注意吸引婴幼儿的兴趣。

3. 活动中鼓励婴幼儿积极表达。

【场景拓展】

1. 利用粽叶制作风车等手工艺作品。

2. 在吃粽子的时候练习剥粽子。

活动三　我爱叠高高（木育）

【适合年龄】1.5~2岁

【组织形式】室内区角活动

【建议时间】20~30分钟

【活动目标】

1. 培养小朋友的动手能力。

2. 锻炼小朋友的创作思维能力。

【设计意图】

通过集体课程，婴幼儿掌握积木的玩法，锻炼自己动手的能力，并展开形象思维。

【活动准备】

1. 物质准备：积木套。

2. 经验准备：婴幼儿有过玩积木的经验。

【环境布置】

环境布局图	目标要求	好	一般	差
操作台（必要材料） 操作台（必要材料） 自选材料	操作材料充足，以满足小朋友们的需求，防止争抢			
	操作空间宽裕，给予小朋友们独立创作的空间			
	自选材料单独放置在材料桌上。 在防止材料过多、分散注意力的同时还要注意方便拿取和使用			
	必要材料中提供不同质地、大小、厚薄等的各种积木块，以鼓励小朋友们主动尝试			

【教师行为】

1. 示范操作流程：挑选木块、进行装饰。
2. 不干扰婴幼儿的创造活动，鼓励其自由创作。
3. 对活动过程进行观察记录。

【家园联系】

鼓励婴幼儿在家里与父母一起搭积木。

【注意事项】

1. 如果婴幼儿太小，无法进行搭建，可以通过语言对话进行启发。
2. 大一些的小朋友，教师应鼓励其使用多种材料创作。
3. 鼓励小朋友为自己搭建的造型命名。

【场景拓展】

进一步开展用积木搭建房屋之类的区角活动。

活动四 木块龙舟跑得快（木育）

【适合年龄】2~3 岁

【组织形式】室内区角活动

【建议时间】20 分钟

【设计意图】

通过集体课程，婴幼儿可以了解端午节赛龙舟的习俗。在室内区角中，利用木质材料等装饰自己的龙舟，并且在水池或者水盆里尝试"赛龙舟"：要求不能用手推动自己的木块龙舟，想办法看谁的龙舟最先到达对岸的终点。

【活动准备】

物质准备：小水盆，可以漂浮的木块，彩纸、水彩笔等日常手工工具。

必要材料：木块、贴纸、画笔、小水盆（试验木块能否漂浮）。

自选材料：双面胶、胶带、手偶、剪刀等日常手工材料。

经验准备：对龙舟感兴趣，并且有了感性认知。

【环境布置】

环境布局图	目标要求	好	一般	差
操作台（必要材料） 自选材料 操作台（必要材料） 大水盆（最好在户外放置）	操作材料充足，以满足婴幼儿需求，防止争抢			
	操作空间宽裕，给予婴幼儿独立创作的空间			
	自选材料单独放置在材料具上。 在防止材料过多，分散注意力的同时还要注意方便拿取和使用			
	必要材料中提供不同质地、大小、厚薄等的各种木块，鼓励婴幼儿尝试			

【教师行为】

1. 示范操作流程：挑选木块、进行装饰。可以直接将贴纸贴在木块上，也可以贴上白纸，用彩笔作画，或者装饰固定玩偶等。

2. 不干扰婴幼儿的创造活动，鼓励其自由创作，并且给自己的龙舟命名。

3. 对活动过程进行观察记录。

4. "赛龙舟"比赛，可以鼓励婴幼儿根据场地，采取吹、划水等方式进行。关注婴幼儿的安全，避免危险因素。

【家园联系】

制作的龙舟可以带回家中，与父母一起玩耍。

【注意事项】

1. 如果婴幼儿太小，无法进行游戏，可以通过语言对话进行启发。

2. 大一些的婴幼儿，教师应鼓励其使用多种材料创作。

3. 鼓励婴幼儿为自制龙舟命名。

4. 如果使用水池进行比赛，要注意婴幼儿的安全。

【场景拓展】

1. 进一步开展探索沉浮现象的科学活动。

2. 开展绘画设计龙舟的美术活动。

3. 在户外练习划龙舟的基本动作，锻炼身体机能。

活动五　欢乐的乐器（美育）

【适合年龄】1.5~2 岁

【组织形式】室内集体活动

【建议时间】15 分钟

【活动目标】

1. 认识花鼓和小锣两种传统乐器，欣赏地方特色名曲。
2. 尝试跟随节奏进行敲击演奏。
3. 愿意跟随音乐节奏模仿演奏，体会节奏带来的情绪感受。

【活动重难点】

重点：认识中国传统乐器，欣赏传统乐曲。

难点：跟随节奏敲击演奏。

【活动准备】

1. 物质准备：花鼓和小锣若干。
2. 经验准备：有过打击节奏的经验。

【活动过程】

活动环节	教师行为	观察要点
一、观看视频《赛龙舟》，认识花鼓和小锣（5 分钟） 1. 引导小朋友们认识花鼓、小锣两种乐器。 2. 出示花鼓和小锣，用多种感官认知它们。 3. 听一听、摸一摸、敲一敲		1. 婴幼儿是否在听乐器发出来的声音。 2. 是否能够指认声音是由哪种乐器发出来的
二、分发乐器，自由尝试（5 分钟） 1. 教师给每位小朋友分发乐器，让小朋友们自由尝试着敲一敲、听一听。 2. 教师说明使用规则，避免噪声	1. 示范敲击。 2. 说明规则。 3. 组织尝试	1. 是否对乐器感兴趣。 2. 是否有主动去敲打乐器的动作。 3. 是否在活动中感受到快乐
三、倾听《一面小花鼓》，感受乐器的使用（5 分钟） 1. 教师播放音乐，婴幼儿倾听，指出鼓声和锣声。 2. 教师再次播放音乐，在乐器出现时示范对应敲击。 3. 教师组织婴幼儿在适宜的时候敲击	提问： 哪个是鼓声？哪个是锣声？	是否可以指认鼓声和锣声

【活动延伸】
在区角中尝试使用不同的乐器，分辨声音特点。
【家园联系】
与家长一起欣赏《一面小花鼓》，可以一起唱、跳、表演。家长可以和婴幼儿进行亲子互动，帮助婴幼儿了解更多关于端午节的故事。
【注意事项】
1. 因为婴幼儿的年龄较小，所以不要求集体演奏，重在分辨声音，认识乐器。
2. 花鼓和小锣要选择声音适宜的产品，防止声音过大，形成噪声。
3. 鼓励婴幼儿自由探索花鼓和小锣的使用，感受节奏。
【场景拓展】
1. 可以选择其他歌曲，认识中国传统乐器。
2. 欣赏乐曲的时候，尝试分辨不同的乐器声音。

活动六　花鼓·小锣（美育）

【适合年龄】2~3岁
【组织形式】室内集体活动
【建议时间】15分钟
【活动目标】
1. 认识花鼓和小锣两种传统乐器，欣赏地方特色名曲。
2. 尝试跟随节奏进行敲击演奏。
3. 愿意跟随音乐节奏模仿演奏，体会节奏带来的情绪感受。
【活动重难点】
重点：认识中国传统乐器，欣赏传统乐曲。
难点：跟随节奏敲击演奏。
【活动准备】
1. 物质准备：花鼓和小锣若干。
2. 经验准备：有过打击节奏的经验。
【活动过程】

活动环节	教师行为	观察要点
一、观看视频《赛龙舟》，认识花鼓和小锣（5分钟） 1. 播放视频，引导婴幼儿观察视频中出现的乐器。 2. 出示花鼓和小锣，婴幼儿用多种感官认知它们，听一听、摸一摸、看一看	提问： 视频中有什么乐器呀？ 发出了什么样的声音？ 营造了什么样的气氛？	1. 是否认识两种乐器并说出名称。 2. 能否识别乐器的声音

续表

活动环节	教师行为	观察要点
二、分发乐器，自由尝试（5分钟） 1. 教师分发乐器，婴幼儿自由尝试。 2. 教师说明使用规则，避免噪声	分发乐器，鼓励每个婴幼儿尝试使用两种乐器	1. 是否对乐器感兴趣。 2. 是否能够正确使用乐器
三、倾听《凤阳花鼓》，感受乐器的使用（5分钟） 1. 教师播放音乐，婴幼儿倾听，指出鼓声和锣声。 2. 教师再次播放音乐，在乐器出现时示范对应敲击。 3. 教师组织婴幼儿在适宜的时候敲击	1. 播放音乐。 2. 示范敲击。 3. 说明规则。 4. 组织尝试	1. 节奏感强弱。 2. 能否在音乐中分辨两种乐器的声音

【活动延伸】

在区角中尝试使用不同的乐器，分辨声音特点。

【家园联系】

与家长一起欣赏《凤阳花鼓》，可以一起唱、跳、表演。家长可以和婴幼儿进行亲子阅读等活动，帮助婴幼儿了解更多关于凤阳花鼓的故事。

【注意事项】

1. 因为婴幼儿的年龄较小，所以不要求集体演奏，重在分辨声音，认识乐器。

2. 花鼓和小锣要选择声音适宜的产品，防止声音过大，形成噪声。

3. 鼓励婴幼儿自由探索花鼓和小锣的使用，感受节奏。

【场景拓展】

1.可以选择其他歌曲，认识中国传统乐器。

2.欣赏乐曲的时候，尝试分辨不同的乐器声音。

活动七　划龙舟（体育）

【适合年龄】1.5~2岁

【组织形式】室外集体活动

【建议时间】13分钟

【活动目标】

1. 了解端午节的文化——赛龙舟。

2. 锻炼腿部力量，提高动作的协调性。

【活动重难点】

重点：站立行走"划龙舟"。

难点：集体配合时的协调性。

【活动准备】

1. 物质准备：小木棍若干、购物袋若干、平整无障碍的场地。
2. 经验准备：看过划龙舟。

【活动过程】

活动环节	教师行为	观察要点
一、热身游戏（3分钟） 1. 教师拿出赛龙舟的图片，吸引婴幼儿的兴趣。 2. 教师带领幼儿完成热身活动，包括踏步、上肢摆动等动作。 3. 婴幼儿跟着教师完成热身练习	1. 老师讲解赛龙舟。 2. 带领婴幼儿做热身活动	小朋友们是否模仿老师完成热身动作
二、单人行走划龙舟（3分钟） 1. 教师提问，婴幼儿回答。 2. 婴幼儿表演单人行走划龙舟。 3. 教师讲解示范游戏玩法：每位婴幼儿站在底部掏了洞的购物袋里行走，手臂挽着购物袋的提手处，注意身体的平衡，用手划着小木棍一步一步朝前走。 若个别婴幼儿未能完成，可以变为正常行走，双手模仿划龙舟的动作	教师示范。 加上龙舟号子，划得更有劲！ "划龙舟呀　嘿！嘿！" "加油干呀　嘿！嘿！" "快快划啊　嘿！嘿！" "到对岸呀　嘿！嘿！"	1. 可以拿着木棍模仿"划"的动作。 2. 是否愿意主动发音，能否说出简单的词语（比如：嘿！）
三、组建龙舟队（5分钟） 1. 教师讲解示范游戏玩法：小朋友们2人为一组，前后站立，同时前进。 2. 小朋友们按照指令完成游戏，教师在一旁给予鼓励和表扬。 3. 用小木棍当船桨，尝试游戏		是否按照老师说的来做，中途有没有发生抓扯行为
四、活动结束。（2分钟） 教师带领婴幼儿收拾教具回到教室，并做好清洁卫生工作，带小朋友们洗手		

【活动延伸】

多人进行游戏（3人以上）。

【家园联系】

家长可以在家与孩子共同合作完成游戏，或者带孩子看龙舟比赛的视频，并讲解端午节的故事。

【注意事项】

1. 提示婴幼儿按照规则完成游戏。
2. 游戏过程中不要相互拉扯，注意安全。

活动八 身体龙舟（体育）

【适合年龄】2~3 岁
【组织形式】室外集体活动
【建议时间】20 分钟
【活动目标】
1. 了解端午节的文化——赛龙舟。
2. 学习坐爬，锻炼腿部力量，提高动作的协调性。
3. 喜欢赛龙舟游戏，培养团结协作和爱国主义精神。
【活动重难点】
重点：站立或蹲步行走划龙舟。
难点：集体配合时的协调性。
【活动准备】
1. 物质准备：竹竿若干、播放器、U 盘、平整无障碍的场地。
2. 经验准备：看过划龙舟。
【活动过程】

活动环节	教师行为	观察要点
一、热身游戏（5 分钟） 1. 教师提问，吸引婴幼儿的兴趣，鼓励婴幼儿用完整的语言表达。 2. 婴幼儿举手回答。 3. 教师带领幼儿完成热身活动，包括踏步、上肢、躯干、下肢动作。 4. 婴幼儿跟着教师完成热身练习	带领婴幼儿做热身活动	1. 婴幼儿语言是否完整、清晰。 2. 能否模仿老师完成热身动作
二、单人行走划龙舟（5 分钟） 1. 教师提问，婴幼儿回答。 2. 婴幼儿表演单人蹲步行走划龙舟。 3. 教师讲解示范游戏玩法：每位婴幼儿蹲下行走，手臂前后自然摆臂，注意身体的平衡。 4. 婴幼儿听到指令后，练习蹲步行走。 若个别婴幼儿未能完成，可以变为正常行走，双手模仿划龙舟的动作	提问： 1. 你看到的划龙舟是怎么划的？哪位小朋友来表演一下？ 2. 龙舟是站着划还是坐着划？	1. 婴幼儿能否说出简单的语句。 2. 婴幼儿能否准确完成动作
三、组建龙舟队（8 分钟） 1. 教师讲解示范游戏玩法：婴幼儿 3~4 名为一组，前后站立，后面婴幼儿用手扶住前面婴幼儿的腰部（衣服），同时前进。 2. 婴幼儿按照指令完成游戏，教师在一旁给予鼓励和表扬。	提问： 想一想，划龙舟时要注意什么？怎么能让龙舟划得又快又稳？ 加上龙舟号子，划得更有劲！	1. 婴幼儿能否准确按动作要领完成动作。 2. 婴幼儿能否在集体游戏时迅速掌握技巧

续表

活动环节	教师行为	观察要点
3. 用竹竿当船桨,尝试游戏。 4. 总结划得快的原因:一起出同一只脚,一起喊口令。 5. 再次游戏。 　能完成蹲步行走划龙舟的分为一组,未能完成的分为一组	"划龙舟呀 嘿!嘿!" "加油干呀 嘿!嘿!" "快快划啊 嘿!嘿!" "到对岸呀 嘿!嘿!"	
四、放松运动(2分钟) 1. 教师带领婴幼儿做放松运动。 2. 婴幼儿跟着老师完成练习	完成示范、观察婴幼儿练习情况	注意婴幼儿是否集中注意力听讲并完成放松动作

【活动延伸】

多人进行游戏(6人以上)。

【家园联系】

家长可以在家与孩子共同合作完成游戏,或者带孩子看龙舟比赛的视频,并讲解端午节的历史。

【注意事项】

1. 提示婴幼儿按照规则完成游戏,要有团队意识。

2. 游戏过程中不要相互拉扯,注意安全。

活动九　我想邀请你(感育)

【适合年龄】1.5~2 岁

【组织形式】室内集体活动

【建议时间】10 分钟

【活动目标】

1. 展现婴幼儿性格特征。

2. 锻炼婴幼儿的表达能力。

【活动重难点】

重点:能够跟其他婴幼儿处理好关系。

难点:能够跟同伴们分享自己的喜悦。

【活动准备】

1. 物质准备:玩偶、音乐。

2. 经验准备:小朋友们在一起玩耍的经验。

【活动过程】

活动环节	教师行为	观察要点
一、端午节的习俗（2分钟） 小朋友们，马上就要到端午节了，每当过节日，就可以邀请几个好朋友聚在一起玩。请小朋友看看，老师有位好朋友（玩偶叮当），叫叮当，你们有没有喜欢的好朋友啊，能告诉老师是谁吗？	提问： 你们有好朋友吗？	1. 婴幼儿能否认真看、听。 2. 是否做出相关的反应
二、好朋友，我想邀请你（5分钟） 今天老师带来了好多好多的玩具，有积木、拼图、厨房玩具。这么多好玩的玩具，叮当一个人玩应该会很孤独吧。那我们应该怎么做呢？ 老师带着宝宝们先一起来欣赏音乐《找朋友》，咦，音乐里面是不是说"找到一个好朋友"呢？ 那么接下来呢，大家围成一个圈坐好，跟着音乐一起拍手哼唱《找朋友》，由老师来引导宝贝们，进入"我想邀请你"游戏环节。 老师做示范，先找一个A小朋友，让叮当邀请他："你是我的好朋友，我们一起玩吧。"然后和这位A小朋友坐在一起，再由A小朋友去邀请B小朋友，B小朋友再去邀请C小朋友，直到这个组已有4或5位小朋友，再进行下一组的邀请。 分好组后，就让小朋友分组玩玩具，并互相分享	教师在一旁观察婴幼儿行为，不做干扰	小朋友是否愿意参加活动
三、课程结束，老师总结（3分钟） 让小朋友跟自己的好朋友握手，拥抱，老师拍照留影		

【活动延伸】

在阅读区阅读相关绘本《朋友》。

【家园联系】

有时间有机会多带小朋友和同龄的孩子一起玩，促进其人际交往能力发展。

【注意事项】

1. 注意避免小朋友们之间发生争抢。

2. 鼓励年龄较小的婴幼儿用肢体语言进行表达。

【场景拓展】

鼓励小朋友们多结交朋友，学会主动分享。

活动十 快乐端午节（感育）

【适合年龄】2~3 岁
【组织形式】室内集体活动
【建议时间】20 分钟
【活动目标】
1. 初步了解端午节的名称、来历和主要习俗。
2. 通过游戏，在快乐中分享自己端午节的经验。
3. 喜欢中国的传统节日，体会传统节日的重要意义。
【活动重难点】
重点：能够分享自己关于端午节的经验。
难点：体验民间节日的韵味，形成民族自豪感。
【活动准备】
1. 物质准备：粽子、艾蒿、鸡蛋、荷包、赛龙舟图片等端午节日图片。
2. 经验准备：婴幼儿有过端午节的经验；托育园进行有关端午节的环境创设。
【活动过程】

活动环节	教师行为	观察要点
一、端午节的由来（5分钟） 1. 谈话导入，引出端午节。 2. 简单讲述端午节的由来：纪念中国历史上一个著名诗人、政治家屈原。 3. 组织婴幼儿回忆自己端午节的体验经历，表达分享。	提问： 小朋友们知道即将到来的端午节吗？ 端午节吃什么呢？	1. 了解婴幼儿对于端午节的已有经验。 2. 婴幼儿是否能大胆表达，发音清晰，语速适中
二、端午节的习俗（5分钟） 1. 组织婴幼儿观察保育园关于端午节的环境创设，进行讨论。 1. 教师播放 PPT，进行总结	1. 引导婴幼儿观察环境，并提问：这个尖尖的绿色三角形是什么？ 2. 总结出端午节的主要活动：吃粽子、赛龙舟、吃鸡蛋、佩香包、插艾蒿等	1. 是否对托育园的环境感兴趣。 2. 能否仔细观察，观察是否有一定顺序，能否对观察到的物体进行描述
三、感受儿歌《五月五》（10分钟） 1. 教师示范朗诵儿歌。 2. 解释儿歌内容。 3. 师幼共读。 《五月五》 五月五，是端阳，门插艾，香满堂，吃粽子，撒白糖，龙舟下水，喜洋洋	1. 教师示范朗读要突出节奏感，语速慢。 2. 先由婴幼儿解释儿歌内容，教师再进行补充。 3. 组织共读互动	1. 是否对有节奏的语言感兴趣。 2. 能否理解儿歌内容。 3. 能否感受儿歌的语言节奏。 4. 是否有兴趣主动跟读

【活动延伸】

在阅读区阅读相关绘本,《端午节粽米香》《不是方的不是圆的》《风风火火赛龙舟》《小艾的端午节》《小粽子,小粽子》。

【家园联系】

与父母共同制作一个荷包或者其他端午节饰品,装饰自己的班级主题墙。

【注意事项】

1. 注重引导婴幼儿分享自己的已有经验。

2. 鼓励年龄较小的婴幼儿用肢体语言进行表达。

3. 引导婴幼儿体会中国传统节日的重要意义。

【场景拓展】

了解端午节的其他习俗,可以进行一次活动。

第六节　主题：托育园的生活

主题设计图

④ 影响因素

婴幼儿的因素
1. 自我意识萌芽；
2. 理解能力不断完善；
3. 自我服务意识、集体活动能力等仍然比较薄弱。

养育者的因素
正面因素：在生活上会对婴幼儿有一定程度的指导和示范；
负面因素：指导和示范不一定正确与科学。

环境因素
养育环境越来越复杂，生活方式越来越多样。

养育者所处环境
对于托育机构有较高的质量要求；
对于集体托育不放心，但是没办法。

托育环境
物质环境不断优化，需要注重对婴幼儿心灵的理解与关怀。

② 现状
1. 托育园老师逐渐了解婴幼儿及其家庭，形成了一定的信赖关系；
2. 现阶段家庭养育压力大，家长对于养育质量要求高；
3. 家园合作中有优势与不足。

③ 背景

婴幼儿方面
1. 婴幼儿的家庭环境各不相同，形成了一些好或者不好的生活习惯；
2. 婴幼儿有了一段时间的托育园生活经验；
3. 集体生活的经验与技能仍然十分欠缺。

养育者方面
1. 隔代带养等不同的带养情况下，对于婴幼儿独立自主能力的关注不够。
2. 养育者自身有不同的生活习惯会影响婴幼儿。
3. 家园合作方面需要与托育园不断磨合。

① 目标

主题目标
1. 升华托育园积累的感性经验；
2. 能够适应集体生活，喜欢集体生活，在集体生活中不断发展、进步；
3. 在教师的指导和提醒下，逐渐形成一些良好的生活习惯。

发展目标
详见表1-1。

评价方法
1. 完成该主题的月计划活动；
2. 婴幼儿生活行为上的一些变化；
3. 家长反馈。

⑤ 教育指导方法
1. 食育
2. 木育
3. 美育
4. 体育
5. 感育

⑥ 科学依据
理论模型
实证研究成果
儿童发育评估客观数据
实际观察中的场景数据

通过前面五个主题活动的开展，儿童逐渐适应托育园的生活。本次活动的主旨在于和儿童一起通过系列活动，分享自己在托育园里的收获，养成良好的生活习惯，起到承上启下的作用。本次主题活动使用的材料应该是托育园中经常使用的玩教具，尤其注意将保育与教育相结合，实现主题目标。本主题的环境创设可以根据具体的班级特点进行创设，旨在突出班级优势。教师可以将儿童在托育园半年间的表现进行总结，与家长做专业交流。

活动一　我爱喝水（食育）

【适合年龄】1.5~2 岁
【组织形式】早点时间活动
【建议时间】15 分钟
【活动目标】
1. 能够自己使用吸管喝水、能拿杯子喝水。
2. 想喝水时，能够用语言表达想法。
3. 训练婴幼儿基本生活技能。
【活动重难点】
重点：练习用吸管喝水、用水杯喝水。
难点：知道在想喝水时要用语言表达出来。
【活动准备】
1. 物质准备：婴幼儿自己的水杯、婴幼儿专用吸管、喝水图片、婴幼儿罩衣。
2. 经验准备：婴幼儿有喝水相关经验，有相应的精细动作发展基础。
【活动过程】

活动环节	教师行为	观察要点
一、看看我在做什么（5 分钟） 1. 教师拿出水杯，做出喝水的动作。 2. 拿出小朋友喝水图片，请孩子们观察。 3. 如果你想喝水了，怎么办？	提问： 1. 孩子们，老师在干吗呢？喝水。你们喜欢喝水吗？ 2. 图片上有谁呢？他们在干吗？鼓励幼儿说出："我要喝水。"	1. 是否愿意复述语言，进行表达。 2. 是否对图片感兴趣
二、喝水练习（10 分钟） 1. 教师示范正确的喝水方式：水杯喝水和吸管喝水。 2. 给婴幼儿发放罩衣，婴幼儿自己尝试用水杯喝水，教师巡回指导	1. 正确示范：抓住水杯、放在嘴巴、轻轻将水送进嘴里。 2. 正确示范：将水杯放在自己的嘴下方，将吸管口送进嘴里，用嘴吸水。 3. 鼓励婴幼儿尝试	1. 精细动作发展情况。 2. 是否需要帮助。 3. 是否愿意主动尝试

【活动延伸】
课间休息时婴幼儿能够表达喝水的想法，并能够自己喝水。

【家园联系】

请家长在家中锻炼婴幼儿自己喝水的能力，养成独立自主的好习惯。

【注意事项】

1. 1.5~2 岁的婴幼儿如果不能够自己用水杯喝水，可以先用自己的吸管水杯。
2. 可以鼓励婴幼儿自己尝试用水杯喝水，教师注意：婴幼儿在喝水时若将水倒在身上，需及时处理。

【场景拓展】

利用在幼儿园的学习场景，可学习吃饭技能等。

活动二 我爱吃鸡蛋（食育）

【适合年龄】2~3 岁

【组织形式】早点时间活动

【建议时间】15 分钟

【活动目标】

1. 知道鸡蛋的不同吃法，初步了解鸡蛋有营养（理解能力）。
2. 能够自己独立剥鸡蛋（生活技能）。
3. 喜欢吃鸡蛋，愿意自己剥鸡蛋，制作蛋壳画（精细动作）。

【活动重难点】

重点：剥鸡蛋的方法。

难点：养成独立自主吃饭的习惯。

【活动准备】

1. 物质准备：鸡蛋、鸡蛋不同做法的图片。
2. 经验准备：婴幼儿在生活中自己吃鸡蛋、剥鸡蛋，有相应的精细动作发展基础。

【活动过程】

活动环节	教师行为	观察要点
一、瞧瞧这个小鸡蛋（2 分钟） 1. 教师分发鸡蛋，组织婴幼儿观察。 2. 教师有节奏地说歌谣。 水煮蛋，光溜溜，白花花，最好吃，每天早上一个白煮蛋，肚子吃得饱饱的。	提问： 1. 鸡蛋是什么样子？ 2. 你喜欢吃鸡蛋吗？ 3. 组织小朋友有节奏地哼儿歌	1. 能否用完整的语言描述。 2. 是否喜欢吃鸡蛋。 3. 是否对儿歌感兴趣
二、我会剥鸡蛋（5 分钟） 1. 教师示范正确地剥鸡蛋。 2. 婴幼儿自己尝试剥鸡蛋，教师巡回指导。 3. 婴幼儿自行吃早点	1. 正确示范：按、压、碾、剥。 2. 鼓励婴幼儿尝试	1. 精细动作发展情况。 2. 是否需要帮助。 3. 是否愿意主动吃鸡蛋

续表

活动环节	教师行为	观察要点
三、好吃的鸡蛋（3分钟） 1. 教师组织婴幼儿讨论鸡蛋的味道。 2. 教师出示图片，讨论鸡蛋的各种做法。 3. 总结鸡蛋的营养和爱吃鸡蛋的好处	提问： 1. 鸡蛋吃起来是什么味道？ 2. 鸡蛋还可以怎么吃呢？	1. 能否说完整的句子。 2. 生活中吃鸡蛋的经验
四、自制蛋壳画（5分钟） 教师将婴幼儿剥掉的鸡蛋壳，用胶水制作成蛋壳画，鼓励婴幼儿自己在区角中尝试	示范制作蛋壳画	

【活动延伸】

剥掉的鸡蛋壳可以在区角中制成蛋壳画。

【家园联系】

请家长在家中锻炼婴幼儿自己剥鸡蛋的能力，养成独立自主的好习惯。

【注意事项】

1. 2岁的婴幼儿如果不能做到自己剥鸡蛋，可以请大一些的婴幼儿帮助。

2. 可以鼓励婴幼儿自己尝试用自己的方式剥鸡蛋。

【场景拓展】

1. 利用在托育园吃饭的场景，学习不同的吃饭技能，比如自己盛饭等。

2. 在区角活动中进行角色扮演游戏，完成做饭和吃饭的模拟游戏。

3. 关注集体吃饭时候的规则和礼仪。

活动三 有趣的玩具（木育）

【适合年龄】1.5~2岁

【组织形式】室内区角活动

【建议时间】20分钟

【设计意图】

与幼儿园主题相关的集体教学活动呼应，从感性经验积累到实物操作。婴幼儿通过自己玩耍区角玩具，发挥想象力与创造力，完成与生活相联系的角色扮演。

【活动准备】

1. 物质准备：厨房相关儿童玩具、墙面贴玩具、手机玩具、娃娃家工具若干（幼儿园原有工具组合即可）。

2. 经验准备：婴幼儿喜欢玩，有对幼儿园方方面面的感性理解与经验。

【环境布置】

环境布局图	目标要求	好	一般	差
集体操作台（厨房玩具若干套） 集体操作台（厨房玩具若干套）　集体操作台（厨房玩具若干套） 单人操作台（墙面贴玩具一套）　单人操作台（墙面贴玩具一套） 娃娃家、玩具手机等辅助材料	设置集体和单人的操作环境，以满足婴幼儿需求			
	玩具数量充足，防止争抢			
	辅助材料分开单独放置，防止材料过多，分散注意力			
	操作台相隔足够的空间			
	适当添加一些幼儿园的简笔画图片，给予幼儿启发			
	每个操作台上放置少量纸笔			

【教师行为】

1. 不干扰婴幼儿的创造活动，鼓励其自由玩耍。
2. 如果婴幼儿太小，无法自主活动，可以通过语言对话进行启发。
3. 尊重婴幼儿自己选择的活动，不强迫婴幼儿必须按要求进行。

【家园联系】

过程中对婴幼儿进行观察记录，同时对婴幼儿作品拍照记录，向家长及时反馈。通过和家长的沟通，了解婴幼儿对于集体生活的心理适应程度，帮助婴幼儿向集体生活过渡。

【注意事项】

该阶段婴幼儿想象能力尚处于萌芽阶段，无法进行有效的有意想象。所以教师可以给予一些支持，比如语言引导、图片启发等。要积极地沟通理解婴幼儿的想法，体会婴幼儿想要表达的内容。

活动四　我的积木托育园（木育）

【适合年龄】2~3 岁

【组织形式】室内区角活动

【建议时间】20~30 分钟

【设计意图】

与托育园主题相关的集体教学活动呼应，让婴幼儿从感性经验积累过渡到实物操作搭建。婴幼儿通过积木搭建，发挥想象力与创造力，完成自己的托育园建筑作品。

【活动准备】

1. 物质准备：积木组合若干、手指玩偶若干、娃娃家工具若干（托育园原有工具组合即可）。

2. 经验准备：婴幼儿喜欢搭积木，前期积累了对托育园方方面面的感性理解与经验。

【环境布置】

环境布局图	目标要求	好	一般	差
集体操作台（积木若干套） 集体操作台（积木若干套）　集体操作台（积木若干套） 单人操作台（积木一套）　单人操作台（积木一套） 娃娃家、玩具手偶等辅助材料	设置集体和单人的操作环境，以满足婴幼儿需求			
	积木数量充足，防止争抢			
	辅助材料分开单独放置，防止材料过多，分散注意力			
	操作台相隔足够的空间			
	适当添加一些托育园的简笔画图片，给予婴幼儿启发			
	每个操作台上放置少量纸笔			

【教师行为】

1. 不干扰婴幼儿的创造活动，鼓励其自由搭建。
2. 如果婴幼儿太小，无法进行活动，可以通过语言对话，进行启发。
3. 尊重婴幼儿自己选择的活动，不强迫婴幼儿必须搭建托育园场景。

【家园联系】

过程中对婴幼儿进行观察记录，同时将婴幼儿作品拍照记录，向家长及时反馈。通过和家长的沟通，了解婴幼儿对于集体生活的心理适应程度，帮助婴幼儿向集体生活过渡。

【注意事项】

该阶段婴幼儿想象能力尚处于萌芽阶段，无法进行有效的有意想象。所以教师可以给予一些支持，比如语言引导、图片启发等。对于婴幼儿的作品，教师要与幼儿积极地沟通，理解体会婴幼儿想要表达的内容。

活动五　干净的小手（美育）

【适合年龄】1.5~2 岁
【组织形式】室内集体活动
【建议时间】15 分钟
【活动目标】

1. 掌握洗手的基本操作步骤，学会洗手。
2. 养成爱洗手的好习惯。

3. 明白在进食、看书、睡觉之前必须要洗手。

【活动重难点】

重点：能够学会洗手。

难点：养成常洗手的良好生活习惯。

【活动准备】

1. 物质准备：脏脏的手的图片、洗手操作步骤图、两盆清水、婴儿肥皂、婴儿擦手帕、音乐《洗手歌》。

2. 经验准备：婴幼儿有洗手的相关生活经验。

【活动过程】

活动环节	教师行为	观察要点
一、脏脏的小手（3分钟） 1. 教师请婴幼儿观察自己的小手，并询问婴幼儿小手的作用。 2. 出示相关图片，请幼儿观察脏脏的手的图片，询问幼儿的感受。 3. 再请幼儿观察自己的小手，有没有脏东西。 4. 播放《洗手歌》音乐，请幼儿欣赏	1. 小手用来吃饭，喝水，玩玩具。 2. 出示图片，脏脏的手好难看，有细菌，不卫生。 3. 教师挨个查看幼儿的手	1. 能否集中注意力观察图片。 2. 能否理解图片内容。 3. 是否愿意发音，主动用简单语言表达
二、干净的小手（8分钟） 1. 教师向婴幼儿展示洗手的操作步骤图。 2. 教师演示，教幼儿洗手的动作，让婴幼儿跟着学习，先挽起袖口，沾湿手，双手打上肥皂，按摩手部，手心、手背、手指缝等都要洗到，再用清水洗净。 3. 根据婴幼儿人数进行分组，4~6位婴幼儿为一组，每位婴幼儿桌前一颗肥皂、一张擦手帕，在教师位置上放置两盆清水（根据教室场地可实施程度来进行，如方便则带领幼儿去洗手间排队完成洗手）	1. 提问：小朋友们，平时谁给你们洗手？ 2. 我们长大了，也应该要学会自己洗手啦，跟着老师一起来，把小手变干净吧。 3. 教师摆放好肥皂、擦手帕等教具	1. 婴幼儿能否在生活中主动洗手。 2. 是否能够独立完成洗手。 3. 是否遵守基本规则。 4. 是否有秩序地排队。 5. 注意婴幼儿是否将袖口沾湿，应及时处理
三、干净小手喷喷香（4分钟） 1. 教师让婴幼儿闻闻自己的手，询问幼儿的感受。 2. 以《洗手歌》结束，请婴幼儿欢快地拍手	1. 提问：自己的小手香不香？ 2. 和幼儿强调吃东西前要洗手，平时也要勤洗手	

【儿歌：洗手歌】

鼓鼓掌，拍拍手，讲卫生呀勤洗手，

大家一起来唱歌，互相提醒小朋友，

提醒小朋友。

进屋洗，饭前洗，手背洗呀手心洗，

肥皂搓搓来清理，养成习惯靠自己，

习惯靠自己。

拍皮球，画图画，捉迷藏啊玩游戏，

回家洗手别忘记，偷懒只能害自己。

只能害自己。

【活动延伸】

教师观察婴幼儿上厕所之后或进食前是否洗手或有洗手的动作，若无则进行提醒。

【家园联系】

在家中可请家长和幼儿共同练习洗手，让幼儿养成洗手的好习惯。

【注意事项】

1. 1.5~2 岁的婴幼儿对洗手是有认知的，但由于年龄小还无法完全独立完成。

2. 在练习洗手时，教师要注意先将幼儿的袖口挽起来。

3. 在冲洗泡沫时，注意水的温度及水的大小，避免水飞溅在婴幼儿衣服上。

4. 教师及时检查幼儿衣物等，若有打湿立即处理。

【场景拓展】

1. 在幼儿园中需要做自己力所能及的事，要养成良好的生活卫生习惯。所以洗手歌也可在课后玩耍时播放，通过音乐培养婴幼儿的生活自理能力。

2. 婴幼儿主动洗手时，教师应进行观察，必要时给予帮助，并及时给予鼓励。

活动六　喝水歌（美育）

【适合年龄】2~3 岁

【组织形式】室内集体活动

【建议时间】20 分钟

【活动目标】

1. 掌握在托育园进行集体活动的规则，如喝水或者打击水杯演奏。

2. 能够独立喝水，尝试用筷子打击水杯，有节奏感地敲击（精细动作，生活技能）。

3. 喜欢喝水，养成爱喝水的好习惯；对声音敏感，对节奏感兴趣。

【活动重难点】

重点：独立喝水，完成集体活动。

难点：尝试用筷子打击水杯，有节奏地敲击。

【活动准备】

1. 物质准备：杯子、筷子。

2. 经验准备：婴幼儿在托育园能够独立喝水，遵守集体规则。

【活动过程】

活动环节	教师行为	观察要点
一、快乐《喝水歌》（7分钟） 1. 教师有节奏地朗读《喝水歌》。 2. 教师组织婴幼儿一起打拍子，尝试有节奏地跟读	1. 示范朗读。 2. 出示图片。 3. 组织婴幼儿跟读	1. 能否集中注意力倾听。 2. 能否理解儿歌内容。 3. 节奏感的强弱
二、我爱喝水（5分钟） 1. 组织婴幼儿讨论喝水的重要性。 2. 组织婴幼儿排队拿杯子接水，到位子上喝水	提问： 1. 小朋友们平时爱喝水吗？为什么？ 2. 自己喝水的时候要注意什么呢？ 教师强调喝水规范，组织婴幼儿排队接水	1. 婴幼儿能否在生活中主动喝水。 2. 是否能够独立完成喝水。
三、敲出小节奏（8分钟） 1. 每个小朋友一根筷子，将自己的杯子在桌子上排成一排。 2. 尝试敲击杯子，听声音 3. 发现杯子里的水量不同，声音也不同 4. 教师敲击出《爱喝水》，婴幼儿倾听	1. 教师分发筷子 2. 组织每桌的小朋友为一组 3. 巡回指导小朋友尝试敲击水杯。 4. 表演有节奏地朗读《爱喝水》	1. 是否遵守基本规则。 2. 能否发现不同的敲击声音。 3. 对声音敏感

【儿歌：喝水歌】

妈妈，我好渴呀！

宝贝，来喝水咯！

咕噜噜，咕噜噜，

喝光光，喝光光，

咕噜噜，咕噜噜，

喝光光，喝光光，

水真好喝呀！

【活动延伸】在角色区中自由体会敲击水杯。

【家园联系】

回到家中可以用生活中常见的食物器皿敲击，体会不同的声音。

【注意事项】

1. 2岁的婴幼儿可能不能够进行跟读，有节奏地跟着老师打节拍即可。

2. 注意提醒婴幼儿敲击水杯的时候要控制自己的力度，防止破坏杯子。

3. 敲击过程中帮助婴幼儿轮流尝试，学习等待。

4. 此活动可以穿插在婴幼儿集体喝水的前后进行，《喝水歌》可以在集体喝水前后反复由教师带领诵读。

【场景拓展】

1. 在托育园中需要做自己力所能及的事，要养成良好的生活卫生习惯。所以《喝水歌》也可以换成其他的，比如《吃饭歌》等，通过音乐培养婴幼儿的生活自理能力。

2. 敲击活动中可以将杯子更换为其他的"锅碗瓢盆"。

3. 天气适宜的时候，也可以在户外进行。

4. 可以在角色区中自由尝试敲击不同的东西。

活动七　有趣的彩虹伞（体育）

【适合年龄】1.5~2岁

【组织形式】室外集体活动

【建议时间】20分钟

【活动目标】

1. 认识彩虹伞，观察彩虹伞的颜色。

2. 练习走、跑、跳等动作，发展身体协调性、灵活性。

3. 喜欢彩虹伞游戏，和同伴协作，体验游戏带来的快乐。

【活动重难点】

重点：有序地完成各游戏动作。

难点：动作的协调性。

【活动准备】

1. 物质准备：一个彩虹伞、皮球3个、播放器、U盘、平整无障碍的场地。

2. 经验准备：能做到走路、跑跳等肢体动作。

【活动过程】

活动环节	教师行为	观察要点
一、五颜六色的彩虹伞（4分钟） 1. 教师提问，吸引婴幼儿的兴趣，鼓励婴幼儿用完整的语言表达。 2. 教师做示范，请婴幼儿躺在彩虹伞上打滚	提问： 1. 小朋友们，看！老师手里拿的是什么？ 2. 这个是彩虹伞，跟着老师一起来看看、认一认，彩虹伞有哪些颜色？ 带领幼儿玩：滚来滚去真好玩	1. 是否愿意跟着老师复述"彩虹伞"。 2. 是否有强烈的语言表达欲望。 3. 行为动作方面，婴幼儿是否能够大胆地在彩虹伞上滚来滚去
二、彩虹伞下藏猫猫（10分钟） 1. 教师们各拿彩虹伞的一角，站成三角形，将彩虹伞举起来。 2. 请婴幼儿藏在彩虹伞里，教师举着彩虹伞忽而高忽而低，让婴幼儿尝试着跳起来摸到彩虹伞。	1. 提问：当婴幼儿被彩虹伞遮住时，教师故意问："孩子们哪儿去了？怎么找不着了？" 2. 当孩子们出现时，教师又故作惊讶："孩子们出现啦！" 3. 教师巡回观察，鼓励婴幼儿积极参与，并提醒其注意安全	1. 婴幼儿之间能否互相学习动作或观察同伴的动作并做出反应。 2. 是否在游戏中感到快乐。 3. 是否有愉快的情绪

续表

活动环节	教师行为	观察要点
3. 教师故意将彩虹伞放得很低很低，低到彩虹伞将婴幼儿完全遮住，几秒之后又将彩虹伞举高，让婴幼儿享受游戏的欢乐。 在此环节中至少要有4位教师在场，三位老师举着彩虹伞，一位教师巡场观察，注意儿童的安全		
三、波浪滚滚（6分钟） 1. 教师讲解示范游戏玩法：婴幼儿围成圆圈站好，注意保持间距，各自握紧彩虹伞的一角。教师将3个皮球放到彩虹伞上，所有的婴幼儿要共同合作，舞动彩虹伞不让皮球掉落，若球掉落，请教师将球拾起再放进去。 2. 婴幼儿按照指令完成游戏，教师在一旁给予鼓励和表扬，提醒婴幼儿抓紧彩虹伞不放手。 3. 教师总结，回收器材，询问婴幼儿感受，宣布下课	提醒婴幼儿遵守游戏规则，体验与同伴共同游戏带来的快乐。 提问： 小朋友们表现得非常好！一起合作完成游戏，你们开心吗？	1. 婴幼儿是否能够在老师的指令下完成游戏。 2. 婴幼儿是否积极参与。 3. 教师注意婴幼儿的行为是否安全

【活动延伸】

1. 踢球或将球投入球筐里。
2. 几个小朋友玩躲猫猫游戏。

【家园联系】

1. 家长可以在家与孩子完成合作类的游戏，如传球等。
2. 可以使用家里的被单床单，与孩子进行藏猫猫或躲起来的亲子游戏。

【注意事项】

1. 提示婴幼儿遵守纪律，对违反规则的行为要及时指出并加以纠正。
2. 提醒婴幼儿遵守游戏规则，注意保护自己和同伴。
3. 教师多留意婴幼儿的安全，能预判婴幼儿危险行为并及时做出安全引导。

活动八　爱跳的皮球（体育）

【适合年龄】2~3岁

【组织形式】室外集体活动

【建议时间】20分钟

【活动目标】

1. 了解大皮球的游戏玩法。
2. 练习走、跑、跳等动作,发展身体协调性、灵活性。
3. 喜欢球类游戏,乐意与同伴合作游戏,体验游戏带来的快乐。

【活动重难点】

重点:有序地完成各游戏动作。

难点:动作的协调性。

【活动准备】

1. 物质准备:皮球(人手一个)、播放器、U盘、平整无障碍的场地。
2. 经验准备:看过或玩过皮球。

【活动过程】

活动环节	教师行为	观察要点
一、自由练习——小球怎么玩?(4分钟) 1. 教师提问,吸引婴幼儿的兴趣,鼓励婴幼儿用完整的语言表达。 2. 婴幼儿举手回答:拍球、抛球、传球等。 3. 教师请婴幼儿表演球的各种玩法的动作,引发其参与学习的愿望。 4. 婴幼儿进行自由玩球的练习	提问: 1. 小朋友们,看!老师手里拿的是什么? 2. 你们知道小球有哪些玩法吗? 3. 哪位小朋友能表演一下球的玩法?	1. 语言是否完整、清晰。 2. 是否能做出玩球的动作
二、小球过山洞(4分钟) 1. 教师讲解示范游戏玩法:婴幼儿分成两纵队,每队各拿一个皮球,由第一名婴幼儿开始从胯下传球。传球时双手抱球,从胯下传给下一位,下一位要用双手接球。依次传球。传球过程中球不能落地。球先到达最后一名婴幼儿的队伍为胜者。 2. 婴幼儿听到指令后,依次传球。 3. 教师给予语言鼓励和动作指导,婴幼儿再次练习	教师巡回观察,鼓励婴幼儿自己完成,并提醒其注意安全	能否完成胯下传接球的动作
三、小球滚滚(4分钟) 1. 教师讲解示范游戏玩法:婴幼儿围成圈,一名幼儿站在圈中间,把皮球向不同方向滚给其他婴幼儿,接到球后的婴幼儿再把球滚回给中间的婴幼儿。 2. 婴幼儿按照指令完成游戏,教师在一旁给予鼓励和表扬	提醒婴幼儿遵守游戏规则,体验与同伴共同游戏带来的快乐	1. 婴幼儿能否在老师的指令下完成游戏。 2. 婴幼儿能否准确按动作要领完成动作
四、运西瓜(8分钟) 1. 教师讲解并示范游戏玩法:两人一组,面对面在起点站好,先把球放于肚子中间夹住,再侧行至指定位置。球中途不可掉下,若掉下,应该在原地把球捡起来,重新放好,再继续游戏。下	提问: 小朋友们表现得非常好!哪位小朋友能与大家分享一下如何夹住小球不掉并且走得更快?	1. 婴幼儿能否听懂指令,遵守规则完成游戏。 2. 婴幼儿能否说出简单完整的语言

续表

活动环节	教师行为	观察要点
一组依次进行游戏，用时最短的一组，为此轮游戏胜者。 2. 婴幼儿分成若干组(2人一组)进行游戏。 3. 教师提示婴幼儿遵守纪律，并在一旁巡回指导。 4. 教师总结，回收器材，宣布下课	提示： 游戏过程中注意安全，全身用力夹紧进行游戏	

【活动延伸】

1. 头上传接球、身体左转或右转胸前传接球。

2. 两人一组背靠背夹球行进。

【家园联系】

家长可以在家与孩子共同合作完成游戏，或者带孩子到球场感受球类运动带给孩子们的快乐。

【注意事项】

1. 提示婴幼儿遵守纪律，对违反规则的行为要及时指出并加以纠正。

2. 鼓励婴幼儿自由玩球，探索以不同形式玩球类游戏的乐趣。

3. 提醒婴幼儿遵守游戏规则，注意保护自己和同伴。

活动九 托育园的好朋友（感育）

【适合年龄】1.5~2岁

【组织形式】室内集体活动

【建议时间】20分钟

【活动目标】

1. 理解谁是自己的"好朋友"。

2. 喜欢跟自己的好朋友玩，喜欢并愿意上托育园。

【活动重难点】

重点：能够知道谁是自己的好朋友。

难点：感知托育园是好玩的、有趣的、有好朋友陪伴的。

【活动准备】

1. 物质准备：动物手偶若干、《找朋友》音乐、小鼓、沙锤乐器若干。

2. 经验准备：婴幼儿喜欢听音乐，见过小鼓等乐器，喜欢小动物手偶。

扫描二维码，查看教学示例

【活动过程】

活动环节	教师行为	观察要点
一、托育园的好朋友（5分钟） 1. 请幼儿说出其在托育园的好朋友的名字。 2. 去找自己的好朋友，再互相握手、拥抱	提问： 1. 这是哪里？ 2. 你有好朋友吗？ 找到好朋友后，握手说"你好"，再互相拥抱一个吧	1. 是否愿意主动发音。 2. 是否有强烈的表达欲望
二、儿歌《找朋友》（10分钟） 1. 让婴幼儿围成一个圈，聆听一段音乐：《找朋友》。 2. 为每位幼儿分发奥尔夫乐器，如：小鼓、沙锤等，请幼儿边听边摇动乐器。 3. 重复播放音乐，鼓励幼儿跟着哼唱	教师播放音乐 请幼儿自由摇晃手中的乐器。 老师主动唱歌曲	1. 能否集中注意力倾听音乐。 2. 能否摇动乐器。 3. 能否主动跟着音乐哼唱
三、情境表演"好朋友去托育园"（5分钟） 1. 教师模拟演示，拿出一只动物手偶，对着另一只动物手偶打招呼。 2. 为幼儿发放动物手偶（熊猫、长颈鹿、小白兔、乌龟等），请幼儿进行动物角色扮演，找到自己的好朋友，手拉手去托育园	组织婴幼儿模仿小动物去托育园。 提示婴幼儿主动交流，并说出"你好、一起去玩吧、真开心、再见"等简单的交往语言	1. 观察婴幼儿肢体表达能力、简单语言表达能力发展水平。 2. 观察婴幼儿想象力发展水平

【活动延伸】

主动邀请自己的同伴、好朋友在教室或区角中玩耍或游戏。

【家园联系】

回到家中和父母分享自己在托育园的好朋友是谁，一起做了哪些有趣的事。

【注意事项】

1. 1.5~2岁的婴幼儿主要使用肢体表达，语言表达上，可以使用简单的幼儿用语。

2. 教师在进行手偶演示的时候，动作适当夸张，语速放慢。

【场景拓展】

1. 在环境创设时展示出婴幼儿间平时一起合作、互动的照片。

2. 选择适宜的绘本进行绘本阅读活动。

活动十 我爱托育园（感育）

【适合年龄】2~3岁

【组织形式】室内集体活动

【建议时间】15分钟

【活动目标】

1. 理解故事大意，根据主旨合理想象。
2. 能够用自己的方式表达自己对故事的理解（粗大运动）。
3. 喜欢上托育园，愿意主动上托育园。

【活动重难点】

重点：感受在托育园里愉快的生活与活动。

难点：合理表达自己的感受。

【活动准备】

1. 物质准备：动物手偶。
2. 经验准备：婴幼儿喜欢听简单的故事，喜欢模仿小动物。

【活动过程】

活动环节	教师行为	观察要点
一、我眼中的托育园（5分钟） 1. 讨论婴幼儿对托育园的看法。 2. 教师播放婴幼儿在托育园中有趣生活的图片	提问： 1. 小朋友们喜欢托育园吗？ 2. 今天在托育园里发生了什么事情呢？	1. 发音是否清晰。 2. 表达是否完整。 3. 能否简单复述发生过的事情
二、手偶表演《我上托育园》（5分钟） 1. 教师用动物手偶在桌面表演《高高兴兴上托育园》。 2. 通过提问帮助婴幼儿理解故事内容	教师进行动物手偶表演。 提问： 1. 有哪些小动物？ 2. 他们都去干什么？	1. 能否集中注意力观看表演，倾听故事。 2. 能否理解故事
三、情境表演（5分钟） 1. 组织婴幼儿进行情境表演。故事里的小动物们如何上托育园？ 2. 讨论如果有小动物不想去托育园，我们要怎么对他说，如何安慰他	组织婴幼儿模仿小动物去托育园。 提示小动物走路的姿势、表情等	1. 肢体表达能力。 2. 想象力水平

【手偶表演：高高兴兴上托育园】

  托育园开学了，许多动物宝宝都去上托育园。小鸭子吃完饭，对鸭妈妈说了声"妈妈再见"，就高兴地去上托育园了。半路上，小鸭子碰到了小花猫，小鸭子问："小花猫，你到哪去呀？"小花猫说："我上托育园。"小鸭子说："我们一起走吧。"走了一会儿，他们又碰到了小白兔，就问："小白兔，你到哪里去呀？"小白兔回答说："我上托育园。"小鸭子和小花猫说："我们一起走吧。"三个好宝宝一起高高兴兴地上托育园去了。

  在托育园里，他们和许多动物小朋友一起唱歌、跳舞、做游戏，玩得真开心。

【活动延伸】

在区角中进行角色扮演游戏，尝试扮演不同的小动物去上托育园。

【家园联系】

回到家中和父母分享自己在托育园里发生的有趣的事情。

【注意事项】

1. 2岁的婴幼儿主要使用肢体表达，大一些的婴幼儿可以用语言复述表演故事。

2. 教师在进行手偶表演的时候，动作适当夸张，语速放慢。

【场景拓展】

1. 用手偶表演的形式表演不同的托育园活动场景。

2. 选择适宜的绘本进行绘本阅读活动。

第七节 主题：月儿圆圆

主题设计图

④ 影响因素

婴幼儿的因素
1. 对自然现象有兴趣；
2. 关注同伴的行为，互相模仿。

养育者的因素
正面因素：对中秋节的习俗有较多了解；可对儿童产生榜样作用。
负面因素：执行力不够，不知道引导儿童的正确方式。

环境因素
超市、商场等有中秋节的气氛和相关活动。

养育者所处环境
中秋节假期短，许多家庭不能做到与大家庭团聚。

托育环境
进行关于中秋节的主题设计。

② 现状
1. 儿童在托育园中，对节日有一定体验；
2. 象征团圆的中秋节即将到来。

③ 背景

婴幼儿方面
1. 对周围环境中的节日气氛感兴趣；
2. 有一定的节日经验；
3. 与同伴相处的时间越来越多。

养育者方面
1. 希望借助中秋节增进婴幼儿对传统文化的认知；
2. 受到现代生活的影响，不能为婴幼儿提供更丰富的节日体验；
3. 家长给儿童提供的同伴交往机会不均衡。

① 目标

主题目标
1. 知道月亮时圆时缺，了解中秋节的相关习俗；
2. 对月亮有喜爱的情感，愿意保护自然环境；
3. 通过故事、绘本等了解与同伴共同做事的快乐；
4. 发展大小肌肉的力量与协调性，基本做到为自己服务。

发展目标
详见表 1-1。

评价方法
1. 完成该主题的月计划活动；
2. 家长反馈。

⑤ 教育指导方法
1. 食育
2. 木育
3. 美育
4. 体育
5. 感育

⑥ 科学依据
理论模型
实证研究成果
儿童发育评估客观数据
实际观察中的场景数据

中秋节是中国人最为重视的节日之一。中秋节合家团圆，吃月饼、赏月亮。在中秋节的气氛中，儿童能够感受到家庭的温暖、民族的历史传承。托育园开展中秋节主题的活动，旨在帮助儿童提炼生活中的中秋节体验，启发儿童多感受、多分享。该主题活动使用的材料可以是和中秋节相关的生活材料,该主题的环境设置可以包括中秋节的传统食品或者习俗物品,烘托节日气氛。在家园合作方面,教师可以鼓励儿童在家庭聚会中自信展示自己的特长和本领,使家长感受到孩子成长的喜悦。

活动一 擦擦小嘴巴(食育)

【适合年龄】1.5~2 岁
【组织形式】室内集体活动
【建议时间】15 分钟
【活动目标】
1. 知道中秋节要吃月饼。
2. 知道吃完饭或食物之后要擦嘴巴。
3. 学会擦嘴巴的生活技能。
【活动重难点】
重点:学习如何擦嘴巴的精细动作。
难点:养成吃完食物之后擦嘴巴的好习惯。
【活动准备】
1. 物质准备:月饼模型、PPT 课件(《喝汤喽,擦一擦》绘本、中秋节相关元素图片)、婴幼儿湿巾纸或卫生纸。
2. 经验准备:婴幼儿有擦嘴巴的日常生活经验。
【活动过程】

活动环节	教师行为	观察要点
一、导入环节:教师出示 PPT 课件(3 分钟) 1. 教师提问,使得婴幼儿的注意点集中在月饼上,并且拿出月饼模型,假装咬一口。 2. 为婴幼儿讲述《喝汤喽,擦一擦》绘本内容	提问: 1. 大家看,这是什么?中秋节要吃月饼,小朋友们喜欢吃月饼吗? 2. 小朋友们知道怎么擦嘴巴吗?我们一起来学一学吧!	1. 是否对画面内容感兴趣。 2. 是否跟着老师的引导做出肢体行为反应。 3. 是否有语言表达的欲望
二、擦擦小嘴巴,变得干净啦!(10 分钟) 1. 教师拿出月饼模型,假装咬一口,咬完之后,向婴幼儿示范擦嘴巴的正确方法,边做动作边用语言进行描述。 2. 为婴幼儿发放湿巾或卫生纸,婴幼儿跟着集体学习擦嘴巴的过程。 3. 将月饼模型送到幼儿面前,引导他们假装咬下月饼,再擦嘴巴,婴幼儿自	1. 提问:我们用什么擦嘴巴呀?(卫生纸或湿巾) 2. 强调月饼是模型,仅为道具,只能假装吃。 3. 请小朋友认真观察老师是怎么擦嘴巴的。 4. 每个步骤都需要教师放慢速度进行示范,并重复强调	1. 是否主动地观察,模仿出细节性的动作。 2. 是否有耐心看老师的示范动作。 3. 是否主动观察其他小朋友擦嘴巴的动作

续表

活动环节	教师行为	观察要点
由练习擦嘴巴,教师鼓励婴幼儿积极尝试,对每位婴幼儿的动作及表现做评价		
三、总结本课(2分钟) 1. 教师总结本次课堂,强调在吃饭或吃东西前我们要先洗手,在吃完饭或吃完东西后,我们都要擦嘴巴。 2. 引导婴幼儿将擦完嘴巴的纸巾扔进垃圾桶	1. 小朋友们,请你们要记住哦,餐前洗手,餐后擦嘴,垃圾扔进垃圾桶。 2. 表扬做得好的小朋友	1. 是否学会擦嘴巴的动作。 2. 是否将垃圾扔进了垃圾桶

【活动延伸】

在烹饪区提供相关材料,引导婴幼儿继续感受"吃"月饼或食物的乐趣,并增强擦嘴巴精细动作的练习。

【家园联系】

在家中进食之后,请家长引导婴幼儿自己擦嘴巴,并将垃圾扔进垃圾桶,培养婴幼儿良好的生活习惯。

【注意事项】

1. 如果婴幼儿在反复练习之后还是未能学会擦嘴巴,教师应耐心多引导。
2. 注意过程中的卫生安全,勿让婴幼儿误食卫生纸巾。

【场景拓展】

1. 绘本区域可多增设有关洗手、擦嘴等的婴幼儿绘本,让幼儿自己翻阅。
2. 区角处可将洋娃娃摆在显眼的地方,引导婴幼儿帮助洋娃娃擦嘴巴。

活动二 月饼香香(食育)

【适合年龄】2~3岁

【组织形式】室内集体活动

【建议时间】23分钟

【活动目标】

1. 知道月饼是中秋节庆时吃的食物。
2. 尝试迁移玩纸黏土的经验,用团圆、按压的方式制作月饼(生活技能)。
3. 愿意等待他人用完工具再去使用,有初步的轮流意识(社会交往)。

【活动重难点】

重点:用团圆、按压的方式制作月饼。

难点:等待他人用完工具再去使用。

【活动准备】

1. 物质准备：月饼冰皮面团人手一个；红豆馅团、莲蓉馅团供选择，放在每组的桌子上；干净桌布每组一张，事先铺好；揉面案板每人一个，各式月饼模子每组两个。

2. 经验准备：婴幼儿之前有玩纸黏土、揉面团等的经验。

【活动过程】

活动环节	教师行为	观察要点
一、教师出示自己制作的几种口味的月饼，引起婴幼儿的兴趣（3分钟） 教师提问，使得婴幼儿的注意点集中在月饼上	提问： 1. 大家看，这是什么？ 2. 这是我自己做的月饼，你们想不想做做看？	婴幼儿的注意力能否保持在月饼上
二、教师示范做月饼的步骤，婴幼儿仔细观察（5分钟） 1. 教师展示月饼（两种口味）的横切面，婴幼儿仔细观察，了解月饼的构成（皮和馅）。 2. 教师示范做月饼：将月饼皮压成扁扁的圆——把月饼馅放在中间——包裹起来团成圆——放进月饼模具压制——取出完成。此过程可以请婴幼儿徒手模仿参与其中	提问： 1. 月饼里边是什么？ 2. 你吃过什么馅儿的月饼？ 每个步骤都需要教师放慢速度进行示范，强调压扁、完全包住等动作	1. 是否能够将自己吃过的月饼和名称一一对应起来。 2. 是否主动地观察，模仿出细节性的动作
三、婴幼儿自主做月饼（10分钟） 1. 教师组织婴幼儿分批洗手。 2. 婴幼儿尝试制作，教师巡回观察、指导。 3. 做完的婴幼儿将月饼放在自己的桌子上，可以先行洗手，然后欣赏自己和他人做的月饼	1. 教师在婴幼儿不明确任务时做出提醒，但不主动示范。 2. 提醒婴幼儿，如果有人用模具的话，就稍微等一等。 3. 教师鼓励平时不敢表现自己的婴幼儿展示、介绍	1. 能否利用手腕、手指完成压扁、团圆的动作。 2. 是否愿意等待别人用完模具之后再使用，有延迟满足自己的能力
四、展示，分享月饼（5分钟） 1. 婴幼儿相互欣赏月饼。 2. 教师鼓励婴幼儿向集体展示自己做的月饼。 3. 教师分发塑料小刀，大家自行切开分享	鼓励婴幼儿与人交换月饼进行品尝，但如果婴幼儿不愿与人交换分享，应尊重他的意愿	1. 介绍自己的月饼时候语言的完整程度。 2. 能否对他人做的月饼做出欣赏的表情，对同伴表示关注。 3. 是否愿意与他人交换

【活动延伸】

在烹饪区继续提供相关材料，引导婴幼儿继续感受做月饼的乐趣，并增强其精细动作的练习。

【家园联系】

家庭在包饺子等活动中给婴幼儿提供参与的机会，让婴幼儿更深入地感受食品制作的过程，更加喜爱和珍惜食物。

【注意事项】
1. 如果婴幼儿不愿与人交换分享，应尊重他的意愿，但在之后的日常生活中要多引导。
2. 注意过程中的卫生安全，婴幼儿洗完擦净双手之后应十指交叉紧握回到座位，避免污染。

【场景拓展】
1. 利用纸黏土或油泥参照月饼图片制作月饼，可请婴幼儿自行装饰，不一定用到模具。
2. 邀请附近点心店或蛋糕房的人员上门组织活动，进行示范，提供一些原材料和模具等。
3. 美术区提供圆形的彩色卡纸（可大可小）作为月饼，请婴幼儿观察真实的月饼或月饼的图片，通过剪纸、绘画的方式装饰月饼。

活动三 美丽的丰收景象（木育）

【适合年龄】1.5~2 岁
【组织形式】室外集体活动
【建议时间】15 分钟
【设计意图】

此活动对应秋天的主题，秋天是丰收的季节，让婴幼儿观察秋天的景象，婴幼儿感受到景色的优美，满足婴幼儿的探索欲望，培养其对大自然的热爱敬畏之情，婴幼儿也可尽情地在户外捡落叶。

【活动准备】
1. 物质准备：小纸袋（用于装落叶），相机，医疗包等。
2. 经验准备：婴幼儿有在室外活动的经验，对自然景象有一定的认知。

【环境布置】

环境布局图	目标要求	好	一般	差
托育园花园处 大树　水杯、医疗包放置处	选用托育园内比较空旷、跑得开的场景			
	引导婴幼儿观察秋天的自然景象：树叶黄了，掉了，花儿枯萎了			
	收集掉在地上的落叶，放进自己的小纸袋里			
	愿意邀请老师与自己一同观察			
	老师为婴幼儿拍照留念			

【教师行为】
1. 此区域必须有一名教师巡场，负责保证婴幼儿的安全。

2. 再安排一名教师负责观察婴幼儿自由活动的情况，并与其进行沟通交流。

3. 不打断婴幼儿的活动，如果有求助，再给予帮助。

4. 教师随时预判婴幼儿的危险行为，并及时阻止或采取安全措施。

5. 结束之后及时检查婴幼儿的身体，洗手消毒。

【家园联系】

1. 过程中对婴幼儿的大肌肉力量、手指精细动作能力进行观察，后期与家长交流。

2. 请家长多带婴幼儿进行户外活动。

【注意事项】

1. 教师需要提前提醒婴幼儿注意安全。

2. 提醒幼儿将自己拾得的落叶拿回家后清洗干净。

【场景拓展】

1. 可为婴幼儿选择落叶相关绘本，如《落叶跳舞》，引导幼儿观察。

2. 可为婴幼儿分享大自然美丽的景象图，让婴幼儿感受。

活动四 菠菜种种（木育）

【适合年龄】2~3 岁

【组织形式】室外区角活动

【建议时间】10~15 分钟

【设计意图】

此活动与下一个主题"丰收之趣"相衔接，婴幼儿较小，不能够长期良好地照顾植物，但菠菜这种适合秋天播种又能够在短期内收获的蔬菜是能够极大满足婴幼儿的成就感和对自然的热情的。所以设计了此活动。大家的菠菜播种在一起，共同照顾菠菜，也能让孩子感受到集体的含义。

【活动准备】

1. 物质准备：教师提前买菠菜种子，在 20 摄氏度的水中提前浸种 12 小时，待种子冒白芽即可准备播种；雨靴 3~4 双，小铁锹 3~4 个，洒水壶 3~4 个。

2. 经验准备：婴幼儿提前看过怎样种植菠菜的视频，了解播种的过程（松土——撒种——盖土——浇水）。

【环境布置】

环境布局图	目标要求	好	一般	差
入口 雨靴柜 水龙头 铁锹架 方框表示每人一块田地	提前划分地块，保证全班每名婴幼儿有一小块土地			
	自制播种流程图（松土——撒种——盖土——浇水）简单清楚			
	注意事项（种子尖锐，小心划伤；不能拿铁锹对着别人等）用图画表示，位置恰当，能够引起注意			
	同时播种的两块田地要有所间隔			
	设计标志控制进区人数，以免发生安全隐患			

【教师行为】

1. 此区域必须留有一名教师，保证婴幼儿安全的同时，为其示范使用铁锹和洒水壶。
2. 不打断婴幼儿的活动。如果有求助，引导其观察标识进行。
3. 教师及时为播种好的婴幼儿插上他专属的标志牌。

【家园联系】

1. 过程中对婴幼儿的大肌肉力量进行观察，后期与家长交流。
2. 请家长在家用相似的方式尝试播种菠菜或其他蔬菜。

【注意事项】

1. 教师需要提前提醒婴幼儿注意安全（不要过于用力地拿种子，以免扎伤；铁锹不对着别人）。
2. 在之后的 20~30 天内，需要提醒婴幼儿早晚浇水，照顾菠菜苗。

【场景拓展】

1. 可选取其他秋天宜种易收的蔬菜来替代菠菜。
2. 可用班级自然角每人一个花盆的形式进行种植。
3. 组织早期阅读活动《小种子》，了解种子的成长过程。

活动五 做"月饼"（美育）

【适合年龄】1.5~2 岁

【组织形式】室内集体活动

【建议时间】20 分钟

【活动目标】

1. 知道月饼是圆圆的。

2. 能自己动手做出月饼。

3. 喜欢自己的作品，对自己动手完成的月饼作品感到自豪，有成就感。

【活动重难点】

重点：能自己使用黏土工具完成月饼作品。

难点：将月饼做成圆圆的形状。

【活动准备】

1. 物质准备：每张桌子坐两名婴幼儿，白色、红色、绿色等儿童用超轻黏土，圆形模具若干，儿童罩衣，一次性桌布，月饼的图片。

2. 经验准备：婴幼儿认识月饼，有中秋节要吃月饼的相关经验。

【活动过程】

活动环节	教师行为	观察要点
一、月饼的样子（5分钟） 1. 教师出示月饼的图片，让婴幼儿观察月饼的样子，并做简单的描述。 2. 引导婴幼儿观察里面的馅儿	提问： 1. 月饼是什么形状的呢？ 2. 月饼都有哪些颜色呢？里面好像都有馅儿，放了馅儿的月饼更好吃	1. 幼儿是否好奇月饼的样子。 2. 是否积极回应老师
二、做月饼（12分钟） 1. 教师向婴幼儿展示自己提前做好的月饼，吸引婴幼儿注意力。 2. 集体教学：教师先教婴幼儿包月饼的简单步骤，将月饼皮压成扁扁的圆——把月饼馅放在中间——包裹起来团成圆——放进月饼模具压制——取出完成，此过程可以请婴幼儿徒手模仿，参与其中。 3. 分别练习：每张桌子坐两名婴幼儿，分别把材料给大家，请婴幼儿取适量的超轻黏土，按照自己所看到的或所想象的形象进行自由创作。 4. 教师巡回观察，对每位婴幼儿的操作进行评价和指导	1. 提问：你们喜欢这个月饼吗？这是老师做的。 2. 相信小朋友们也能做出自己心满意足的月饼，咱们一起来学习吧！ 3. 做月饼时要注意，取材料要适当，不能放进嘴里	1. 是否对动手做月饼感兴趣。 2. 能否保持专注，学习动作。 3. 引导婴幼儿适量取黏土。 4. 是否主动寻求帮助
三、你的月饼真好看（3分钟） 1. 婴幼儿每人展示自己的月饼作品，教师点评，并为每位婴幼儿和作品拍照留念，课后可发至家长群，让家长欣赏。 2. 教师为每位婴幼儿发放透明物品袋，将婴幼儿作品放进物品袋中进行保存，幼儿放学后带回家。 3. 下课，组织婴幼儿洗手	教师适时用语言表扬婴幼儿的动手能力和创造能力	

【活动延伸】
发现室内外环境中形状像月饼的实物或物体。
【家园联系】
1. 请家长在家与孩子讨论自己做手工月饼时候的想法。
2. 家长和孩子一起品尝美味的月饼。
【注意事项】
1. 可提前为婴幼儿铺好桌布，穿好护衣，不要因为弄脏桌子或衣服而影响婴幼儿的创作。
2. 在操作中一定要时刻叮嘱婴幼儿不要将手放进嘴里，不要将材料放进嘴里，要特别留意婴幼儿的安全。
【场景拓展】
可在美术区提供各种各样圆形物品的图片（棒棒糖、球、月饼、太阳、月亮等），让婴幼儿有意注意这些圆形的图片，加深印象。

活动六　猴子捞月（美育）

【适合年龄】2~3 岁
【组织形式】室内集体活动
【建议时间】20 分钟
【活动目标】
1. 了解中秋节的时候月亮是圆圆的（理解能力）。
2. 能用油画笔画出圆形，用对折的方式进行盖印（精细动作）。
3. 对自己的美术作品感到自豪，喜欢画画。
【活动重难点】
重点：能用油画笔画出圆形。
难点：用对折的方式进行盖印。
【活动准备】
1. 物质准备：每张桌子坐两名婴幼儿，人手一张 4K 大小的铅画纸（对折后打开，其中一半由教师提前用淡蓝色颜料涂满，表示池塘里的水）；备有黄色、橙色、红色颜料每组一份，油画笔（粗）每人一支。
2. 经验准备：婴幼儿提前了解过猴子捞月的故事，在水边看过自己的倒影，知道水里的月亮是天上月亮的倒影；婴幼儿有使用油画笔的经验。

【活动过程】

活动环节	教师行为	观察要点
一、教师带领幼儿回忆猴子捞月的故事，引起婴幼儿兴趣（2分钟） 1. 教师简略讲述猴子捞月的故事，关键情节请婴幼儿补充。 2. 教师出示画有池塘的纸，引起婴幼儿画月亮的兴趣。 3. 提出任务：画一个圆圆的中秋节月亮和它的倒影	提问： 1. 我们讲过一个故事，叫作"猴子捞月"，水里到底有没有月亮？ 2. 我这里的池塘里还没有月亮的倒影呢，画一个中秋节的圆圆的月亮让它映在池塘里吧！	
二、教师带领婴幼儿观察画纸，了解绘画的步骤（5分钟） 1. 请婴幼儿分辨哪里是天空，哪里是池塘。 2. 明确月亮应当画在天空中，而我们可以用对折盖印的方式印出一个倒影。 3. 教师简要示范一下，注意强调对折和按一按的动作	提问： 1. 你认为哪里是天空？哪里是池塘？ 2. 我们应该在哪里画月亮？那月亮画完了，怎么样才能让它有倒影呢？对折一下，按一按，就可以啦！	1. 能否主动说出天空和池塘颜色的不同。（颜色命名：白色或蓝色） 2. 能否对教师的绘画保持关注，有一定的目测注意力
三、婴幼儿进行作画，教师巡回指导（10分钟） 1. 婴幼儿每人选择一张画纸。 2. 教师提醒婴幼儿中秋节时候月亮的形状，但不强求婴幼儿必须要画出圆形的月亮	教师巡回观察，引导婴幼儿选择自己喜欢的颜色画月亮	婴幼儿使用画笔的姿势，能否画出闭合的圆形
四、婴幼儿自主丰富画面（3分钟） 1. 教师提供亮片星星，供幼儿洒在倒影上，增加波光粼粼的感觉。 2. 婴幼儿自主添画一些云朵、树木等，也进行云朵和树木倒影的制作，增加画面的生动性	教师适时用语言表扬有添画的婴幼儿，带动其他幼儿进行创造性的添画	

【活动延伸】

组织科学活动，发现水里可以有人或物体的倒影。

【家园联系】

1. 请家长在晚上与婴幼儿外出散步的时候，注意引导婴幼儿观察池塘、水坑等里的人、物、月亮的倒影。

2. 引导婴幼儿在日常生活中观察月亮的形态和颜色，为其讲述一些关于月亮的故事或阅读相关绘本，如《晚安，月亮》《月亮，生日快乐》等，增进婴幼儿对于月亮的认识与感受。

【注意事项】

1. 可提前为婴幼儿铺好桌布，穿好护衣，不要因为婴幼儿弄脏桌子或衣服而中断婴幼儿的绘画。

2. 撒亮片要趁颜料未干的时候，教师可以随时观察婴幼儿的进度，随时提醒其撒亮片。

【场景拓展】

1. 如果婴幼儿年龄小,使用油画笔困难,可以采取用油画棒在"天上"和"水里"各画一个月亮的方式。

2. 在美术区提供各种各样圆形物品的图片(棒棒糖、球、月饼、太阳月亮的图片等),让婴幼儿尝试模仿画出各种圆形物品。

活动七 小猪赶赶(体育)

【适合年龄】1.5~2 岁
【组织形式】室外集体活动
【建议时间】20 分钟
【活动目标】
1. 完成"赶小猪"推杆运动游戏。
2. 初步培养婴幼儿手眼协调能力及大运动能力,提高其动作的灵活性。
3. 在有趣的游戏过程中激发婴幼儿运动的兴趣。

【活动重难点】
重点:能够学会"赶小猪"的推杆运动游戏。
难点:肢体协调能力和手眼协调能力的配合。

【活动准备】
1. 物质准备:户外场地(选择在阳光灿烂的天气)、推杆教具每人一个、废报纸若干、万象组合体能杆每人一个。
2. 经验准备:婴幼儿有走路、跑跳等运动经验。

【活动过程】

活动环节	教师行为	观察要点
一、准备活动(3 分钟) 1. 徒手操。 2. 自由跳跳。	1. 喊口令或播放音乐,带领婴幼儿完成做操组合。 2. 观察婴幼儿完成情况。	1. 婴幼儿是否愿意运动。 2. 是否有模仿各类徒手操的行为。
二、单杆学步游戏(10 分钟) 1. 教师讲解单杆学步游戏玩法,示范正确的动作,婴幼儿学习动作。 2. 婴幼儿自由进行单杆学步游戏。 3. 教师巡场观察,鼓励积极的婴幼儿。 4. 组织婴幼儿集合,进入下一个游戏环节。	1. 强调游戏玩法,强调正确的动作。 2. 提醒婴幼儿注意安全。	1. 是否有模仿意识。 2. 是否有危险动作,教师及时纠正。 3. 注意观察有无摔跤的婴幼儿,及时检查

续表

活动环节	教师行为	观察要点
三、赶小猪游戏（7分钟） 1. 教师利用废报纸，和婴幼儿将废报纸捏成团，做成球的形状，取名为"小猪"。 2. 教师示范动作，用万象组合体能杆赶着"小猪"自由跑。 3. 婴幼儿自由游戏，教师观察指导。 4. 组织婴幼儿将"小猪"赶回"猪的家"，轻放回体能杆，总结课程，准备下课	1. 教师示范动作，集体学习。 2. 婴幼儿力气较小，需要教师帮忙将纸团捏得更紧固。 3. 观察婴幼儿完成情况。 4. 巡回指导	1. 婴幼儿是否能够认真观察教师的示范动作。 2. 婴幼儿是否集中注意力玩游戏。 3. 是否有婴幼儿受伤

【活动延伸】

婴幼儿感兴趣的话，可玩踢球游戏，也能很好地锻炼婴幼儿肢体力量。

【家园联系】

推杆玩具是婴幼儿学步常见玩具之一，父母也可以带着宝宝在户外锻炼和运动。

【注意事项】

1. 在运动中，教师应着重强调户外运动的安全，勿嬉戏打闹或擅自脱离教师视线，教师应特别注意婴幼儿安全。

2. 鼓励婴幼儿大胆运动，创新游戏玩法，体验不同游戏带来的乐趣。

活动八 好玩的影子（体育）

【适合年龄】2~3岁

【组织形式】室外集体活动

【建议时间】20分钟

【活动目标】

1. 知道有光的地方会有影子。

2. 初步培养婴幼儿在一定范围内四散跑及灵活躲闪的能力，提高动作的灵活性。

3. 在探索其他影子游戏的过程中激发婴幼儿运动的兴趣，使其学习与同伴合作。

【活动重难点】

重点：找到影子并完成游戏。

难点：协调性和灵活应变能力的培养。

【活动准备】

1. 物质准备：户外场地，阳光灿烂的天气。

2. 经验准备：知道影子何时存在。

【活动过程】

活动环节	教师行为	观察要点
一、准备活动（3分钟） 1. 徒手操。 2. 自由跳跳	1. 喊口令或播放音乐，带领婴幼儿完成做操组合。 2. 观察婴幼儿完成情况	1. 婴幼儿是否愿意运动。 2. 是否有模仿各类徒手操的行为
二、踩影子游戏（7分钟） 1. 教师讲解游戏玩法。 两人游戏：一个婴幼儿当踩影子的人，另一个在场地上四处跑着躲避，不让对方踩到自己的影子，踩到后交换角色。 小组游戏：由三四个婴幼儿进行，有跑的、有追的，追者一旦踩到跑者的影子，就算胜利。（跑前要根据影子的长短适当拉开追跑者之间的距离）随后交换角色，尽量多给婴幼儿当追者的机会。 2. 婴幼儿进行游戏	1. 强调游戏玩法。 2. 提醒婴幼儿踩影子时注意安全	1. 是否有规则意识。 2. 是否能准确踩到影子。 3. 跑动踩影子时是否协调
三、猜影子游戏（7分钟） 1. 教师讲解游戏玩法：选一人为猜影者，背对着其他婴幼儿站好，以看到身后婴幼儿影子为宜。游戏时，请婴幼儿陆续在猜影者后面通过，可手舞足蹈、或走或跑或跳，做各种动作，借阳光将身影映射在猜影者前面的操场上。猜影者要仔细观察辨别，准确猜出某个影子是谁。被猜中的人与猜影人互换角色，游戏继续进行。 2. 婴幼儿可分成3~4组，按照要求依次游戏	1. 讲解游戏玩法。 2. 示范动作。 3. 观察婴幼儿完成情况。 4. 巡回指导	1. 婴幼儿在老师的指令下能够等待、轮流游戏。 2. 婴幼儿走或跑或跳的动作是否规范。 3. 婴幼儿是否集中注意力玩游戏
四、放松活动（3分钟） 1. 拉伸运动。 2. 集合整队。 3. 总结，宣布下课	带领婴幼儿做放松运动，并提醒其注意安全	是否有婴幼儿受伤

【活动延伸】

跳影子。引导婴幼儿发现自己和其他婴幼儿的影子，然后请婴幼儿站成规定的队形（圆圈、排成纵队、横队或S形队等），并用粉笔将地上的影子勾画出来。然后进行跳影子游戏，每一次都要跳到画好的影子中，鼓励婴幼儿跳到画好的影子中，鼓励婴幼儿一口气把每个婴幼儿的影子都跳一遍。

【家园联系】

家长和孩子一起完成踩影子的游戏，还应该在生活中不断地渗透，适时引导孩子，给孩子时间、机会，不断努力去创新游戏、挖掘玩法、发现自然的规律。

【注意事项】

1. 在游戏中，应该将婴幼儿无意识的观察和老师有意识的引导结合起来，走出教室、融入自然。
2. 鼓励婴幼儿创新游戏玩法，体验不同游戏带来的乐趣。
3. "动""思"相随，让婴幼儿的发展更健康、更全面。

活动九 打电话（感育）

【适合年龄】1.5~2 岁

【组织形式】室内集体活动

【建议时间】20 分钟

【活动目标】

1. 模拟打电话游戏，促进婴幼儿语言能力的发展。
2. 学会打电话的问候语："喂，你好呀！""再见"等。
3. 体会游戏的成就感和乐趣。

【活动重难点】

重点：学会打电话的问候语"喂，你好呀！"。

难点：简单问候语的语言表达。

【活动准备】

1. 物质准备：课件 PPT，婴幼儿玩具电话。
2. 经验准备：婴幼儿在生活中见过家人打电话的场景，见过手机或电话。

【活动过程】

活动环节	教师行为	观察要点
一、教师出示绘本《打电话》PPT 课件（5 分钟） 1. 教师请婴幼儿观察绘本中的画面内容，询问婴幼儿画面里有什么。 2. 教师绘声绘色讲绘本故事，请婴幼儿认真倾听。 3. 请婴幼儿跟着教师模仿绘本中动物们打电话的情节，教师强调："喂，你好呀！你在干吗呀！我想你！空了玩！再见"等简单婴幼儿用语	提问： 1. 画面里有谁呀？ 2. 它们在干吗呀？ 我们一起来模仿它们打电话吧！	婴幼儿是否持续关注教师，活动的开展情况。 是否愿意主动开口表达
二、打电话游戏（10 分钟） 1. 将 3~4 个婴幼儿分成一个小组，请小朋友围坐在一起，互相玩打电话的游戏。 2. 提醒小朋友，电话可分别打给同学、老	1. 提问：孩子们，你们最想给谁打电话呀？ 2. 接下来，老师为你们每人发一部玩具电话，	婴幼儿是否能主动表达。 能否主动模仿他人的语言、动作及神态

续表

活动环节	教师行为	观察要点
师、爸爸妈妈、爷爷奶奶、外公外婆或好朋友等。 3.教师巡回观察，并与每位婴幼儿挨着互动，积极鼓励婴幼儿开口表达	请打给你想要打给的亲人朋友吧！ 3.老师也会给我们小朋友打电话哦	是否向老师寻求帮助
三、课程总结（5分钟） 1.教师请婴幼儿有秩序地将玩具电话放回。 2.播放《打电话》儿歌，请婴幼儿认真倾听。 3.教师总结课程，准备下课	1.请小朋友按秩序将玩具电话轻轻地放回来。 2.教师跟着音乐轻唱。	婴幼儿是否有秩序、动作是否轻

【儿歌：打电话】

一个小宝宝，

正在打电话。

喂，你好呀！

哎，你好呀！

【活动延伸】

在室内区角放置玩具电话，婴幼儿可在课间休息时自由玩耍，模仿打电话。

【家园联系】

1. 在家庭中，父母可拨通亲友的电话，尝试让婴幼儿与亲友通话，并鼓励婴幼儿大胆问候与表达。

2. 爸爸妈妈陪婴幼儿玩打电话游戏，增强婴幼儿语言表达的自信心。

【注意事项】

1. 在使用玩具电话时尽量让每位婴幼儿各有一部电话，避免婴幼儿之间产生争抢等现象。

2. 在婴幼儿自己模拟打电话时，教师应鼓励婴幼儿积极表达，大胆表达。

【场景拓展】

1. 可播放《打电话》儿歌，让婴幼儿倾听，使其对打电话主题印象更为深刻。

2. 在绘本区域放置一些以打电话为主题内容的绘本。

活动十　月亮的味道（感育）

【适合年龄】2~3岁

【组织形式】室内集体活动

【建议时间】20分钟

【活动目标】

1. 认识各种动物的名称及外形特点，如斑马、狐狸、乌龟等。

2. 能通过粘贴各种动物的方式再现故事情节。

3. 体会大家一起做一件事情的成就感和乐趣（社会交往能力）。

【活动重难点】

重点：能体会到大家一起做事的乐趣。

难点：体会到大家共同做事能够完成一个人完成不了的事情。

【活动准备】

1. 物质准备：绘本 PPT；不织布黑色底板一块（长 80cm，宽 100cm 左右），不织布制作的与绘本中形象一致的月亮和各种小动物（乌龟、大象、长颈鹿、斑马、狮子、狐狸、猴子、老鼠），后面粘有魔术贴。

2. 经验准备：婴幼儿之前认识各种动物。

【活动过程】

活动环节	教师行为	观察要点
一、直接出示绘本，创设情境引起婴幼儿的兴趣（5 分钟）	情境导入： 小动物们想要尝尝月亮是什么味道的，可是够不着，怎么办呢？我们来一起看一看——《月亮的味道》	婴幼儿是否能够持续关注教师及活动的开展
二、教师讲述绘本，过程中引导幼儿模仿各种动物的形态（8 分钟） 教师出示第一页，请婴幼儿观察画面。 教师出示第二页，引导婴幼儿从画面中发现情节的发展。 引导婴幼儿用动作表现大象的走路姿势。 教师继续用引导婴幼儿观察画面的方式引导婴幼儿完整聆听故事和做模仿动作	提问： 1. 画面里有谁？小乌龟想要干什么？ 2. 小乌龟把谁喊来了？ 3. 大象怎么走过来的呢？	婴幼儿的姿态是否协调，能否主动模仿他人的动作
三、玩粘贴的游戏，再现故事情节（5 分钟） 出示月亮和各种小动物的图片，让婴幼儿明确任务：每人扮演一种小动物，拿一个小动物图片，让小动物们一个站在另一个的肩膀上，最后让小老鼠够到月亮。 教师与配班教师示范粘贴。 婴幼儿进行粘贴（如人数较多，可以分组进行）。过程中教师要提醒婴幼儿注意轮流进行，小动物之间不能留缝隙，"会摔倒"	1. 讲解游戏玩法。 2. 示范进行粘贴	婴幼儿是否能手眼协调、双手配合地进行粘贴

续表

活动环节	教师行为	观察要点
四、总结（2分钟） 　　每一个小动物都不能自己一个人够到月亮，但是他们一起合作，最终就能够够到。最后大家尝到了月亮的味道，大家开心地挤在一起睡着了	适当地提问，让婴幼儿说一说自己刚才与其他小朋友合作拼贴，最终够到月亮的经验，实际体会大家一起做事情的乐趣	婴幼儿能否用"主谓宾"的完整句式和"贴"的动词描述刚刚经历的拼贴游戏

【活动延伸】

在阅读区提供4~5本《月亮的味道》的绘本和对应的粘贴玩具，让婴幼儿在多次阅读和操作中加深对故事的理解。

【家园联系】

家庭中可以组织一些需要共同完成的活动或游戏，如包饺子、换床单等，让婴幼儿体验集体的力量和大家一起做事的快乐。

【注意事项】

1. 在粘贴环节中提醒婴幼儿不要自己直接拿月亮，要引导婴幼儿像故事里一样，让小动物一起合作够到月亮。

2. 在阅读环节中一定要让婴幼儿做模仿动作，和其他人互动，做到动静结合，否则婴幼儿不能够维持稳定的坐姿。

【场景拓展】

1. 组织一些合作类的游戏，如两人合作抬着运送报纸球、合作搭积木等，让婴幼儿感受与人合作的乐趣。

2. 组织婴幼儿欣赏一些内容是与人交往或合作的歌曲，如《请你和我跳个舞》《拔萝卜》等，跟随音乐做一些模仿动作，感受与人合作的快乐。

第八节　主题：丰收之趣

主题设计图

④ 影响因素

婴幼儿的因素
1. 对托育园的生活处于适应阶段；
2. 维持注意力的水平低；
3. 活泼好动，但运动能力还较差。

养育者的因素
正面因素：对刚入园的儿童保持积极、全面的关注；
负面因素：对季节变化过于敏感，厚衣服穿得过早。

环境因素
处于换季时期，儿童易生病；由于种植技术的进步，秋季市面上有各种季节的蔬果，给婴幼儿造成困扰。

养育者所处环境
与儿童第一次分离，有焦虑情绪。

托育环境
园所内有植物种植，等待收获，给儿童亲切的感受。

② 现状

1. 儿童对秋天的理解少；
2. 各种季节的蔬果都会在秋天、在儿童的生活中出现。

③ 背景

婴幼儿方面
1. 婴幼儿对天气变化有一定的感知；
2. 喜欢大自然，喜欢花草树木。

养育者方面
1. 对儿童的保育方面更加重视；
2. 会为儿童提供各种秋天的蔬果；
3. 会有一些出游计划。

① 目标

主题目标
1. 了解秋天的特点，能在短暂的秋天中体验环境的变化，感受自己的生活与自然环境之间的关系；
2. 知道秋天是收获的季节；
3. 能够认识一些秋季特有的果实；
4. 主动参与体育活动和游戏，增强体质；
5. 喜欢秋天以及秋天的自然景色。

发展目标
详见表1-1。

评价方法
1.婴幼儿对月计划活动的参与度；
2.家长的配合度与反馈；
3.统计婴幼儿的健康和发育情况。

⑤ 教育指导方法
1. 食育
2. 木育
3. 美育
4. 体育
5. 感育

⑥ 科学依据
理论模型
实证研究成果
儿童发育评估客观数据
实际观察中的场景数据

丰收之趣这一主题的时间背景是秋季。秋季是收获的季节。大自然经过了春天的播种，夏季的滋润，迎来了金秋硕果累累。春季入学的儿童也已经能够完全熟悉托育生活。当然，托育园还可能会有一批新入园的儿童。托育园可以在这一时期充分开展混龄活动，促进儿童共同发展。丰收之趣主题活动可以多使用实物、角色扮演类玩具等，在儿童各方面能力进一步提高的过程中启发想象力的萌芽。该主题下的环境创设应该充分利用秋季元素，如落叶等。在家园合作方面，教师应该尽可能针对每个家庭给予至少一次一对一的个别沟通交流，增加信赖关系。

活动一 我是小厨师（食育）

【适合年龄】1.5~2 岁

【组织形式】室内区角活动

【建议时间】15 分钟

【设计意图】

婴幼儿对于家庭中做饭的过程普遍非常感兴趣，通常喜欢同伴间玩"过家家"游戏，此活动与"超市'大采购'"和"蔬果摘摘"活动为配套活动，让婴幼儿独立完成蔬果的采、买和制作的过程，体验游戏的快乐，加强对蔬果的认知能力。

【活动准备】

1. 物质准备：蔬果玩具若干、厨房餐具玩具若干。
2. 经验准备：在家里关注过厨房活动，有过观察家长如何做饭的相关经验。

【环境布置】

环境布局图	目标要求	好	一般	差
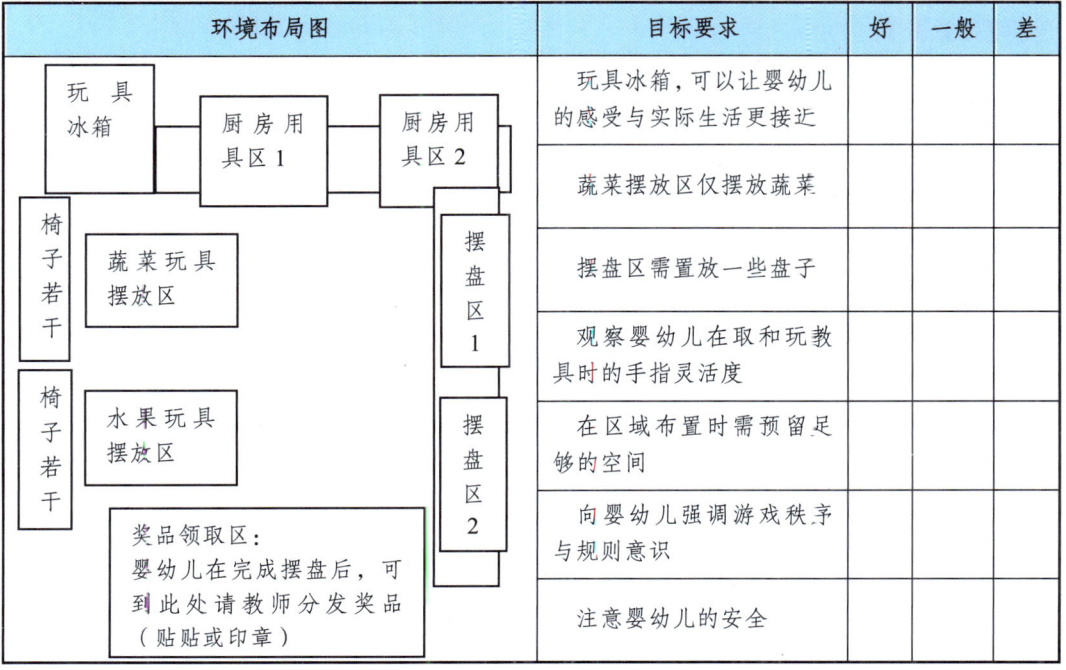	玩具冰箱，可以让婴幼儿的感受与实际生活更接近			
	蔬菜摆放区仅摆放蔬菜			
	摆盘区需置放一些盘子			
	观察婴幼儿在取和玩教具时的手指灵活度			
	在区域布置时需预留足够的空间			
	向婴幼儿强调游戏秩序与规则意识			
	注意婴幼儿的安全			

【教师行为】

1. 教师需提前交代进区规则：若区域人数较多，可耐心排队等待或转至其他人少区域。

2. 不打断婴幼儿的活动，如果有求助及时帮助，引导婴幼儿再次尝试。

3. 在每次婴幼儿完成摆盘后，教师送上奖品的同时还要对幼儿进行语言上的赞美与鼓励。

【家园联系】

1. 在此过程中对婴幼儿的操作能力进行观察，与家长及时沟通，衔接家庭中婴幼儿的劳作。

2. 与家长沟通婴幼儿的饮食习惯，对婴幼儿不太喜欢吃的蔬菜水果，可让婴幼儿更全面地了解这些蔬果的特征，帮助其培养对蔬果的兴趣。

【注意事项】

1. 5~2岁年龄段的婴幼儿，手部精细动作处于初步培养过程中，手部的力量不足，这可能会导致取物或玩物时掉落等现象，都是正常情况，教师不应直接代劳，而应采取示范和耐心引导的方式鼓励幼儿进步。

【场景拓展】

1. 用集体活动的形式，教师与个别婴幼儿配合过家家，请所有婴幼儿"品尝"完成的作品。

2. 角色区提供各种模拟厨具和仿真蔬菜，婴幼儿进行制作沙拉的扮演游戏。

活动二　秋天的沙拉（食育）

【适合年龄】2~3岁

【组织形式】室内区角活动

【建议时间】20分钟

【设计意图】

婴幼儿对于家庭中做饭的过程普遍非常感兴趣，此活动与"菜场逛逛"和"菠菜摘摘"活动为配套活动，让婴幼儿独立完成蔬菜的采、买和制作的过程，体验自己劳动带来的美味享受。此外，还能够改善婴幼儿不爱吃蔬菜或不爱吃某种特殊蔬菜的状况。

【活动准备】

1. 物质准备：冷藏的菠菜、菜场买来的各种秋天的蔬菜（萝卜、丝瓜、香菜）；婴幼儿用刀2~3把，砧板2~3个，淘菜盆2~3个；电磁炉一个，煮锅一个，漏勺一个；醋、盐、生抽、香油、蒜泥少许。

2. 经验准备：在家里关注过厨房活动，看过家长怎样处理食材。

【环境布置】

环境布局图	目标要求	好	一般	差
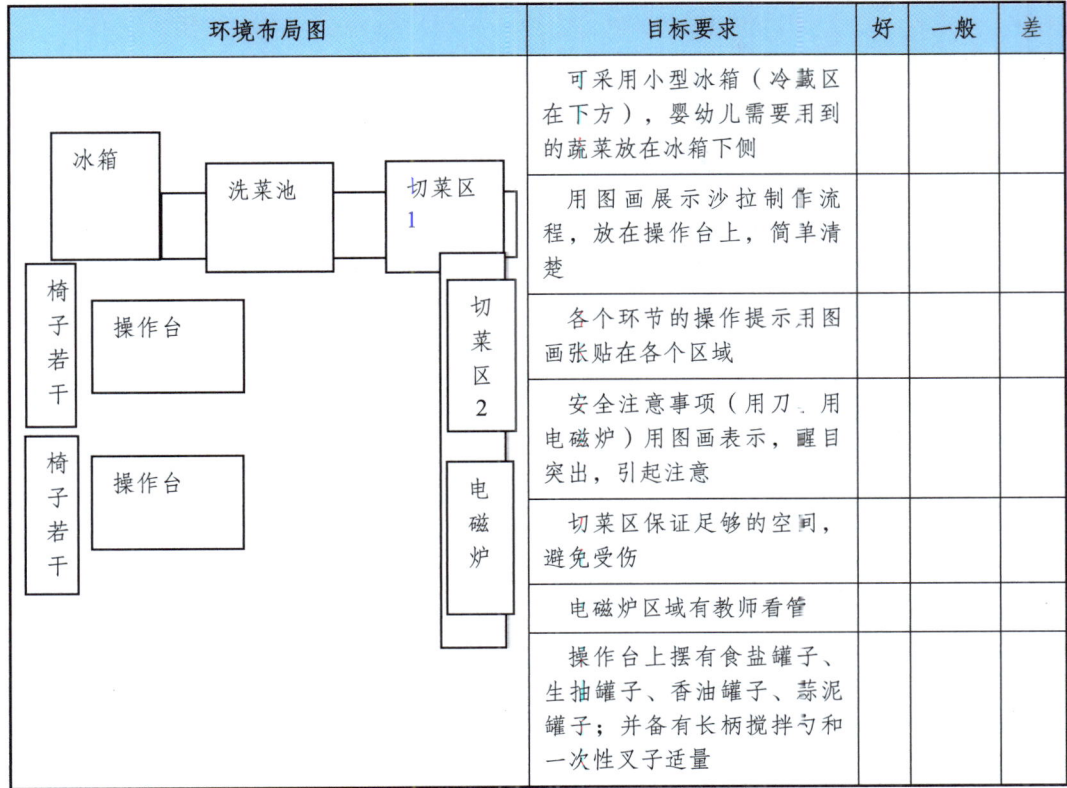	可采用小型冰箱（冷藏区在下方），婴幼儿需要用到的蔬菜放在冰箱下侧			
	用图画展示沙拉制作流程，放在操作台上，简单清楚			
	各个环节的操作提示用图画张贴在各个区域			
	安全注意事项（用刀、用电磁炉）用图画表示，醒目突出，引起注意			
	切菜区保证足够的空间，避免受伤			
	电磁炉区域有教师看管			
	操作台上摆有食盐罐子、生抽罐子、香油罐子、蒜泥罐子；并备有长柄搅拌勺和一次性叉子适量			

【教师行为】

1. 教师需提前交代进区规则：每次最多同时允许4人进区。
2. 不打断婴幼儿的活动。如果有求助，引导其使用恰当的方法尝试进行。
3. 尊重婴幼儿自己选择的调味方式，不强迫婴幼儿按照惯常的方式进行调味。
4. 引导幼儿总结制作沙拉的经验（烹饪蔬菜的时间长短、调料的配比等）。

【家园联系】

1. 过程中对婴幼儿的操作能力进行观察，与家长及时沟通，衔接家庭中婴幼儿的劳作。
2. 与家长沟通婴幼儿的饮食习惯，对不爱吃蔬菜或某种蔬菜的婴幼儿多给予其动手制作的机会，帮助其培养对蔬菜的兴趣。

【注意事项】

该阶段婴幼儿的手部精细动作还未成熟，手部的力量也会不足，可能会存在洗不干净或者切不动等情况，教师不应直接代劳，而应采取表扬加建议的方式引导幼儿改进。

【场景拓展】

1. 用集体活动的形式，教师与个别婴幼儿进行沙拉的制作，请所有婴幼儿品尝。
2. 角色区提供各种模拟厨具和仿真蔬菜，婴幼儿进行制作沙拉的扮演游戏。
3. 在班级区域活动中提供各种调味料，请婴幼儿用嗅觉和味觉辨别，了解不同的调味料。

活动三 蔬果摘摘（木育）

【适合年龄】1.5~2岁
【组织形式】室内集教活动
【建议时间】15分钟左右
【活动目标】
1. 能主动玩耍与蔬果相关的认知玩具。
2. 能用语言表达出蔬果的名称。
3. 能够认识"1"的概念。
【活动重难点】
重点：认识蔬果玩具的名称。
难点：蔬菜和水果种类的分类。
【活动准备】
1. 物质准备：提前腾出教室场地并做好场景布置，准备蔬果玩具若干（每2位小朋友1套）。
2. 经验准备：婴幼儿在平时有玩相关玩具教具等的经验。
【活动过程】

活动环节	教师行为	观察要点
一、聊一聊，我们看到了什么（2分钟） 1. 教师提前准备好教室内的蔬果布置，长在地上的蔬果就放在地上，长在树上的蔬果就贴在墙上，做好与其他玩具的区分。 2. 请婴幼儿认真观察四周，询问婴幼儿发现了什么？	提问： 1. 小朋友们认真看看教室里，有什么呀？ 2. 我们发现了什么？	婴幼儿是否能够主动用简单语言表达
二、认识蔬果（4分钟） 1. 集体教学：教师展示各种蔬果，请婴幼儿认真观察蔬果外观，引导婴幼儿一同说出蔬果的名称。 2. 个别询问：到每位婴幼儿面前，分别展示1~2个蔬果，请婴幼儿说出蔬果的名称	提问： 小朋友们，我们一起来认一认老师手中的蔬菜和水果吧！这个是什么呢？跟着老师一起说	1. 婴幼儿是否认识这些蔬果。 2. 婴幼儿能否用简单词语说出蔬果名称。 3. 是否有强烈的语言表达欲望
三、蔬果摘摘（9分钟） 1. 教师交代活动任务，请婴幼儿在室内活动处，任意采摘蔬果，每次采摘1个蔬果。 2. 请婴幼儿邀请自己的同伴及好友，共同"品尝"蔬果。 3. 教师巡回观察，积极鼓励婴幼儿互相沟通交流，关注其心理感受。 4. 教师请蔬果回家，婴幼儿有秩序地轻轻放回教具	1. 接下来让我们去和蔬果一起玩吧。 2. 每位小朋友要记得自己的任务哦，采摘3个蔬菜和3个水果哦。 3. 还可以邀请自己的小伙伴一起品尝哦	1. 婴幼儿自由活动，教师避免打扰。 2. 婴幼儿是否能自主完成活动任务。 3. 是否寻求同伴及老师的帮助

【活动延伸】

在烹饪区进行角色扮演，烹饪蔬菜、制作水果点心等。

【家园联系】

请家长在备餐的时候，邀请婴幼儿参与，让幼儿多多认识秋天的各种蔬菜瓜果在被做成食物之前原本的样子。

【注意事项】

1. 教师在和婴幼儿认识蔬果时，不强迫婴幼儿全部认识并记忆。
2. 婴幼儿在自己玩耍时，教师尽量不打断其自由活动。
3. 注意玩具的做工，避免伤害婴幼儿的手或皮肤。

【场景拓展】

1. 可以联系家长，请家长带婴幼儿去水果园或蔬菜园观赏，让婴幼儿密切接触果蔬自然生长的环境。
2. 在婴幼儿进餐时，和婴幼儿科普其所吃食物的品种，让其与蔬菜密切接触。

活动四 菠菜摘摘（木育）

【适合年龄】2~3 岁

【组织形式】户外活动（菜园）

【建议时间】20 分钟

【活动目标】

1. 知道菠菜的外形特征及生长方式。
2. 能在教师的引导下描述"我种的是菠菜""菠菜是绿色的"等（表达能力）。
3. 能在成人的协助下独立地完成采摘任务，不打扰他人采摘。

【活动重难点】

重点：独立完成采摘任务。

难点：选择更为恰当的采摘方式。

【活动准备】

1. 物质准备：雨靴每人一双，儿童剪刀 2 把（在拔不动的时候用来剪割），小菜筐每人一个。
2. 经验准备：婴幼儿在上一个主题活动中种植了菠菜，并持续对其进行照顾。

【活动过程】

活动环节	教师行为	观察要点
一、聊一聊，我们种了什么（5 分钟） 1. 教师提问，吸引婴幼儿的兴趣，鼓励婴幼儿用完整的语言表达。 2. 如果婴幼儿使用肢体语言，或者语言不完整，老师用完整的语言补充说明，帮	提问： 1. 小朋友们还记得我们在花园里种下了什么？ 2. 你有没有经常去浇水、照顾它们？	1. 婴幼儿能否用语言完整表述"我种的是×ד。 2. 婴幼儿是否愿意主动分享自己的经验

续表

活动环节	教师行为	观察要点
助其获得成就感。 3. 教师出示提前采摘好的菠菜，帮助幼儿回忆	（出示菠菜） 提问： 这是从哪里来的菠菜呢？就是从我们的园地里采摘的。你们想不想去采摘你们种的菠菜？	
二、采摘活动（10分钟） 1. 教师提出今天要去采摘自己种的菠菜。 2. 引导婴幼儿回忆去小园地要做的准备。 3. 婴幼儿尝试采摘：找到自己所种的菠菜（一直标有自己图标的一小块地），尝试用自己的方式采摘一棵菠菜。 4. 婴幼儿分享自己的采摘经验，教师总结。 5. 婴幼儿进行第二次采摘	提出采摘要求： 1. 换上雨靴。 2. 需要使用工具（剪刀）时候，请老师提供并辅助。 教师在肯定婴幼儿分享的采摘经验的基础上，提出合理建议，如：一片片叶子揪下来的话，好吃的菠菜茎就采不到喽。 教师及时回应寻求帮助的婴幼儿并给予适当的帮助（不替代，不否定）	1. 婴幼儿对于工具（雨靴和剪刀）用途的理解。 2. 观察婴幼儿的采摘方式：能否利用腕部力量将菠菜挖起来。 3. 婴幼儿是否根据教师的意见作出调整，改变自己的采摘方式，使其更加合理
三、回到活动室，收纳采摘的菠菜。（5分钟） 1. 请婴幼儿尝试说一说菠菜什么颜色，形状长得像什么，摸起来感觉怎么样。 2. 教师统一将菠菜放入烹饪区冰箱进行收纳，以备之后制作	提问： 那我们采来的菠菜要怎么吃呢？	婴幼儿是根据自己的观察作出回答，还是单纯重复别人的答案

【活动延伸】

在烹饪区用菠菜进行食物制作。

【家园联系】

请家长在备餐的时候邀请婴幼儿参与，让幼儿多多认识秋天的各种蔬菜瓜果在被做成食物之前原本的样子。

【注意事项】

1. 采摘环节应充分尊重婴幼儿的采摘方式，并不一定强调握住向上拔的方式。让婴幼儿感受到自己完成劳动的成就感。

2. 如果婴幼儿不愿意把自己采摘的菠菜放到烹饪区，也可以让其把菠菜带回家，让家长帮忙，与婴幼儿共同制作菠菜菜肴。

3. 由于菠菜不是很硬，婴幼儿可以使用儿童用的小刀作为辅助工具来收割，但需要教师站在旁边提醒其一手握住菜叶，一手拿刀向下用力，以免割伤。

【场景拓展】
1. 可以根据园所情况换其他适合秋季生长的蔬菜,如果没有菜园可以换成盆栽大蒜等。
2. 组织将买来的菠菜或秋天常见蔬菜进行择拣的活动,让婴幼儿与秋天的蔬菜密切接触。

活动五 水果切切切(美育)

【适合年龄】1.5~2 岁
【组织形式】室内集体活动
【建议时间】15 分钟
【活动目标】
1. 初步理解水果内部和外部是不一样的。
2. 观察水果内部和外表的颜色。
3. 训练婴幼儿手指精细动作能力及手眼协调能力。
【活动重难点】
重点:能够将玩具水果切成两半。
难点:发现水果内部和外表特征不一样,并能与实物相关联。
【活动准备】
1. 物质准备:玩具水果若干、玩具水果工具刀、西瓜及苹果等的实物图。
2. 经验准备:婴幼儿前期已经认识了日常生活中的水果及各种水果玩具,婴幼儿能认识一些基本颜色(白色、红色、黄色)。
【活动过程】

活动环节	教师行为	观察要点
一、观察水果外表和内部(2分钟) 1. 请婴幼儿观察被切开的西瓜水果玩具,看看水果的外观和内部。 2. 教师带着婴幼儿共同讨论西瓜水果玩具的外观形状、颜色以及内部的形状、颜色。 3. 展示西瓜和被切开的实物图,请婴幼儿观察图片,教师提问,鼓励婴幼儿表达。	提问: 1. 小朋友们请看老师手里拿的是什么?(西瓜。) 西瓜是什么样子的呢?(大大的、圆圆的、绿绿的。) 2. 老师现在把西瓜切开,切开之后我们来看,西瓜的里面是什么颜色呀?(红色的。) 3. 想想生活中见到的西瓜是这样的吗?(平时妈妈给我们准备的西瓜,有切成牙的,有切成块的。)	1. 能否用语言表达出常见水果的名称。 2. 是否认真观察。
二、进行"水果切切切"游戏(13分钟) 1. 教师组织婴幼儿分组坐好,讲解"水果切切切"游戏规则。	1. 请小朋友认真学习老师的动作,正确使用刀具。 2. 请小朋友观察水果的外表和内部颜色,可以悄悄告诉老师哦。	1. 在玩蔬果的时候,是否能"切开"蔬果,再"合上"蔬果。

续表

活动环节	教师行为	观察要点
2. 教师演示切水果的正确方式，请婴幼儿学习动作。 3. 为每组婴幼儿发放水果玩具若干，每位婴幼儿一把水果玩具刀，让婴幼儿自由切切。 4. 婴幼儿在切的过程中主动观察水果的外表和内部的区别，能够自己辨别颜色。 5. 教师巡场引导，观察每位婴幼儿的活动行为	3. 老师强调蔬果可以从中间"切切"再"合上"，帮助婴幼儿理解蔬果玩具的玩法，锻炼儿童的手指精细动作能力	2. 是否能够将水果进行配对。 3. 观察婴幼儿是否能使用"刀"做切的动作
三、总结课程，回收教具（3分钟） 1. 教师总结课程，鼓励做得好的小朋友。 2. 组织婴幼儿将教具轻轻放回	小朋友们，水果切切好玩吗？下课后可以将你的发现告诉老师哦	

【活动延伸】
将水果玩具放在区角活动区，让婴幼儿想玩时可以去玩，增强婴幼儿的认知能力。
【家园联系】
在家吃水果时，请家长邀请婴幼儿在旁边观察家长切水果和摆盘，并和婴幼儿交流。
【注意事项】
1. 教师在婴幼儿使用玩具刀时要特别强调正确的使用方式，避免误伤自己或他人，教师要多注意婴幼儿的安全。
2. 婴幼儿认知能力初步培养过程中，教师不宜强迫婴幼儿认识或表达。
3. 尽量尊重婴幼儿自己的玩法，尊重他们自己的感受，不打断不斥责，多给予鼓励。
【场景拓展】
1. 在吃水果点心时，和婴幼儿共同观察盘中水果实物。
2. 可以进行水果角色扮演，让婴幼儿练习语言表达，如：我是西瓜，我是绿色的皮，红色的肚子，吃起来，甜甜的。

活动六　蔬菜美美（美育）

【适合年龄】2~3岁
【组织形式】室内集体活动
【建议时间】20分钟
【活动目标】
1. 初步理解蔬菜的外面和里边的形状是不一样的，了解丝瓜、白菜、萝卜等蔬菜的内部特征。

2. 能够运用蔬菜的横截面或者蔬菜的叶面进行拓印（精细动作）。
3. 愿意在用完蔬菜之后将其放回到原本的调色盘中。

【活动重难点】

重点：独立完成拓印。

难点：建立用完放回原处的意识。

【活动准备】

1. 物质准备：白菜、菠菜、萝卜、豆角、丝瓜等蔬菜，其中白菜、萝卜、丝瓜沿横截面切开。
2. 经验准备：婴幼儿前期已经认识了各种蔬菜；婴幼儿能认识一些基本颜色（红、黄、蓝、橙、绿）。

【活动过程】

活动环节	教师行为	观察要点
一、谈话导入（2分钟） 1. 婴幼儿观察颜料盘和被切开的蔬菜，教师请婴幼儿猜测今天蔬菜的用途。 2. 教师交代今天的任务：用蔬菜蘸颜料来装饰烹饪区的桌布	提问： 1. 今天，我们有些蔬菜被切开了，是要吃吗？ 2. 除了吃，这些被切开的蔬菜可以做什么呢？请大家来看看老师做了什么？	1. 能否准确说出常见蔬菜的名称。 2. 观察婴幼儿的尝试，是否真正理解拓印的步骤和注意事项
二、了解拓印的画法（5分钟） 1. 教师示范拓印的方法：用蔬菜蘸取颜料——手掌按压——将蔬菜放回颜料盘。 2. 请个别婴幼儿进行尝试，发现问题及时纠正。并讨论为什么不能将蔬菜放到别的颜色的颜料盘中	提问： 如果我把红色的萝卜放进绿色的颜料盘，会发生什么？	婴幼儿在拓印过程中能否大胆拓印，对触觉不过分敏感，不怕弄脏衣服和手
三、进行集体拓印（10分钟） 1. 婴幼儿穿上罩衣，找到各自位置（每组一张待装饰的桌布）。 2. 开始拓印，对桌布进行装饰。 3. 婴幼儿脱去罩衣，洗手。教师将桌布挂起来进行展示	1. 提醒婴幼儿将颜料放回原来的调色盘。 2. 允许、鼓励用各种方式进行拓印（如菠菜叶面）	
四、婴幼儿欣赏桌布，说一说哪一个是自己印的，是用什么蔬菜（3分钟）		能否记住自己的作品和创作方式并对自己的作品感到自豪

【活动延伸】

在玩娃娃家游戏时提供各种蔬菜，让婴幼儿更多接触蔬菜；将桌布运用到烹饪区，增进婴幼儿对环境的亲近感。

【家园联系】

请家长在家为婴幼儿提供玩颜料的机会，在外玩要时可接触泥土、沙石等，以增加婴幼儿的触觉体验，促进感统平衡。

【注意事项】

1. 遇到婴幼儿未使用我们常见的方式进行拓印，如用长长的豆角直接蘸颜料、用丝瓜滚着拓印等，都要肯定并积极评价其创造性的方式。

2. 婴幼儿掌握规则的能力还较弱，如果婴幼儿出现将颜料混合的情况，也不必斥责。只需要提醒婴幼儿下次不可这样，然后将颜料搅匀即可。

【场景拓展】

1. 可以在天气晴好的时候，用蘸清水的方式在户外的地面上进行拓印。

2. 也可以用铅画纸、卡纸或旧报纸等替代桌布，在美术区进行多次的拓印游戏。

3. 在蔬菜的表面用颜料涂色，也能够为婴幼儿提供玩颜料和多方面认识蔬菜的机会。

活动七 奔跑吧，宝贝（体育）

【适合年龄】1.5~2 岁

【组织形式】室外集体活动

【建议时间】20 分钟

【活动目标】

1. 锻炼运动能力。

2. 能够在活动中自由爬、跑、跳。

3. 享受追逐的乐趣，在运动中感受快乐。

【活动重难点】

重点：能够在活动中自由爬、跑、跳，积极参与运动。

难点：初步建立游戏规则意识。

【活动准备】

1. 物质准备：空旷平坦的户外场地、小音响、背景音乐、爬行隧道、万象组合独木桥、"小猪"贴画 2 张、医疗消毒包。

2. 经验准备：婴幼儿有爬行、跑、跳等基本运动经验。

【活动过程】

活动环节	教师行为	观察要点
一、热身运动（3 分钟） 1. 教师带领婴幼儿跳集体操。 2. 婴幼儿自由蹦、跳。	1. 小朋友们，我们一起来做操吧！ 2. 自由地蹦蹦跳跳吧！	
二、勇往直前（8 分钟） 1. 教师讲解游戏玩法，示范正确动作，婴幼儿观看，学习动作。	教师巡回观察，鼓励婴幼儿自己完成，仔细观看幼儿动作并指导	1. 婴幼儿是否愿意跟着老师学习动作、模仿并做出动作。

活动环节	教师行为	观察要点
2. 组织婴幼儿排好队，一个接一 3. 个，有序地爬行钻过隧道，走过独木桥（万象组合拼搭）。 4. 婴幼儿依次完成练习		2. 婴幼儿行为是否安全
三、奔跑吧，宝贝（9分钟） 1. 组织婴幼儿集合，进行下一项游戏。 2. 教师用安全秩序带圈出活动范围，婴幼儿在活动范围中完成游戏。 3. 教师讲解游戏玩法，示范正确动作，婴幼儿观看、学习动作。 4. 所有婴幼儿慢慢地跑，教师拿着"小猪"贴画去追逐婴幼儿，追到婴幼儿并把"小猪"贴画贴在婴幼儿的衣服上，这位婴幼儿接过"小猪"贴画后要继续寻找其他婴幼儿，并贴在其他人身上，反复进行游戏。 5. 教师追随在婴幼儿身边，随时保护婴幼儿安全。 6. 组织婴幼儿集合，拍拍大腿、手臂等，进行舒缓运动，检查婴幼儿身体情况，准备下课	讲解示范、组织婴幼儿游戏	1. 是否积极参与游戏。 2. 是否在游戏中感受到快乐。 3. 能否在老师的指导下完成游戏。 4. 教师特别注意婴幼儿的安全

【活动延伸】

可在室内进行跳圈运动训练。

【家园联系】

在家可与父母进行老鹰捉小鸡的游戏，训练运动能力。

【注意事项】

1. 引导婴幼儿在进行追赶时，动作不要太大，慢慢跑步进行。

2. 教师随时跟随婴幼儿左右，保护婴幼儿安全。

活动八　打野战（体育）

【适合年龄】2~3岁

【组织形式】室外集体活动

【建议时间】20分钟

【活动目标】

1. 了解打野战的各种形式。

2. 练习弯腰钻的动作，提高动作的协调性和灵活性。

3. 培养合作能力，体验合作带来的乐趣。

【活动重难点】

重点：先弯腰，再钻。

难点：协调性和灵活性的锻炼。

【活动准备】

1. 物质准备：报纸球若干（自制）、录音机、背景音乐、大型器械综合运动区（滑滑梯、荡桥、碉堡、大型钻筒）。

2. 经验准备：婴幼儿在电视中看过打野战的场景。

【活动过程】

活动环节	教师行为	观察要点
一、上山坡，钻山洞，下山坡（5分钟） 1. 教师提问，吸引婴幼儿的兴趣，鼓励婴幼儿用完整的语言表达出来，并通过动作模仿打敌人。 2. 教师讲解游戏玩法：婴幼儿有序爬上山坡（滑梯的台阶），弯腰钻过山洞（滑梯上的圆筒），练习弯腰钻的动作。 3. 教师展示完整的动作，组织婴幼儿依次完成动作	提问： 1. 小朋友们，你们喜欢解放军叔叔吗？解放军叔叔在打敌人时帅不帅？ 2. 他们是怎么样打敌人的？ 提醒婴幼儿注意安全，依次游戏	1. 婴幼儿用动作来模仿解放军打敌人。 2. 动作是否准确、协调
二、过独木桥（5分钟） 1. 教师讲解游戏玩法：婴幼儿排好队，一个接一个，有序地过独木桥（荡桥），每个塑料桩每次只让一名幼儿通过。 2. 教师示范动作，婴幼儿观看。 3. 婴幼儿依次完成练习	教师巡回观察，鼓励婴幼儿自己完成，仔细观看幼儿动作并指导	1. 培养合作能力。 2. 注意力集中的时间
三、钻进碉堡或钻筒，打野战（10分钟） 1. 教师讲解游戏玩法：婴幼儿从各个洞口钻进碉堡（大型器械），在碉堡内对敌人投掷纸球。练习弯腰钻、投掷的动作。 2. 教师示范动作，婴幼儿观看。 3. 婴幼儿依次完成动作	讲解示范、组织婴幼儿游戏，观察每位婴幼儿的动作并指导	1. 能够理解简单的规则，能够在老师的指导下完成游戏。 2. 弯腰钻、投掷的动作是否协调

【活动延伸】

在娃娃家游戏中使用玩具手枪等进行角色扮演。

【家园联系】

家长可以带孩子去红色旅游景区，讲述抗战英雄故事等，让孩子通过学习历史来珍惜来之不易的生活。

【注意事项】

1. 引导婴幼儿练习先弯腰再钻的动作，并且双手护头，保护好自己。

2. 提醒婴幼儿开始投掷时，要躲在碉堡内，不随意走动，以免被纸球砸到。

活动九 超市"大采购"（感育）

【适合年龄】1.5~2 岁
【组织形式】亲子特色活动
【建议时间】45 分钟
【活动目标】
1. 让家长与婴幼儿享受美好的亲子时光。
2. 提升婴幼儿对超市的认知能力，知道超市是什么。
3. 让婴幼儿对超市充满新奇，有探索欲望。
【活动重难点】
重点：婴幼儿同家长去逛超市。
难点：婴幼儿配合家长完成本次活动任务。
【活动准备】
1. 物质准备：提前将活动告知家长朋友，请家长自行安排时间带婴幼儿去超市，完成亲子活动的任务，并特别注意外出安全。
2. 经验准备：婴幼儿有跟随家长去超市的经验，对于超市的功能有初步的了解。
【活动过程】

活动环节	教师行为	观察要点
一、提前布置任务，和婴幼儿聊一聊，超市里有什么（5 分钟） 1. 教师提问，引导婴幼儿认识超市购物的场景。 2. 展开超市的场景图，让婴幼儿观察超市。 3. 引导婴幼儿表达简单的语句。	提问： 小朋友们一定都去逛过超市吧，超市里面有什么呢？我们一起来看一看、说一说	1. 观察婴幼儿是否对超市感兴趣。 2. 是否能够理解超市是买东西的地方。 3. 婴幼儿是否愿意用简单的语言表达
二、交代"超市采购"任务，家长带婴幼儿完成（30 分钟） 1. 教师交代任务：请家长朋友安排，在自己休息的时间，带着婴幼儿去逛逛家附近的超市，家长引导婴幼儿完成任务： 任务一：请婴幼儿到超市水果的区域，找到葡萄、石榴、芒果三种当季水果，家长拍摄婴幼儿与三种水果的合照。 任务二：请婴幼儿到儿童玩具区域，家长询问婴幼儿有没有想要的玩具，引导婴幼儿尝试去和超市工作人员询问价格。（语言表达简短，根据婴幼儿语言发展来展开，如："你好阿姨，	1. 设置逛超市的个性化任务。 2. 交代安全规则：走到哪儿都要和大人拉手，防止走丢。 3. 向婴幼儿语言陈述：我们需要给钱，才能把商品带回家，让婴幼儿知道买东西要付费的意识	1. 观察婴幼儿与工作人员沟通的意愿以及实际的语言表达能力。 2. 观察婴幼儿在遇到困难时能否主动寻求成人的帮助

续表

活动环节	教师行为	观察要点
多少钱？""谢谢，再见！"）在婴幼儿与工作人员沟通时，家长抓拍婴幼儿询价的照片。 　　任务三：婴幼儿自由逛商场，抓拍婴幼儿充满好奇心、具有强烈探索欲望及兴奋的时刻。 　　2. 家长与婴幼儿自由逛超市，如有采购商品，和婴幼儿共同到收银台，在买单时，向婴幼儿强调需付款才能带回家		
三、教师收集照片，制成PPT，同婴幼儿分享（10分钟） 　　1. 家长将照片发给教师，教师收集好做成PPT影集。 　　2. 在班级里与其他婴幼儿分享，倾听婴幼儿的内心感受	提问： 　　1. 这是谁呀？你们在干什么？ 　　2. 你们觉得好玩吗？有趣吗？	

【活动延伸】

教师将婴幼儿逛超市的照片打印出来，张贴在班级展示角。

【家园联系】

请家长带婴幼儿去菜场的时候，引导婴幼儿主动与摊主沟通，锻炼其与人交流的能力。

【注意事项】

1. 由于是外出活动，婴幼儿年龄小，安全意识薄弱，尽量保证2位以上的家长陪同宝贝完成。

2. 有些婴幼儿因为性格内敛或者缺乏表达经验而不愿交流，家长不应强求婴幼儿主动交流，家长代替其进行交流也能够帮助婴幼儿建立间接经验。

【场景拓展】

1. 在幼儿园户外进行超市大采购的角色扮演游戏。

2. 室内集体活动，进行商品物品名称介绍。

3. 室内角色区搭建小超市。

4. 体育活动：我是小小送货员。

活动十　菜场逛逛（感育）

【适合年龄】2~3岁

【组织形式】亲子特色活动

【建议时间】33分钟

【活动目标】

1. 知道秋天常见的各种蔬菜。

2. 能用礼貌语言进行问候、询价，如"请问，豆角多少钱一斤？"等（表达能力）。

3. 敢于主动向摊主询价，愿意与摊主沟通。

【活动重难点】

重点：用礼貌的语言询价。

难点：主动与摊主沟通。

【活动准备】

1. 物质准备：请家长协助准备每人2元零钱，每人一个收纳袋；请3~4名家长志愿者参与活动，保障安全（提前将活动的计划通过微信告知志愿者，沟通活动目标）。

2. 经验准备：婴幼儿有跟随家长去菜场的经验，对于菜场的功能有初步的了解。

【活动过程】

活动环节	教师行为	观察要点
一、聊一聊，菜场里有什么（3分钟） 1. 教师提问，引导婴幼儿回忆有关菜场的经验。 2. 尽量引导更多婴幼儿参与对话，充分调动其已有经验	提问：你去过菜场没有？你在菜场里见到过什么菜？	聆听婴幼儿的回答，观察婴幼儿能否回忆并表述自己近期的经验
二、交代"逛菜场"任务（5分钟） 1. 教师交代任务：我们今天要去托育园旁边的菜场买些蔬菜回来做蔬菜沙拉。 2. 幼儿讨论打算买哪些蔬菜，增进关于蔬菜的经验。 3. 学习询价的礼貌用语。 （1）婴幼儿讨论询价的语言。 （2）教师总结婴幼儿的发言：我们可以说，"叔叔（阿姨）你好，请问，豆角多少钱一斤？"	设置逛菜场的个性化任务 提问：我想要买豆角，可我不知道多少钱，可以问谁？ 交代安全规则：在路上走和逛菜场的时候要和大人拉手，防止走丢	
三、逛菜场（20分钟） 1. 分散活动，每名教师或家长志愿者带2~3名婴幼儿自行购买。 2. 教师或家长志愿者鼓励婴幼儿询价。如果有些婴幼儿实在不愿意主动沟通，也不必强求，可以请其他婴幼儿帮助他。 3. 教师或家长志愿者协助幼儿完成交易。 引导婴幼儿说出：我要两元钱的豆角（或者其他蔬菜）并将钱交给摊主，接过摊主给的蔬菜	提问（事前微信推送给家长）： 1. 你认识哪些蔬菜？ 2. 你想买什么蔬菜？你去问问卖菜的爷爷吧！适时提供帮助，帮助婴幼儿递出零钱和接过蔬菜	1. 观察婴幼儿与摊主沟通的意愿以及实际上的语言表达能力。 2. 观察婴幼儿在遇到拿不到菜或不能完整表达时，能否主动寻求成人（教师或家长志愿者）的帮助

活动环节	教师行为	观察要点
四、回教室，妥善收纳蔬菜。（5分钟） 1. 婴幼儿展示自己买到的蔬菜。 2. 引导婴幼儿将蔬菜放进冰箱或菜篮中。婴幼儿依次摆放，教师不做过多干预。 3. 不愿意把蔬菜放在冰箱或菜篮的婴幼儿，也可请其带回家或者摆放在活动室的其他角落作为装饰	提问：在家里，妈妈买好了菜放到哪里呢？ 教师总结： 我们向妈妈学习，把一些叶子菜放在冰箱里保鲜，把剩下的放在外面烹饪区的菜篮子里	观察婴幼儿摆放的方式，了解其整理物品的习惯

【活动延伸】
在烹饪区用买来的蔬菜制作沙拉。

【家园联系】
建议家长带婴幼儿去菜场的时候，给予其主动与摊主沟通的机会，锻炼其与人交流的能力。

【注意事项】

1.由于是外出活动，婴幼儿年龄小，安全意识薄弱，在教育其不离开大人的同时，一定要保证足够的师生配比，至少保证2~3名婴幼儿配一名教师或家长志愿者，或直接采取家园共育的形式。

2.有些婴幼儿因为性格内敛或者缺乏经验的原因，不愿意与摊主沟通，可以请摊主配合，主动询问婴幼儿；不应强求婴幼儿主动交流，教师替代其进行交流也能够帮助其建立间接经验。

【场景拓展】

1. 在托育园户外进行模拟菜场的角色扮演游戏。
2. 室内集体活动：进行菜场购物相关规则的介绍。
3. 在室内角色区搭建菜场。
4. 体育活动：我是小小送菜员。

第九节　主题：我身边的生活

主题设计图

④ 影响因素

婴幼儿的因素
1. 缺乏主动了解的意识；
2. 生活主要依赖于大人；
3. 接受能力强，更多以动作和感知觉来建立思维。

养育者的因素
正面因素：能够帮助婴幼儿了解各类生活场所；
负面因素：自身依赖网络解决生活问题，造成儿童更少接触社区环境。

环境因素
网络购物和服务的便捷带来了传统生活场所的没落。

养育者所处环境
时间紧张，强调高效；
网络消费更便捷；
包办儿童生活。

托育环境
强调知识的获得，忽视生活技能的发展。

② 现状

1. 儿童对身边生活设施不了解。
2. 少外出且恐惧社交的情况越来越多。
3. 儿童能够较好地通过体验而适应周围环境。

③ 背景

婴幼儿方面
1. 儿童对周围生活设施有关注；
2. 儿童参与社会生活的机会少，不会利用身边的生活设施会影响儿童对社会的适应性；
3. 儿童获得有关社会生活直接经验的机会较少。

养育者方面
1. 包办儿童的生活；
2. 没有正确认识周围生活环境对于儿童的教育价值；
3. 对于如何对儿童进行了解周围生活，掌握社会生活技能的教育没有恰当的方法。

① 目标

主题目标
1. 婴幼儿对社区中的各种生活场所感兴趣，乐于探索；
2. 初步认识生活中常见的各类场所，了解其在生活中的作用；
3. 尝试自主探索社区中的常见场所，学习遵守其规则。

发展目标
详见表1-1。

评价方法
1. 完成该主题的月计划活动；
2. 家长反馈。

⑤ 教育指导方法
1. 食育
2. 木育
3. 美育
4. 体育
5. 感育

⑥ 科学依据

理论模型
实证研究成果
儿童发育评估客观数据
实际观察中的场景数据

"我身边的生活"主题源于生活,将生活点滴变成游戏活动,启发儿童热爱生活,热爱生活中的人,积极面对生活中各种各样的事情。生活平平淡淡,成人有时会觉得生活就是一天天的重复。但是对于儿童来说,生活的每一天都有新发现,自己都有新成长。所以,"我身边的生活"这个主题旨在引导孩子回忆生活中的人和事,通过分享,更加珍惜生活的每一天。本次主题也可以邀请家长参与,以家长助教的方式参与进来。活动的特点在于课堂活动后的家庭延伸。本次主题的环境创设也可以让儿童自由发挥,每个儿童有一个环境创设的小任务,和家长一起设计制作完成,将生活搬进托育园。

活动一　我会用勺子（食育）

【适合年龄】1.5~2 岁

【组织形式】室内集体活动

【建议时间】15 分钟

【活动目标】

1. 发展婴幼儿手指精细动作能力,为其自己动手吃饭建立好基础。
2. 能手拿勺子舀豆子。
3. 在活动过程中感受到快乐并体会活动的乐趣。

【活动重难点】

重点:能将豆子从一个碗舀进另一个碗中。

难点:在舀豆子的过程中不掉落豆子。

【活动准备】

1. 物质准备:勺子每位婴幼儿 1 把、白色碗和红色碗每位婴幼儿各 1 个、豆子若干、提前分组并摆好座位。
2. 经验准备:婴幼儿在生活中有自己使用勺子吃饭的经验。

【活动过程】

活动环节	教师行为	观察要点
一、勺子遇上豆子（2 分钟） 1. 教师拿出勺子教具,询问婴幼儿是什么? 2. 教师做示范,引导婴幼儿观察动作并学习	提问:小朋友们,老师手里拿的是什么呀? 请小朋友们认真学习老师舀豆子的动作	1. 是否认识勺子和豆子。 2. 是否能说出其名称。 3. 是否专心观察教师动作
二、豆子的旅行（10 分钟） 1. 教师按照分组,为婴幼儿发放教具。 2. 婴幼儿自己练习,将白色碗里的豆子舀入红色碗中。 3. 教师巡回观察,引导并鼓励婴幼儿。 4. 教师邀请做得好的婴幼儿为大家做演示	1. 教师拿出 2 个碗（白色碗装了一些豆子,红色碗则是空的）。 2. 注意观察婴幼儿的表现,引导能力较弱的小朋友	1. 用勺舀豆子的过程中撒了多少豆子。 2. 是否对此游戏感兴趣。 3. 是否一次次在进步

续表

活动环节	教师行为	观察要点
三、我会用勺子啦（3分钟） 1. 教师引导婴幼儿按秩序放回教具。 2. 教师提醒婴幼儿在吃饭时尝试自己使用勺子吃饭，尽量不让饭洒出来，教师观察	提问：小朋友都学会使用勺子了吗？ 希望小朋友在每次吃饭时都能用勺子吃饭，享受自己品尝美味的乐趣哦	观察婴幼儿是否有序将教具放回。 婴幼儿是否感到快乐

【活动延伸】

在活动区角提供串珠等教具，锻炼婴幼儿手指精细动作的能力。

【家园联系】

在家中父母尽量鼓励婴幼儿自己使用勺子吃饭，训练婴幼儿生活自主能力，让其享受自己吃饭的乐趣，帮助婴幼儿提升食欲，对解决家长喂饭难题有很大的帮助。

【注意事项】

1. 婴幼儿的手指精细动作水平较低，在舀豆子过程中有豆子掉落等情况都很正常，教师应引导婴幼儿捡起掉落的豆子，再次尝试训练。

2. 注意强调不能将豆子放进嘴里，教师应多留意婴幼儿的动作。

【场景拓展】

1. 托育园用餐时，婴幼儿可以自己使用勺子进食。

2. 家人聚会时，引导婴幼儿观察大人使用筷子、拿汤勺的动作。

活动二 我和奶奶蒸馒头（食育）

【适合年龄】2~3岁

【组织形式】室内集体活动

【建议时间】18分钟

【活动目标】

1. 知道馒头是用面粉做成的。

2. 能用揉、揪、按压等方法做出自己喜欢的馒头造型（生活技能）。

3. 体会自己动手制作食物的辛苦以及带来的快乐，愿意爱惜食物。

【活动重难点】

重点：体会制作食物带来的快乐，爱惜食物。

难点：理解馒头做成的过程（和面、发酵、塑形、上火蒸）。

【活动准备】

1. 物质准备：提前联系居委会，请有面点特长的4~5位奶奶参与活动；面粉、水适量（奶奶们做演示用）；发酵好的面团适量；面板每人一块，月饼刀叉若干。

2. 经验准备：婴幼儿在家见过家人制作面食。

【活动过程】

活动环节	教师行为	观察要点
一、奶奶们自我介绍，引出活动（3分钟） 教师介绍今天有几位客人来做客，请她们自我介绍她们的本领。 奶奶1：我是×××，我是居委会请来跟大家一起做馒头的，我会做像花朵（刺猬、兔子）一样的馒头。	教师总结：奶奶们来自我们的居委会。她们都有一个共同的本领，就是做各种各样的馒头，你们想学吗？	自主组织语言与奶奶们打招呼或交流（"奶奶，你好"或"欢迎奶奶"等）
二、出示图片，婴幼儿欣赏各种各样的花馍，引起模仿的兴趣。		能否认出花馍是何种物体的造型，有一定的联想能力
三、制作馒头（5分钟） 1. 一位奶奶演示和面的过程，婴幼儿观察，了解。 奶奶先放面，放入适当的温水，用手和面，让婴幼儿了解面和水慢慢融合，变成面团的过程。 2. 奶奶们展示做花馍，婴幼儿欣赏、学习。 奶奶告诉婴幼儿揉好的面团要发酵一段时间。再取出已经发酵好的面团，切开让幼儿观察其中有洞。 奶奶们可以在小组展示揉面、做花馍，让婴幼儿能够围着观看。 婴幼儿边看边猜测奶奶做的是什么造型。	提问： 先放什么？又放了什么？我们学一学奶奶揉面的动作吧！ 提醒婴幼儿先不去触摸面团，因为还未洗手。 引导婴幼儿观察奶奶们揉面、做花馍的手法，如揉一揉、捏一捏等	婴幼儿是否一直注视着和面的过程，维持较长时间的视觉注意。 是否主动观察，能否观察到做花馍的手法并愿意空手模仿动作
四、婴幼儿尝试制作花馍（8分钟） 婴幼儿先彻底清洗双手，教师事先将每人一份的面团放在面板上。 婴幼儿开始操作，可以利用工具，当感觉面团沾手时可用面粉帮助。	教师提醒婴幼儿注意卫生 教师和奶奶们共同指导婴幼儿的操作，提醒奶奶们不替婴幼儿操作	揉、捏、团等动作的灵活度 是否有使用工具的意识
五、展示花馍造型（2分钟） 将婴幼儿做好的花馍都放在一起，请婴幼儿背着手参观，避免触摸。	提问： 哪个是你做的花馍？你喜欢谁做的？ 花馍现在能吃吗？	造型是否受到图片和奶奶做的花馍的启示（模仿能力） 能否控制自己的双手，不触碰花馍
六、将花馍送到食堂蒸熟，午饭时间大家一起品尝。		

【活动延伸】

在美术区提供纸黏土让幼儿尝试制作"花馍"。

【家园联系】

让婴幼儿在家中参与和面的过程，并让婴幼儿观察面团发酵的过程。

【注意事项】

1. 婴幼儿的手指精细动作水平较低,如不能做出一定造型的花馍也不应强求,只要摆弄面团就算是对花馍制作的理解了。应帮助婴幼儿按照花馍的样子,给花馍取一个名字,增加其成就感。

2. 教师提前拍照留存每名婴幼儿做的花馍,避免隔了一个小时,婴幼儿忘记自己花馍的样子。

【场景拓展】

1. 可用油泥或纸黏土替代面团,制作观赏性的"花馍"。

2. 分享爸爸妈妈或爷爷奶奶在家里做的家乡美食的照片或视频,了解地方美食特色。

3. 请社区的奶奶们为宝宝们表演广场舞,也可以增进婴幼儿对身边的人的认识。

活动三 新奇的发现(木育)

【适合年龄】1.5~2 岁

【组织形式】户外游园活动

【建议时间】20 分钟

【活动目标】

1. 能够指认出自己所知道的事物。

2. 能够主动发现自己感兴趣的事物。

3. 能够对周围的环境感到好奇,对未知事物充满探索欲望。

【活动重难点】

重点:能够用语言表达出自己所看的事物。

难点:能够主动发现,能够对未知事物充满好奇。

【活动准备】

1.物质准备:准备急救包(消毒清创用品、创可贴、棉签、面纸等)。

2.经验准备:婴幼儿有在小区里玩耍的大量经验。

【活动过程】

活动环节	教师行为	观察要点
一、介绍本次活动(4分钟) 1. 教师说明今天要去托育园户外玩耍,请婴幼儿认真观察外面有什么,将看到的东西告诉教师。 2. 教师交代婴幼儿关注的内容:如花、草、树、木、路、房子、建筑物等。 3. 告知婴幼儿活动范围,提醒婴幼儿注意安全	交代任务: 1. 小朋友们,今天我们来进行游园活动,你们要认真地观察美丽的风景。 2. 可以观察树上的鸟、地上的草和美丽的花	1. 是否能够用简单的语言表达。 2. 是否愿意遵守安全规则,有初步的自我保护意识。 3. 是否愿意主动与同伴交流
二、自由观察,新奇的发现(13分钟) 1. 婴幼儿在园区内自由活动,进行观察,	提问: 1. 宝贝们请看园内风景,花儿都有哪些颜色	1. 能否根据自己所看到的事物进行表达,或是学习模仿他人。

续表

活动环节	教师行为	观察要点
教师可先引导婴幼儿观察一些事物，启发婴幼儿自己的思考与发现。 2. 婴幼儿将所看到的事物的名称或新奇的发现及时告诉教师，教师询问其感受。 3. 教师巡场观察婴幼儿的表现，并及时为婴幼儿拍照	呢？地上有虫子或蚂蚁吗？树叶是什么颜色的？有什么好玩的发现？ 2. 有看到我们的托育班在哪个位置吗？	2. 是否主动寻求帮助。 3. 教师应多留意婴幼儿的安全
三、总结发现（3分钟） 1. 教师组织婴幼儿集合，询问婴幼儿的发现，关心婴幼儿的活动体验。 2. 检查婴幼儿身体，集体回教室	提问： 大家都发现了什么？	1. 婴幼儿是否受伤。 2. 能否用简单的词语或句子表达自己看到的事物

【活动延伸】

将婴幼儿与风景的合影放在班级展示栏，让婴幼儿能够随时看到，感受周围环境与我们生活的关系。

【家园联系】

家长带领婴幼儿出行游玩或在小区户外散步时，可有意引导婴幼儿关注周围环境，并为婴幼儿不断输入地点或事物的名称，培养婴幼儿的认知能力和善于发现、善于观察的思维能力，并强调规则与秩序，使其养成爱护环境和秩序的好习惯。

【注意事项】

1. 在游园活动时，教师需要注意每名婴幼儿的安全，做到每个婴幼儿都有对应负责的教师；

2. 有的婴幼儿由于年龄原因并不能够将自己对于环境的认识表达出来，对于此种情况，教师可做正确引导，或只要让婴幼儿多聆听他人的表述即可，不用过于强求。

【场景拓展】

1. 在幼儿园内布置自家小区的场景，让婴幼儿模拟参观小区。

2. 请婴幼儿主动观察园外或小区外的清洁工作者的工作，引导婴幼儿爱惜公共环境卫生。

活动四　社区里有什么（木育）

【适合年龄】2~3岁

【组织形式】室外集体活动

【建议时间】20分钟

【活动目标】

1. 知道自己居住的小区内有各种绿化和设施。

2. 能回忆自己的经验，说出自己在小区里可以做的事情（表达能力）。

3. 喜欢自己居住的环境，愿意保护、不破坏小区里的花草等。

【活动重难点】

重点：知道小区里有的各种绿化和设施。

难点：说出自己在小区里可以做的事情。

【活动准备】

1. 物质准备：了解婴幼儿家庭所在的小区，拍摄一些小区主要绿化和设施的照片；提前选择一个小区实地活动，联系小区物业，告知活动时间和主要行程，请物业人员配合控制车辆等；请2~3名家长志愿者陪同，保障来回路上以及在小区内的安全；准备急救包（消毒清创用品、创可贴、棉签、面纸等）。

2. 经验准备：婴幼儿有在小区里玩耍的大量经验。

【活动过程】

活动环节	教师行为	观察要点
一、园所内介绍本次活动行程，让婴幼儿明确此次活动意图（5分钟） 1. 教师说明今天要去小区里玩，找一找小区里的动植物和设施。 2. 出示图片，婴幼儿观察小区内的主要绿化和设施，让住在该小区的婴幼儿说出此小区的名称。 3. 交代任务，提醒婴幼儿出行安全（和大人或同伴紧紧拉手、眼睛看队伍前面）	提问： 1. 你居住的小区叫什么名字？ 2. 这是哪个小区？有人认得吗？ 交代任务： 今天我们一起去我们班很多小朋友都住的××小区，一起来找一找小区里都有什么吧！	1. 能否准确说出自己小区的名称。 2. 是否愿意遵守安全规则，有初步的自我保护意识
二、到达小区，进行参观（15分钟） 1. 婴幼儿与保安、物业人员打招呼，了解这些是保证我们小区安全、卫生的人。 2. 先按规划的路线进行参观，请婴幼儿发现一些在园所内图片上看到的绿化或设施。 请家长志愿者帮助，给婴幼儿和他们自己选择的最喜欢的小区内的花草树木或者其他设施一起合影。 请婴幼儿观察一些被破坏的设施或花草，请婴幼儿说一说自己的感受。 3. 婴幼儿玩一会儿小区的游乐设施，切实感受小区设施带给生活的乐趣和便利。 4. 组织回园，大家分享刚才照的照片，说一说自己最喜欢的地方。用语言的方式表达自己对于小区环境的理解	提问： 1. 这位叔叔是做什么的？ 2. 这是哪里？（凉亭）你见到谁经常坐在凉亭里？（爷爷奶奶，打牌下棋的人） 这是哪里？（小池塘）有谁住在小池塘里？（小鱼） 你们看到了哪些颜色的花？看到了花，心里感觉怎么样？（开心） 这是哪里？（滑滑梯）我们在图片上见过没？我们什么时候可以到小区里玩滑滑梯？ 提问： 你是在哪里照相的？ 你喜欢这里么？	1. 是否愿意与较陌生的人打招呼。 2. 婴幼儿能否回忆起与设施相关的直接或间接经验。 3. 婴幼儿是根据自己的喜好自主选择拍照场景还是单纯模仿、跟随他人。 4. 能否用简单的复合句表达自己的见识（如：我最喜欢小池塘，可以玩水枪。）

【活动延伸】

将婴幼儿与小区环境的合影放在班级展示栏,让婴幼儿能够随时看到,感受周围环境与我们生活的关系。

【家园联系】

请家长在带领婴幼儿在小区里散步的时候,关注周围的环境,使婴幼儿养成爱护小区环境和秩序的习惯。

【注意事项】

1. 在小区内部行走时,也需要注意每名婴幼儿的安全,做到每个婴幼儿都有对应负责的教师或家长志愿者。

2. 有的婴幼儿由于年龄原因并不能够将自己对于环境的认识表达出来,对于此种情况,只要让婴幼儿多聆听他人的表述即可,不用过于强求。

【场景拓展】

1. 在托育园内布置小区的场景,让婴幼儿模拟参观小区。

2. 请小区里的保洁人员来托育园说一说他们的工作内容,引导婴幼儿爱惜小区内的环境。

3. 组织谈话活动,请婴幼儿结合照片和视频说一说自己的小区和自己喜欢的小区设施。

活动五 好看的发卡(美育)

【适合年龄】1.5~2 岁

【组织形式】室内区角活动

【建议时间】20 分钟

【设计意图】

1.5~2 岁的婴幼儿已经对身体装扮和美有了初步的认知,知道自己喜欢穿什么衣服,想要戴什么饰品,能够观察到妈妈的装扮及家人的装扮,产生了对穿着打扮的兴趣;进行夹夹子的游戏活动不仅能培养婴幼儿对美的感知,还能够发展婴幼儿手指精细动作的能力,与同伴交流也能使婴幼儿社会交往技能得到很好的发展。

【活动准备】

1. 物质准备:发夹、洋娃娃、布条、服饰等若干。

2. 经验准备:婴幼儿对发夹不陌生,平时用到或看到过相关物品。

【环境布置】

环境布局图	目标要求	好	一般	差
婴幼儿坐位 婴幼儿坐位　道具台 发夹若干，布条、服饰若干　婴幼儿坐位 婴幼儿坐位 教师观察处	1. 洋娃娃有多样形式，男性、女性都有，洋娃娃每人一个			
	2. 道具台的道具数量充分，让每位婴幼儿能够有选择			
	3. 婴幼儿完成作品可举手向教师示意，请教师进行点评			
	4. 婴幼儿间距离适中，不宜太远也不宜太近，给出适当空间			

【教师行为】

1. 引导婴幼儿自由搭配，可将发夹夹在洋娃娃的头发上、布条上或衣服上，也可夹在自己的头发上，若得到其他同伴的允许，也可互相装饰。

2. 教师积极鼓励婴幼儿的创作，不打断婴幼儿自己的动作和想法，注意倾听婴幼儿内心感受。

3. 提醒婴幼儿间可以互相交流、分享，使其乐于欣赏他人的作品。

【家园联系】

1. 观察婴幼儿手部精细动作的发展水平，及时与家长沟通。

2. 在家可以让婴幼儿为家人装饰头发或服饰，家长配合婴幼儿完成自己的搭配。

【注意事项】

1. 在自由创作的同时，需要让婴幼儿有初步的规则感，对于玩耍过的教具不可随手乱放。

2. 教师不打断婴幼儿自己的想法，注意观察婴幼儿的能力发展。

3. 教师可为婴幼儿及作品拍照，为婴幼儿留作纪念，同时可分享给家长。

【场景拓展】

1. 可以让婴幼儿跟随妈妈逛饰品装饰店等，让其能够有更直观的感受。

2. 可在区角摆放婴幼儿穿过的服饰，摆放好洋娃娃，让婴幼儿可以随心搭配。

活动六　我是发型师（美育）

【适合年龄】2~3 岁

【组织形式】室内区角活动

【建议时间】20 分钟

【设计意图】

2~3岁的婴幼儿已经有了去理发店理发或者陪同大人去理发的经验，对于事物的观察也已经越来越精细化，能够看出自己家人的发型变化。此次活动是在家长带婴幼儿参观理发店之后进行的，让婴幼儿也体验当理发师、为别人设计发型的乐趣。

【活动准备】

物质准备：只有五官，没有头发的头部底板若干、各色油画棒；各种发型的图片，打印好放在操作台中间位置。

经验准备：与家长去理发店参观过，知道理发师是为别人设计发型，染发烫发的人。

【环境布置】

环境布局图	目标要求	好	一般	差
发型图片展板 操作台 美术用品矮柜（放有油画棒和底板纸）	1．发型图片要多样化，包括男性、女性、儿童等			
	2．油画棒和底板放在旁边低矮的收纳架上			
	3．婴幼儿作品用展示绳夹起来，挂在美术区四周			
	4．作品悬挂在婴幼儿头部以上10厘米的地方，这样能够让婴幼儿自己悬挂并使其能够轻松地看到别人或自己的作品			

【教师行为】

1. 引导婴幼儿将颜色涂在头部，表示头发。

2. 积极鼓励，正面评价婴幼儿的创作，并告诉其可以进步的空间，如：你设计的红色发型很漂亮，如果还能再多一些头发就更好了。

3. 及时与婴幼儿一起欣赏大家的发型设计作品，激发婴幼儿想要进行设计的兴趣，使其体会到被人欣赏的成就感。

【家园联系】

1. 观察婴幼儿手部精细动作的发展水平，及时与家长沟通。

2. 可以请婴幼儿将作品带回家，请家长把发型图片中的脸剪下来，将发型套在家长头上，让婴幼儿更切实地欣赏自己设计的发型。

【注意事项】

在自由创作的同时，需要让婴幼儿有初步的收纳意识，自己拿出来的工具要及时放回原处，不可随手乱放。

【场景拓展】

1. 除了理发店，家长也可以带婴幼儿自行参观社区内的水果店、小吃店等，通过分享照片和视频的方式引导婴幼儿了解身边的各种生活场所。

2. 在角色区增加理发店场景，提供理发相关材料让婴幼儿感受理发店的工作内容。

3. 美术区提供皱纹纸、卡纸、报纸等材料，让婴幼儿用粘贴的方式为娃娃做发型。

活动七 小白兔采萝卜（体育）

【适合年龄】1.5~2 岁
【组织形式】室外集体活动
【建议时间】20 分钟
【活动目标】
1. 促进婴幼儿粗大运动的发展。
2. 能够掌握跳的本领，喜欢运动的游戏。
3. 喜欢模仿小白兔蹦蹦跳跳的动作。
【活动重难点】
重点：学会小白兔蹦跳的动作。
难点：锻炼婴幼儿粗大运动能力及体能。
【活动准备】
1. 物质准备：小白兔动物头套、萝卜道具若干、置物框 2 个、播放器、U 盘。
2. 经验准备：婴幼儿有运动相关的经验，喜欢户外体育活动。
【活动过程】

活动环节	教师行为	观察要点
一、准备活动（3 分钟） 1. 热身活动。 2. 自由跳跳	1. 发出口令、示范动作。 2. 观察婴幼儿完成情况	1. 婴幼儿是否愿意运动。 2. 观察婴幼儿的精神状态
二、学习小白兔蹦跳动作（4 分钟） 1. 教师示范小白兔蹦蹦跳跳的动作，婴幼儿学习。 2. 婴幼儿自由练习蹦跳动作。 3. 教师观察婴幼儿动作是否正确	1. 强调运动姿势。 2. 提醒婴幼儿注意安全	1. 是否能够模仿动作。 2. 跳的姿势和动作是否正确
三、小白兔采萝卜（13 分钟） 1. 教师讲解并示范游戏玩法，请婴幼儿学习。 2. 组织婴幼儿排成 2 列站好，为婴幼儿戴好小白兔头套；婴幼儿扮演小白兔，从起点处	1. 讲解游戏玩法。 2. 示范动作。 3. 观察婴幼儿完成情况。 4. 巡回指导，提醒婴	1. 是否能够在老师的指令下等待。 2. 走、跳的动作是否规范。 3. 是否四肢协调。

续表

活动环节	教师行为	观察要点
拿取1个萝卜,走过独木桥,跳过万象组合圈,走到终点处(小白兔的家),将手中的萝卜放入框中,再回到起点处,反复进行。 3. 直至起点处筐里的萝卜道具被全部送到终点处为止。 4. 教师巡回观察婴幼儿。 5. 教师组织婴幼儿集合,进行放松运动,收回教具,检查婴幼儿身体,宣布下课	幼儿注意安全。 5. 带领婴幼儿做放松运动,检查婴幼儿身体情况	4. 是否在游戏中感到快乐

【活动延伸】

衔接之前的体育课程内容。学习了乌龟爬爬后,婴幼儿之间可以尝试进行龟兔赛跑游戏,并交换角色进行。

【家园联系】

家长可以陪伴婴幼儿进行小兔子跑步比赛,用蹦蹦跳跳的动作共同游戏,并鼓励孩子独立完成,增强婴幼儿自信心,提升其对运动的兴趣。

【注意事项】

1. 引导婴幼儿正确学习动作,双脚同时跳或单脚换着跳都可,根据婴幼儿自己的发展能力来完成。

2. 提醒婴幼儿遵守游戏规则,注意耐心等待,保护好自己的安全,避免误伤他人。

3. 教师应注意婴幼儿的运动发展情况,及时与家长沟通。

【场景拓展】

1. 可为婴幼儿阅读《龟兔赛跑》绘本,加强婴幼儿对小动物的认知理解。

2. 可观察生活中人是怎么样走路的:有的人走得快,有的人走得慢,有的边走边跑,有的又蹦又跳。

活动八 运核桃(体育)

【适合年龄】2~3岁

【组织形式】室外集体活动

【建议时间】20分钟

【活动目标】

1. 了解夹子的使用方式。

2. 能够掌握夹核桃的本领,喜欢玩运核桃的游戏。

3. 喜欢自己的小手,愿意锻炼手部的灵活性。

【活动重难点】

重点：锻炼手指的灵活性。

难点：边夹核桃边走路。

【活动准备】

1. 物质准备：核桃若干、夹子若干、塑料筐若干、播放器、U盘。

2. 经验准备：会使用夹子。

【活动过程】

活动环节	教师行为	观察要点
一、准备活动（3分钟） 1. 热身活动。 2. 高人走，矮人走。 3. 自由跳跳	1. 发出口令、示范动作。 2. 观察婴幼儿完成情况	1. 是否愿意运动。 2. 是否有模仿高人走、矮人走、跳的行为
二、夹核桃（7分钟） 1. 教师讲解游戏玩法，并做示范：婴幼儿右手持夹子，左手持筐，听教师发出口令，夹核桃放入相应的筐内。 2. 一分钟夹核桃：在规定时间内，看谁夹得多	1. 强调游戏玩法。 2. 提醒婴幼儿夹核桃时注意安全	1. 是否能正确使用夹子。 2. 是否能准确地把核桃放入筐内。 3. 是否能够双手配合
三、运核桃（7分钟） 1. 教师讲解游戏玩法：婴幼儿4路纵队站立，在离队伍3米处放有核桃若干，婴幼儿跑步到核桃处，用夹子夹住核桃继续前进，放入终点的筐内。（距离依据婴幼儿能力设定） 2. 重复游戏2~3次	1. 讲解游戏玩法。 2. 示范动作。 3. 观察婴幼儿完成情况。 4. 巡回指导	1. 婴幼儿在老师的指令下能够等待，轮流游戏。 2. 婴幼儿走或跑的动作是否规范。 3. 婴幼儿是否四肢协调
四、放松活动（3分钟） 1. 活动手腕、脚腕。 2. 帮助老师整理夹子、核桃道具，放回原位。 3. 总结，宣布下课	带领婴幼儿做放松运动，并提醒注意安全	是否有婴幼儿受伤

【活动延伸】

尝试用小夹子运花生、运豆豆等。

【家园联系】

家长可以陪伴孩子共同游戏，并鼓励孩子独立完成。

【注意事项】

1. 引导婴幼儿正确使用夹子。

2. 提醒婴幼儿遵守游戏规则，注意保护自己和同伴。

活动九 认识我自己（感育）

【适合年龄】1.5~2 岁

【组织形式】室内集体活动

【建议时间】15 分钟

【活动目标】

1. 认识自己的身体部位，脸、身体及手、脚等。
2. 能够认识五官部位。
3. 能够用语言表达出身体各部位的名称。

【活动重难点】

重点：能够认识五官部位，指认眉毛、眼睛、鼻子、嘴巴和耳朵。

难点：能够将五官分别贴在相对应的位置。

【活动准备】

1. 物质准备：婴幼儿身体部位图、五官部位图、五官部位贴纸材料。
2. 经验准备：五官是人体的重要组成部分，婴幼儿对身体和五官有认知经验。

【活动过程】

活动环节	教师行为	观察要点
一、观看图片，认识身体部位及五官部位（2 分钟） 1. 教师展示出身体部位及五官部位图，引导婴幼儿认真观察。 2. 教师引导，请婴幼儿指认出自己的身体部位	提问： 1. 小朋友们，你们看图上是什么？是个小宝贝，咦，他的头在哪里？身体在哪里？手和脚在哪里呢？ 2. 你们观察他的脸，在自己的脸上找到：眉毛、眼睛、鼻子、嘴巴、耳朵	1. 能否说出身体各个部位的名称。 2. 是否认识身体部位及五官。 3. 能否指认出自己的身体各部位
二、聆听音乐《眼睛鼻子耳朵嘴巴》，完成五官贴纸画（13 分钟） 1. 教师播放音乐，示范正确动作，请婴幼儿跟着学习。 2. 拿出五官贴纸材料包，请婴幼儿认真观察五官图，教师为婴幼儿演示五官贴图的正确粘贴方式及步骤。 3. 为婴幼儿分发五官贴纸材料包，婴幼儿自己动手完成五官贴图。 4. 教师巡回观察，指导能力较弱的婴幼儿。 5. 总结课程	1. 小朋友们我们一起来听一段音乐，跟着音乐一起来做有趣的动作吧！ 2. 请宝贝们认真学习，指出自己的嘴巴、鼻子等在哪儿。 3. 老师要观察小朋友们有没有认真完成五官贴画哦，请大家认真完成	1. 是否愿意跟着教师指认自己的身体及五官。 2. 是否认真学习如何"贴纸"。 3. 是否完全明白五官部位所在的位置。 4. 能否用简单语言表达五官相关的词语

【活动延伸】

可为婴幼儿讲有关身体各部位的绘本《我的身体部位》。

【家园联系】

1. 在家家长可与婴幼儿玩认识五官的亲子游戏。

2. 可请家长为婴幼儿读关于身体部位和五官部位的婴幼儿相关绘本。

【注意事项】

1. 提醒婴幼儿在完成五官贴图时，找到五官相应位置，初步培养其观察能力和动手能力。

2. 各婴幼儿发展情况不一样，对于能力较弱的婴幼儿教师可适当引导。

【场景拓展】

1. 将婴幼儿的五官贴图在班级区角展示出来，让婴幼儿随时可以学习和观察。

2. 请家长分享和婴幼儿完成认识五官亲子游戏的视频，教师询问婴幼儿的感受。

3. 可在平时课间操和婴幼儿跳有关身体部位的体操。

活动十　我爱逛超市（感育）

【适合年龄】2~3 岁

【组织形式】室外集体活动

【建议时间】30 分钟

【活动目标】

1. 认识超市的结构，知道超市里的物品是分类摆放的。

2. 尝试独立完成寻找目标—放入购物车—排队支付的购物流程（生活技能）。

3. 愿意遵守超市的公共秩序，自觉排队并使用购物袋，有一定环保意识（社会交往）。

【活动重难点】

重点：了解超市里分类摆放、按需拿取和排队付款的规则。

难点：独立完成购物流程。

【活动准备】

1. 物质准备：教师对离托育园最近的超市进行踩点，了解超市大致结构以及可能会出现的安全问题；提前与超市沟通，取得收银员和导购员等的配合；请家长为幼儿准备 5 元零钱和一个环保袋，供婴幼儿购买商品使用；请 2~3 名家长志愿者陪同，保障来回路上以及在超市内的安全；准备急救包（消毒清创用品、创可贴、棉签、面纸等）。

2. 经验准备：婴幼儿有跟随大人逛超市的经验。

【活动过程】

活动环节	教师行为	观察要点
一、园所内介绍本次活动行程，让婴幼儿明确此次活动的意图（5分钟） 　1. 教师说明今天要去逛超市，并让婴幼儿自己尝试买东西。 　2. 婴幼儿说一说爸爸妈妈为其准备的物品，了解其用途。 　3. 准备出发，提醒婴幼儿出行安全（和大人或同伴紧紧拉手、眼睛看队伍前面）	提问： 　1. 你去过超市吗？超市里可以买到什么？ 　2. 今天，我们大家一起去逛超市。爸爸妈妈为你准备了什么？钱是用来干什么的？环保袋是用来干什么的？ 　今天我们就用这些钱，去超市为自己买一点喜欢的东西吧！	1. 能否准确回忆自己在超市里买过的物品。 2. 是否愿意遵守安全规则，有初步的自我保护意识
二、到达超市，进行参观。（15分钟） 　1. 婴幼儿与收银员、理货员等打招呼，教师介绍他们的工作职责 　2. 沿着教师事先考察的线路参观超市，了解超市里面东西是分类摆放的。 　3. 婴幼儿自行选择自己喜欢的物品，教师或志愿者帮助其判断价格是否在5元钱之内。（每名教师或家长志愿者带领3~4名婴幼儿，以小组的形式进行活动） 　4. 大家排队结账，婴幼儿观察并体验结账的过程	提问： 　1. 这位阿姨面前有什么？（收银机）为什么大家把东西给她？（要付钱） 　2. 这边摆放的都是什么？（纸）再往前又是什么？（碗、勺等吃饭用的东西） 　提醒婴幼儿对帮助自己找到物品的导购员表示感谢	1. 能否在比较嘈杂的环境中维持一定时长的注意。 2. 能否用语言表述物品的种类，有没有"概念"的意识。 3. 是否敢于与陌生人交流
三、回到托育园，婴幼儿互相交流买到的东西和购物的过程。（10分钟）	提问： 　1. 你买的东西多少钱？买完的东西放在哪里？找你钱了吗？ 　2. 你买到了什么？你从哪里拿到这个棒棒糖的？到哪里付钱？谁帮你装袋？	能否用比较紧凑的复合句表达（如：我的棒棒糖是在收银处付钱的。）

【活动延伸】
　组织数学活动，用直观的方式引导婴幼儿了解5以内数量的多和少。

【家园联系】
　1. 请家长在带领婴幼儿在超市购物的时候，可以让婴幼儿多参与选择物品和结账的过程，并对超市的工作人员表示感谢。
　2. 在家里可以安排婴幼儿做一些需要几个步骤才能完成的事情，如做蛋挞、自己做洗澡准备等，锻炼其处理复杂任务的能力，增强其做事情的目标指向性。

【注意事项】
　1. 提醒婴幼儿要随时看护好自己的零钱和购物袋，培养其初步管理自己物品的能力。

2. 婴幼儿还没有认识数字和判断多少的能力，不要求婴幼儿自己判断价格是否在 5 元之内，教师或家长志愿者直接告知即可。

【场景拓展】

1. 在角色区布置超市的场景，让婴幼儿通过操作材料模拟超市购物流程。
2. 组织谈话活动，用照片、视频的方式分享自己与家人一起逛超市的经验。
3. 请超市工作人员做客班级，为婴幼儿展示超市的工作流程，引导婴幼儿不要在超市里乱跑或随意拿放物品。

第十节 主题：这个冬天我不冷

主题设计图

④ 影响因素

婴幼儿的因素
1. 有一定的观察意愿；
2. 好奇心旺盛；
3. 精力充沛，活泼好动。

养育者的因素
正面因素：希望能够在冬季有一些高质量的亲子互动与陪伴；
负面因素：把自己的怕冷、懒惰等负面情绪传递给婴幼儿。

环境因素
生活条件越来越好，婴幼儿的衣食住行等得到了很好的照顾；
恶劣天气下可能造成交通不便。

养育者所处环境
年末可能工作较忙。

托育环境
恶劣天气下可能无法进行户外活动；
托育园里植物凋谢。

② 现状
1. 冬季到了；
2. 空调、暖气等科技产品，人为改变了一些季节的真实感受；
3. 婴幼儿的生活由于季节变化发生变化。

③ 背景

婴幼儿方面
1. 对冷热有一定的感知。
2. 对于季节的理解较少。

养育者方面
1. 对于冬季的感受度不同，有人喜欢，有人比较害怕寒冷；
2. 会有一些假期可以进行亲子陪伴；
3. 会有一些走亲访友计划。

① 目标

主题目标
1. 初步体会冬季气候特点；
2. 锻炼身体增强御寒能力；
3. 了解冬季自然界动植物的变化。

发展目标
详见表 1-1。

评价方法
1. 婴幼儿对月计划活动的参与度；
2. 家长的配合度与反馈；
3. 开展冬季运动会，对一个月的活动进行总结。

⑤ 教育指导方法
1. 食育
2. 木育
3. 美育
4. 体育
5. 感育

⑥ 科学依据
理论模型
实证研究成果
儿童发育评估客观数据
实际观察中的场景数据

冬季天气寒冷，但是也有独特的景观和快乐体验，比如，冬季下雪可以打雪仗、堆雪人；冬季可以看到动物们各种各样的过冬和御寒方式；冬季可以看冰灯；等等。当然，在天气寒冷的冬季，儿童容易受凉生病，下雪有时也会造成交通上的不便利。所以冬季主题以安全自护、快乐生活为中心，通过系列活动提高儿童安全自护、预防生病的能力，同时体验健康、快乐的冬季生活。该主题搭配相应图片、视频作为认知材料，可以开发已经玩过的一些材料的更多种玩法，温故知新。环境创设以暖色调为主，营造温暖的室内环境。家园合作方面，教师可以更多地提醒家长如何正确帮助儿童增减衣物，增强儿童体质，预防感冒。

活动一 火锅真好吃（食育）

【适合年龄】1.5~2 岁
【组织形式】室内区角活动
【建议时间】20 分钟
【设计意图】

火锅作为四川不可缺少的美食之一，相信婴幼儿在日常生活中也有和火锅"亲密接触"的时候。通过此次活动，帮助婴幼儿了解火锅是什么，火锅里的食物都有哪些。认识火锅食物并学会用语言表达火锅食物的名称。

【活动准备】

1. 物质准备：婴幼儿火锅仿真玩具套装每人 1 套。
2. 经验准备：婴幼儿在平时生活中有吃过或看到过火锅。

【环境布置】

环境布局图	目标要求	好	一般	差
玩具区 1 火锅仿真玩具套装 婴幼儿围坐在四周	每位婴幼儿 1 套火锅仿真玩具套装			
	教师向婴幼儿介绍每样玩具对应的名称			
	婴幼儿认识火锅仿真玩具			
教师桌台教学展示	在婴幼儿自由玩耍时，教师观察婴幼儿状况，及时与婴幼儿沟通			
玩具区 2 火锅仿真玩具套装 婴幼儿围坐在四周	了解婴幼儿是否知道玩具相应的食物名称，若不清楚教师可重复指导			
	提醒婴幼儿规则感，有归纳整理的意识			

【教师行为】

1. 提供充足的教具，让每位婴幼儿都能有认识教具的机会。

2. 不打断婴幼儿的活动，如果有求助，教师给予指导和帮助。

3. 提醒婴幼儿在使用中勿将教具放置于口中。

4. 培养婴幼儿规则感，使其养成整理收纳的好习惯。

【家园联系】

1. 过程中对婴幼儿进行观察记录，将结果与家长及时沟通。

2. 建议家长可以和婴幼儿一起讨论火锅或尝试吃味道清淡的火锅，和婴幼儿交流分享感受。

【注意事项】

1. 在婴幼儿自由玩耍时，教师可询问每位婴幼儿都认识哪些食物，能说出哪些食物的名称，便于教师掌握婴幼儿的认知情况。

2. 可提醒婴幼儿间相互交流。

活动二 喷嚏来了（食育）

【适合年龄】2~3 岁

【组织形式】室内集体活动

【建议时间】15 分钟

【活动目标】

1. 知道感冒是一种常见疾病，减轻对感冒的恐惧。

2. 喜欢听故事，并能根据图片理解故事内容。

3. 乐意配合成人预防、治疗感冒。

【活动重难点】

重点：掌握预防感冒的简单方法。

难点：乐意配合成人预防、治疗感冒。

【活动准备】

1. 物质准备：故事、PPT 图片。

2. 经验准备：婴幼儿事先已经了解与感冒相关的知识。

【活动过程】

活动环节	教师行为	观察要点
一、展示小猪图片，引发婴幼儿关注（3 分钟） 1. 幼儿思考：感冒了，应该怎么做？大胆地表达并交流自己的观点。 2. 让我们看一看小猪是怎么做的吧	提问： 小朋友们，它是谁呀？发生了什么事？	婴幼儿对生病感冒的认知

续表

活动环节	教师行为	观察要点
二、讲述故事：阿嚏，阿嚏（7分钟） 1. 引导幼儿观察图片信息，教师讲述故事。 2. 教师提问，帮助幼儿理解故事内容	提问：小猪感冒了，它是怎么做的？遇到了谁？它们怎么了？为什么都会感冒呢？	婴幼儿是否认真听故事，其集中注意力的时间
三、了解感冒后怎么办（5分钟） 1. 请有感冒经历的幼儿说一说自己感冒后有什么不舒服的症状。 2. 小结：会打喷嚏、咳嗽、流鼻涕、发烧、严重的时候不能上托育园，大人也不能去上班。 3. 请幼儿和身边的小伙伴说说感冒了怎么办。 4. 小结：戴口罩、看医生、多喝水、注意休息和保暖，多多运动等	提问：如果你感冒了，应该怎么做呢？	是否愿意主动分享感冒的经验。 婴幼儿对治疗感冒的认知

【故事：阿嚏，阿嚏】

小猪感冒了，不断地打喷嚏。瞧，他不去看医生，还在街上玩呢！

小猪从树旁经过，小树打了个喷嚏，哗啦啦，许多树叶子被震掉了。

小猪从卖气球的鹅大叔前经过，大叔打了个喷嚏，气球都飞走了。

小猪遇见了河马，河马打了个大喷嚏——

"阿——嚏！"河马的喷嚏真厉害，小猪一下被吹到了天上。

小猪从天上落下来，正巧落在医院里。

医生给小猪吃过药，打过针，小猪的病好啦，再也不打喷嚏了。

【活动延伸】

在区角中开展故事表演活动。

【家园联系】

1. 在日常生活中引导幼儿了解除了感冒，还会有哪些常见的疾病和如何预防。

2. 多带婴幼儿在阳光下活动，锻炼身体。

【注意事项】

1. 由于个体差异，婴幼儿对感冒会有不同水平的认知。教师注意引导能力较弱的婴幼儿通过故事体验，表达自己的想法。

2. 在现实生活中，有的婴幼儿会出现惧怕打针的现象，拒绝治疗，影响身体健康。教师可以用榜样示范法，从正面引导幼儿行为规范。

【场景扩展】

1. 区角活动开展角色扮演游戏"我是小医生"。

2. 开展"鼻子流血了怎么办""发烧了怎么办"等身体认识与保护活动,增强幼儿健康意识。

活动三 小木桩涂鸦画(木育)

【适合年龄】1.5~2 岁
【组织形式】室内集体活动
【建议时间】20 分钟
【活动目标】
1. 在小木桩上涂色。
2. 对木桩涂画感兴趣,享受涂画的快乐。
3. 能够欣赏自己完成的作品。
【活动重难点】
重点:婴幼儿在小木桩上自由涂画。
难点:婴幼儿对画笔的使用,对颜色的选择。
【活动准备】
1. 物质准备:小木桩每人一块、画笔套装每人一套、婴幼儿罩衣。
2. 经验准备:婴幼儿有见过木头,有涂鸦的经验。
【活动过程】

活动环节	教师行为	观察要点
一、哇,木头(3 分钟) 1. 教师拿出小木桩,询问婴幼儿是什么。 2. 让婴幼儿尝试触摸小木桩	提问: 1. 亲爱的小朋友们,你们看这是什么? 2. 哇,是木头,猜猜今天我们用木头做什么呢?	婴幼儿是否认识小木桩。 是否能够用简单的语言表达
二、小木桩涂鸦画(15 分钟) 1. 教师做示范,展示画笔的使用及颜色的选择,请婴幼儿认真学习。 2. 教师拿出画笔,为小木桩涂上各种颜色。 3. 为婴幼儿穿好罩衣,分发小木桩,请婴幼儿自由创作。 4. 教师可强调婴幼儿按照自己的想法来大胆创作。 5. 教师对婴幼儿作品进行评价,积极鼓励婴幼儿的创作	1. 教师鼓励婴幼儿自己进行创作。 2. 锻炼婴幼儿自由绘画的能力。 3. 积极鼓励婴幼儿,希望婴幼儿大胆创作	1. 婴幼儿是否能按照操作要求完成。 2. 婴幼儿是否有自己独特的想法。 3. 是否在活动中体验到快乐

活动环节	教师行为	观察要点
三、总结课程，分享交流（2分钟） 教师请婴幼儿相互欣赏作品，观察自己与他人作品的不同之处，能喜欢自己的作品，也能喜欢他人的作品。	引导婴幼儿分享自己的感受	

【活动延伸】
可请婴幼儿收集大的树叶，在树叶上涂鸦，做成树叶涂鸦画。

【家园联系】
家长可带婴幼儿去植物园或公园，让婴幼儿在大自然环境中体验自然的美。

【注意事项】
1. 在自由创作的过程中，婴幼儿可能完成的作品各不相同，教师应给予婴幼儿适当的想象空间，不打断婴幼儿的创作。
2. 教师积极鼓励婴幼儿，让婴幼儿自己动手独立完成，并欣赏婴幼儿的作品，强调其创作是独一无二的。
3. 如果婴幼儿在活动过程中动作比较慢，也应为其留有充分的时间，让婴幼儿的手指精细动作的能力得到更好的锻炼。
4. 注意婴幼儿使用的画笔、颜料等的安全性。

【场景拓展】
1. 让婴幼儿用彩色颜料在画纸上随意作画。
2. 可设计出绘画墙，让婴幼儿在绘画墙自由绘画。
3. 组织婴幼儿到户外观察树木。

活动四　保暖过冬天（木育）

【适合年龄】2~3岁
【组织形式】室内区角活动
【建议时间】20~30分钟
【设计意图】
　　树木在婴幼儿的生活中是非常常见的，随着冬季的到来，有些原本茂盛的树木变成了光秃秃的。早上出门，爸爸妈妈都要给自己带上帽子、手套、口罩，系上围巾，还要穿上厚厚的羽绒服。那么幼儿园里的小树会不会冷呢？通过给树枝穿衣服，让婴幼儿体验长大了，关心周围的环境，热爱大自然的美好情感。

【活动准备】

1. 物质准备：枯树枝；一些橡皮泥、黏土、皱纹纸和布条、剪刀、彩笔等。

2. 经验准备：婴幼儿知道在冬季要穿厚厚的衣服保暖；婴幼儿知道冬天的树木会掉光叶子。

【环境布置】

环境布局图	目标要求	好	一般	差
墙面（穿衣步骤图示） 操作台 枯树枝　　操作台 枯树枝 操作台 枯树枝　　操作台 枯树枝 制作材料区　　展示区	提供不同层次的游戏材料			
	提供制作的材料，供婴幼儿随机制作"服饰"			
	提供的枯树枝应该干净、卫生、无刺			
	工具架要低矮，能让婴幼儿够到			
	所有物品分类摆放，便于幼儿物归原处，学会整理			
	后期可增添角色扮演的内容，提供各种材料满足其模仿成人活动的需要			

【教师行为】

1. 创设情境，天冷了树木变得光秃秃的，调动孩子参与活动的兴趣。

2. 在活动之前帮助婴幼儿积累团、搓的操作经验。

3. 对婴幼儿的作品进行拍照留念。

【家园联系】

1. 邀请家长和幼儿一起收集枯树枝。

2. 过程中对婴幼儿进行观察记录，将结果与家长及时沟通。

【注意事项】

1. 给枯树枝穿衣服的过程，实际也是培养孩子的生活自理能力的过程。鼓励家长在生活中不要包办代替，应给予婴幼儿独立做事的机会，如穿脱衣服、整理玩具等。

2. 可以提供托育园现有材料，如水粉颜料，给树枝刷出不同的颜色。

3. 要给予婴幼儿充足的时间尝试操作，鼓励婴幼儿探索不同的方法进行装饰。

【场景扩展】

1. 增加游戏的内容，例如使用枯树枝进行拼插等艺术活动。

2. 增加游戏的难度，例如和其他婴幼儿一起给木制玩偶穿衣服，比赛看谁穿得快，锻炼婴幼儿双手协调能力，增加趣味性。

3. 条件允许的情况下，老师可以带领幼儿到托育园收集枯树枝。收集过程不仅提高了幼儿对手工制作的兴趣，还提高了幼儿的环保意识。

活动五 美丽的下雪天（美育）

【适合年龄】1.5~2 岁

【组织形式】室内集体活动

【建议时间】20 分钟

【活动目标】

1. 能够将雪花贴纸贴在画纸上，促进美感发展。
2. 在活动中感受粘贴的快乐。
3. 能够欣赏自己完成的作品。

【活动重难点】

重点：婴幼儿将雪花贴纸贴在画纸上。

难点：欣赏自己的作品，觉得自己的作品很好看。

【活动准备】

1. 物质准备：雪花贴纸材料包、深蓝色的硬卡纸、下雪场景的图片。
2. 经验准备：婴幼儿有在冬季见过雪或在荧幕上见过下雪场景的相关经历。

【活动过程】

活动环节	教师行为	观察要点
一、好大的雪（3 分钟） 1. 教师出示下雪的场景图，询问婴幼儿的发现。 2. 教师引导婴幼儿分享和表达	提问： 1. 小朋友们都看到了什么呢？（有房子、有树。） 2. 许多白色的是什么呢？（是雪。）好大好大的雪啊。你们喜欢雪吗？	1. 婴幼儿是否关注到冬天下雪的场景。 2. 是否能够尝试用语言表达"雪"或有强烈表达的欲望
二、美丽的下雪天（15 分钟） 1. 教师做示范，请婴幼儿学习。 2. 教师出示深蓝色的硬卡纸，打开雪花贴纸材料包，先取出 1 个"雪人"和"树"的贴纸贴上，再将许多"小雪花"装饰在画上。 3. 为婴幼儿分发雪花贴纸材料包，请婴幼儿自由创作。 4. 教师可强调婴幼儿大胆创作，按照自己的想法来进行。 5. 教师对婴幼儿作品进行评价，积极鼓励婴幼儿的创作。 6. 为婴幼儿拍照留念	1. 教师鼓励婴幼儿自己进行创作。 2. 可以贴上许多雪花，雪越下越大，雪花就越来越多。 3. 训练"揭开""贴上"的动作，教师观察婴幼儿的精细动作情况。 4. 积极鼓励婴幼儿，希望婴幼儿大胆创作	1. 婴幼儿是否能按照操作要求完成。 2. 婴幼儿是否有自己独特的想法。 3. 是否在活动中体验到快乐

续表

活动环节	教师行为	观察要点
三、总结课程，分享交流（2分钟） 教师请婴幼儿相互欣赏作品，观察自己与他人作品的不同之处，能喜欢自己的作品，也能喜欢他人的作品	引导婴幼儿分享自己的感受	

【活动延伸】

在美工活动区角添置绘画材料等，为婴幼儿创造自由绘画的机会，可绘制小雪花。

【家园联系】

家长与婴幼儿共同绘画雪景图，请家长画雪人和其他较难的部分，请婴幼儿用手指或排笔蘸取白色颜色涂抹在画中，完成雪景图作品。

【注意事项】

1. 在自由创作的过程中，婴幼儿的作品可能会不相同，教师应给予婴幼儿适当的想象空间，不打断婴幼儿的创作。

2. 教师积极鼓励婴幼儿，让婴幼儿自己动手独立完成，并赞美婴幼儿的作品。

3. 如果婴幼儿在粘贴过程中动作比较慢，也应为其留有充分的时间，让婴幼儿的手指精细能力得到更好的锻炼。

【场景拓展】

1. 用白色纸张、棉花等代表雪花，完成粘贴作品。

2. 在户外玩撒"雪花"游戏，感受"雪花"飘落的过程。

3. 下雪时组织婴幼儿在户外玩雪，感受下雪的场景。

活动六 小雪花（美育）

【适合年龄】2~3岁

【组织形式】室内集体活动

【建议时间】20分钟

【活动目标】

1. 能够用适量的糨糊把泡沫粘到画纸上（精细动作）。

2. 对粘贴活动感兴趣，体验动手创作的快乐。

3. 通过活动感受冬季下雪天的美。

【活动重难点】

重点：幼儿用泡沫来装饰下雪的天空。

难点：能用泡沫表现出各种形态的"雪花"。

【活动准备】

1. 物质准备：教师示范画（事先用蓝灰色调的水彩涂满整个画纸），每人一份泡沫（用包装水果的泡沫套剪碎等制成），每组一份糨糊，一段有风声和下雪声的音乐（操作时播放），下雪场景的图片。

2. 经验准备：婴幼儿在冬季经历过下雪，有过粘贴手工制作的经历。

【活动过程】

活动环节	教师行为	观察要点
一、好大的雪（3分钟） 1. 教师出示有下雪场景的图片。 2. 婴幼儿仔细观察图片，表达交流自己下雪天看到了什么，是什么样的心情	引发婴幼儿对下雪天的回忆。 提问： 你们在图画上看到人们头上身上都有着什么白白的东西啊？那是什么呢？	1. 婴幼儿是否关注到冬天下雪的场景。 2. 发音是否清晰、完整，语速是否适中
二、纸上下雪（5分钟） 1. 教师出示蓝灰色底的画纸，播放有风声的音乐。 师：哇！刮风了。天空变成了灰蓝色。 2. 教师示范在纸上粘贴小泡沫碎。 师：越来越多，越来越密，这是什么呢？ 3. 播放风声，启发婴幼儿用动作表现刮风时雪花飞舞的样子。 4. 请一位小朋友来继续制作"雪花"，其他婴幼儿仔细观察	启发婴幼儿的兴趣。 提问：听，这是什么人的声音？天空是什么样子的？接下来会怎么样呢？ 帮助婴幼儿发挥想象力，为后面的创作做铺垫。 提问：小朋友做的雪花和老师的有什么不同吗？在制作的时候我们要注意什么呢？ 注意提醒婴幼儿使用糨糊要适量	1. 婴幼儿是否能主动参与，分享自己的想法。 2. 婴幼儿的肢体表现欲望和协调能力。 3. 婴幼儿是否能够集中注意力
三、幼儿实际操作（10分钟） 1. 教师请幼儿在自己的画纸上实际操作。 2. 师：现在我请小朋友在这灰蒙蒙的天空上下雪喽。（教师播放音乐） 2.幼儿操作，教师巡回指导，帮助个别能力较弱的幼儿	1. 对个别幼儿交流指导。 2. 教师尽量不打扰婴幼儿的创作，婴幼儿创作完成后，教师可以通过询问帮助婴幼儿描述自己的作品	婴幼儿能否双手协调配合完成粘贴，能否注意糨糊的使用量，是否有一定的想象力
四、结束部分（2分钟） 请幼儿相互欣赏作品，看看别人和自己下的雪有什么不一样，为自己的作品命名	鼓励婴幼儿自由表达	观察婴幼儿的表达能力，通过活动是否有快乐的情感体验

【活动延伸】

科学区探索活动：雪融化了。

美工区绘画活动：手指画出美丽的小雪花。

【家园联系】

引导幼儿在生活中注意观察下雪的景象，下雪时给雪花拍照。

【注意事项】

1. 在创作的过程中，婴幼儿可能会表现出明显的差异，教师重在激发幼儿粘贴泡沫雪花的兴趣，鼓励幼儿积极参与活动。

2. 粘贴活动不仅能锻炼幼儿手部肌肉的协调性和灵活性，还能培养幼儿耐心、细致的学习品质及创造力，要给予幼儿充足的时间去操作。

【场景拓展】

1. 用白色纸张、棉花等代替泡沫条，注意纸张不要太软。

2. 玩"撒雪花"游戏，感受"雪花"飘落的过程。

3. 下雪时组织婴幼儿户外玩雪，感受下雪的场景。

活动七 跳跳虎（体育）

【适合年龄】1.5~2 岁

【组织形式】室内集体活动

【建议时间】20 分钟

【活动目标】

1. 学习跳跃的动作。

2. 跟着节拍跳，提高动作的协调性和灵活性。

3. 尝试双脚跳圈圈。

【活动重难点】

重点：学习跳跃的动作。

难点：尝试双脚跳圈圈。

【活动准备】

1. 物质准备：桌子若干、录音机、背景音乐。

2. 经验准备：婴幼儿会双脚跳。

【活动过程】

活动环节	教师行为	观察要点
一、自由跳跳（5 分钟） 1. 教师提问，吸引婴幼儿的兴趣，鼓励婴幼儿用完整的语言表达，并通过动作模仿青蛙跳、小白兔跳。 2. 教师播放音乐，婴幼儿原地自由练习双脚跳	提问： 1.小朋友们，之前我们练习过青蛙跳、小白兔跳，你们还记得动作吗？ 2.它们是怎么样跳的？今天我们一起来学习新的小动物跳跳虎，看看它是怎么跳的	1. 婴幼儿用动作来模仿小白兔跳。 2. 动作是否准确、协调

续表

活动环节	教师行为	观察要点
二、跳跳虎，跳圈圈（12分钟） 1. 教师讲解游戏规则，婴幼儿学习。 2. 婴幼儿依次完成练习：跳跳虎，跳圈圈 摆好组合圈几个，让婴幼儿排队尝试从圈外跳进圈内，重复训练。 3. 婴幼儿自由练习，教师观察	教师巡回观察，仔细观看幼儿动作并指导，鼓励婴幼儿自己完成	1. 婴幼儿是否有节奏感。 2. 动作是否为双脚跳
三、结束部分（3分钟） 1. 教师带领婴幼儿放松训练。 2. 放松运动：拍打双腿、拉伸各关节。 3. 总结，宣布下课	教师带领婴幼儿一起完成，时刻提醒婴幼儿遵守游戏规则	检查婴幼儿是否受伤

【活动延伸】

在平时活动训练中，可以带领婴幼儿跳方格。

【家园联系】

家长可在家与婴幼儿比赛跳高，家长故意跳高、跳矮，让婴幼儿有参与感。

【注意事项】

1. 练习时间不宜过长，以免婴幼儿累。

2. 提醒婴幼儿遵守游戏规则，跳时注意左右间距、自身安全和同伴安全。

活动八　蚂蚁搬家（体育）

【适合年龄】2~3岁

【组织形式】室外集体活动

【建议时间】20分钟

【活动目标】

1. 了解蚂蚁的爬行方式。

2. 练习手膝着地自然协调地向前爬，尝试倒退爬，提高动作灵活度。

3. 喜欢小蚂蚁，愿意模仿小蚂蚁爬行。

【活动重难点】

重点：手膝着地自然协调地爬。

难点：愿意模仿蚂蚁爬行。

【活动准备】

1. 物质准备：小蚂蚁头饰若干、沙包若干（自制）、绿色垫子两块。

2. 经验准备：在夏天里观察过小蚂蚁爬行。

【活动过程】

活动环节	教师行为	观察要点
一、自由爬，爬爬乐（5分钟） 1. 教师提问，吸引婴幼儿的兴趣，鼓励婴幼儿用完整的语言表达。 2. 教师表演蚂蚁爬的动作，引发婴幼儿参与活动的愿望。 3. 婴幼儿在垫子上听信号自由向前、向后手膝着地爬	提问： 1. 小朋友们见过蚂蚁吗？蚂蚁是怎么样爬的呢？ 2. 什么季节蚂蚁最多呢？ 3. 蚂蚁要储备粮食过冬，怎么搬运粮食呢？ 教师巡回观察，鼓励婴幼儿自己完成，并用语言提醒其注意安全	1. 婴幼儿能否说出简单的完整语言。 2. 婴幼儿是否有模仿蚂蚁搬运东西的行为
二、钻山洞（5分钟） 1. 教师将婴幼儿分组。 2. 教师讲解并示范游戏玩法：每个婴幼儿将一个沙包放在背上，钻过地左边的山洞，拿着沙包走过障碍物，从场地右边小路绕回起点处。 3. 完成的婴幼儿向老师举手说明	1. 提示游戏规则。 2. 提醒婴幼儿注意安全	1. 能否完成手膝着地向前爬、向后爬的动作。 2. 注意力集中5分钟以上
三、搬豆豆（10分钟） 1. 教师讲解并示范游戏玩法：每个婴幼儿爬到指定范围内站起来，把豆豆搬运回家（起点处的小框）。 2. 第一次游戏，学生分组练习。 3. 提高游戏难度，通过各组派出一个代表参与比赛的形式，让婴幼儿进一步明确游戏的玩法。 4. 再次集体游戏，重点指导爬时前后的距离	1. 教师以个别指导为主，鼓励婴幼儿完成挑战。 2. 分组练习时可以将体能较好的婴幼儿分到不同组别，起示范作用	1. 婴幼儿在老师的指令下能够排队、轮流完成游戏。 2. 能够理解简单的规则，能够在老师的指导下完成游戏

【活动延伸】

1. 在山坡上进行爬行练习。

2. 爬行越过障碍物。

【家园联系】

家长可以在夏天带孩子外出，多带孩子观察蚂蚁的习性，让孩子喜欢小动物，并模仿其爬行。

【注意事项】

1. 引导婴幼儿学会手膝着地自然协调地向前或向后爬的方法。

2. 鼓励婴幼儿自由爬行，探索不同地面爬行的乐趣。

3. 关注婴幼儿的卫生教育，提醒婴幼儿不用脏手揉眼睛等。活动后立即开展清洁活动。

活动九 我会穿衣服（感育）

【适合年龄】1.5~2岁

【组织形式】室内集体活动

【建议时间】12分钟

【活动目标】

1. 知道冬天到了，要多穿衣服。
2. 练习穿马甲外套，能够自己独立穿上马甲外套。
3. 能够感知冬天的气候是冷的。

【活动重难点】

重点：练习穿马甲并学会穿马甲的动作。

难点：学会穿马甲并能独立完成。

【活动准备】

1. 物质准备：儿童马甲外套一人一件、冬季的相关图片、冷热水各一盆。
2. 经验准备：婴幼儿在生活中对于冬天的景象有一定的认知经验。

【活动过程】

活动环节	教师行为	观察要点
一、谈话导入，激发幼儿兴趣（2分钟） 1. 教师出示冬季的相关图片，并向婴幼儿提问。 2. 鼓励婴幼儿用简单的语言表达。 3. 集体试验，教师准备一些矿泉水瓶，一部分瓶子里装温水，另一部分瓶子放冷水。让婴幼儿分别触摸温水瓶和冷水瓶，体验冷和热，询问婴幼儿感受。 4. 教师总结冬天天气，提醒婴幼儿加衣服，为下面的环节做铺垫	提问： 1. 小朋友看一看，图片上有什么？（雪花、雪人、环卫工人。） 2. 冬天来了，很冷，每个人都穿得暖暖和和的，你们摸摸自己的衣服，穿得多吗？穿了几件？ 3. 水温怎样？哪个是热的？哪个是冷的？	1.婴幼儿是否愿意用语言表达。 2.是否能够感知冷和热
二、学习穿衣服，我会穿衣服（10分钟） 1. 教师为婴幼儿正确演示穿外套的动作与步骤，婴幼儿学习动作并模仿。 2. 教师到每位婴幼儿面前教婴幼儿穿外套的动作。 3. 为婴幼儿每人分发一件马甲外套，婴幼儿独立练习穿马甲的动作，反复训练，直到能够独立穿上为止。 4. 教师巡回指导，耐心引导能力较弱的婴幼儿。 5. 收回教具，总结下课	1. 教师对每位婴幼儿的穿衣动作进行指导。 2. 观察婴幼儿的动作。 3. 教师提醒婴幼儿应用正确的姿势穿衣服，小心拉伤胳膊	1. 是否能够理解动作并学会动作。 2. 是否能够不断尝试。 3. 遇到困难时是否主动寻求帮助

【活动延伸】
关心婴幼儿的穿衣数量,和婴幼儿共同数数穿了几件衣服,让婴幼儿理解天冷要多穿衣。
【家园联系】
家长可在家继续训练婴幼儿自己动手穿衣服的能力,促进婴幼儿生活技能发展。
【注意事项】
1. 婴幼儿对于冬天的认知理解能力还比较弱,靠实物的感受能加强婴幼儿的理解。
2. 考虑到婴幼儿所处年龄阶段的发育现况,提供无袖的马甲,能够降低穿衣难度。
3. 观察婴幼儿对自己穿衣是否反感,遇到困难是否放弃,教师应多给予心理疏导。
【场景拓展】
1. 将夏季和冬季服装进行对比观察,让婴幼儿了解不同季节衣着的变化。
2. 请婴幼儿到户外与老师一起运动,不畏严寒,锻炼身体。

活动十 寒冷的冬季(感育)

【适合年龄】2~3 岁
【组织形式】室内集体活动
【建议时间】15 分钟
【活动目标】
1. 知道秋天过去了,冬天来了。
2. 能说出冬季的自然特征和人们生活的变化(语言表达)。
3. 不畏严寒,每天坚持到托育园。
【活动重难点】
重点:体验并能说出冬季的自然特征和人们生活的变化。
难点:不畏严寒,每天坚持到托育园。
【活动准备】
1. 物质准备:冬季的图片。
2. 经验准备:婴幼儿在生活中对于冬天的景象有一定的认知经验。
【活动过程】

活动环节	教师行为	观察要点
一、谈话导入,激发幼儿兴趣(5分钟) 　1. 老师:"冬天在哪呢?让我们到户外去找冬天吧"。 　2. 找冬天——观察大树的变化、感受冬天的寒冷、观察枯萎的草和花。 　3. 鼓励婴幼儿用完整的语言表达	组织幼儿到户外观察周围环境。 提问: 小朋友看一看,冬天的花、草、树木有什么变化?	1. 婴幼儿是否愿意主动分享自己的想法。 2. 发音是否清晰,完整,语速是否适中

续表

活动环节	教师行为	观察要点
二、出示图片，说说冬天的特征（10分钟） 1. 提问，请幼儿仔细观察图片，分享自己的发现，引导幼儿从周围的环境、人们的服装、冬季的植物等方面来说说冬季的特征。 2. 引导幼儿讨论：冬天里有哪些人在室外不怕寒冷坚持工作。 （交警、清洁工、司机、边防战士） 3. 请婴幼儿自由表达	组织幼儿回到教室。 提问： 小朋友们看一看PPT，你发现了什么秘密？	婴幼儿能否仔细观察到人们服装、周围植物等的变化

【活动延伸】

设计打卡入园记录表，让婴幼儿了解自己的入园情况，不怕寒冷坚持入园。

【家园联系】

在家里，家长继续教婴幼儿冬季御寒常识，鼓励婴幼儿冬季不怕冷。

【注意事项】

1. 婴幼儿对于冬天的认识还需要依赖直接观察，教师可以引导幼儿从自身的衣着变化谈起，关注周围环境。

2. 应注意引导婴幼儿对边防战士、解放军等职业性质的了解，理解他们不畏严寒的精神。

3. 提供护手霜、面油等物品，做好防寒防冻等工作。

【场景拓展】

1. 请婴幼儿到户外与老师一起运动，不畏严寒，锻炼身体。

2. 将夏季和冬季服装进行对比观察，让婴幼儿了解不同季节衣着的变化。

第十一节　主题：新年快乐

主题设计图

④ 影响因素

婴幼儿的因素
1. 缺乏传统意识；
2. 节日体验现代化。

养育者的因素
正面因素：能够在一定程度上帮助儿童了解并体验传统习俗和礼仪；
负面因素：对传统礼仪了解少，包饺子、放鞭炮等技能也掌握不足。

环境因素
传统习俗被现代快节奏的生活所吞噬，但也出现了一些新的节日习俗。

养育者所处环境
1. 节日假期短；
2. 对传统习俗的遵守被环境限制。

托育环境
春节处于放假期间，无法真正在节日期间组织儿童体验。

② 现状
1. 春节是中国人最重视的传统节日之一；
2. 儿童对春节的传统习俗有较高兴趣；
3. 托育园需要进行相关主题活动。

③ 背景

婴幼儿方面
1. 对过春节热闹的氛围有所期待；
2. 对本民族文化了解少，不利于形成文化自信；
3. 有关于春节的一些经验。

养育者方面
1. 家长对于传统习俗的了解程度不同；
2. 希望孩子能够了解自己小时候所经历的春节；
3. 没有直观的方法了解儿童了解、掌握传统习俗与礼仪的程度。

① 目标

主题目标
1. 了解春节的主要习俗，对传统节日感兴趣；
2. 乐于参与各种易于理解和体验的春节庆祝活动；
3. 通过观察进行相关操作，锻炼大小肌肉的灵活度和协调性。

发展目标
详见表1-1。

评价方法
1. 完成该主题的目标活动；
2. 家庭中春节节日活动婴幼儿的参与度。

⑤ 教育指导方法
1. 食育
2. 木育
3. 美育
4. 体育
5. 感育

⑥ 科学依据
理论模型
实证研究成果
儿童发育评估客观数据
实际观察中的场景数据

新年是中华民族的传统节日，也是一年中中国人最为重视的节日。新年意味着农历一年的结束，新的一年的开始。新年的特色习俗、传统饮食也是丰富多彩的。在新年来临之前，在托育园开展"新年快乐"的特色活动,有利于增加儿童对新年的认知,从小树立文化自信,培养民族自豪感和爱国情怀。该主题主要以春节期间常见的一些实物作为材料,环境创设烘托春节的气氛,可与家长沟通了解儿童家庭中过春节的一些特有习惯,运用于主题活动中。

活动一　过新年,吃汤圆(食育)

【适合年龄】1.5~2 岁

【组织形式】室内集体活动

【建议时间】20 分钟

【活动目标】

1. 知道过新年要吃汤圆。
2. 能用材料做出汤圆的形状。
3. 体验自己动手的乐趣。

【活动重难点】

重点:知道过新年要吃汤圆。

难点:能将汤圆形状做出来。

【活动准备】

1. 物质准备:白色、黑色超轻黏土若干,婴幼儿罩衣,汤圆实物图片。
2. 经验准备:婴幼儿有看家人包汤圆或平时吃过汤圆的相关经验。

【活动过程】

活动环节	教师行为	观察要点
一、出示图片,引起婴幼儿的兴趣(3 分钟) 1. 教师出示汤圆实物图,请婴幼儿说出名称,激发其已有经验。 2. 讲解汤圆的形状,了解吃汤圆是过春节的传统习俗之一	提问: 大家看,这是什么? (汤圆)	1. 能否说出"汤圆"的名词。 2. 能否指认出"汤圆"
二、教师示范做汤圆,婴幼儿观察学习。(7 分钟) 1. 婴幼儿观察包汤圆的过程: 取一些白色的超轻黏土,捏成团,再压扁,取一点儿黑色的超轻黏土(芝麻馅儿)放入,再将馅儿包住,团成团,变汤圆。 2. 请个别婴幼儿在集体面前尝试包汤圆	1. 提问:要不要动手试试做汤圆呢? 2. 教师示范,婴幼儿观察学习	是否对包汤圆的示范过程进行认真观察
三、一起包汤圆吧(10 分钟) 1. 婴幼儿自己包汤圆。 2. 教师巡回进行观察。 3. 提醒婴幼儿将包好的汤圆放在自己的盘子中。	提醒: 1. 适当取超轻黏土,不要放太多馅儿。 2. 封口要封死,不露缝。	观察婴幼儿是否能够捏出"圆形"

续表

活动环节	教师行为	观察要点
4. 婴幼儿各自展示自己完成的汤圆,并尝试数出数量。 5. 组织婴幼儿放回教具,收拾好桌面,洗手	3. 要尝试将汤圆揉成"圆球"状	

【活动延伸】

在绘本区放置有关过年和汤圆等的绘本,让婴幼儿自行翻阅。

【家园联系】

1. 家长在家包汤圆的时候可以让婴幼儿参与包的过程,也引导婴幼儿理解汤圆背后的习俗。

2. 家长可以有意识地带领婴幼儿了解更多的新年习俗,如拜年、放鞭炮等。

【注意事项】

1. 教师示范的时候速度放慢,并注意随时转向,方便婴幼儿观察。

2. 在活动过程中观察婴幼儿的情况,提醒婴幼儿勿将手或材料放入口中。

【场景拓展】

1. 可以在美工区提供不同颜色的纸黏土,让婴幼儿尝试包"汤圆"。

2. 可以请家长志愿者来演示各种不同馅儿的汤圆,开拓婴幼儿对于汤圆的认识。

活动二 包饺子,过新年(食育)

【适合年龄】2~3 岁

【组织形式】室内集体活动

【建议时间】20 分钟

【活动目标】

1. 知道饺子是过春节的时候吃的传统食物。

2. 能用舀、捏的方式尝试自己包饺子(精细动作)。

3. 包饺子遇到困难时不轻易放弃,愿意坚持尝试。

【活动重难点】

重点:知道过春节时要吃饺子。

难点:能包饺子,基本不露馅。

【活动准备】

1. 物质准备:成品饺子皮若干,一个较大的饺子皮(教师示范用),拌好的饺子馅(每组一份),纯净水(每组一碗);饺子盘(每组一个)、小勺和案板(人手一个)。

2. 经验准备:婴幼儿在家里看过家长包饺子。

【活动过程】

活动环节	教师行为	观察要点
一、出示成品饺子，引起婴幼儿的兴趣（3分钟） 　　出示成品饺子，请婴幼儿说出名称，激发其已有经验。 　　了解吃饺子是过春节的传统习俗	提问： 1. 大家看，这是什么？（饺子） 2. 你们家谁会包饺子？ 3. 我们在什么时候吃饺子呢？（过年的时候、团聚的时候）	1. 能否说出"饺子"的名词，建立词语与物品之间的联系。 2. 能否将吃饺子与过年相匹配，了解其相关性
二、教师示范包饺子，婴幼儿观察学习（5分钟） 　1. 婴幼儿观察放饺子馅——包饺子皮的包饺子过程： （1）将饺子皮放在案板上。 （2）用小勺舀一勺饺子馅放在饺子皮的中间。 （3）用手指蘸一点水，把饺子皮的边缘打湿。 （4）将饺子对折，用按压或捏的方式将饺子封口。 　2. 请个别婴幼儿在集体面前尝试包饺子	教师示范。 提醒： 1. 不要放太多饺子馅。 2. 封口要封死，不露缝。 教师请平时动手能力较强的婴幼儿为其他人做示范	1. 是否有目的（包饺子）地进行观察。 2. 是否敢于在集体面前表现
三、婴幼儿自主包饺子，教师巡回观察，指导（10分钟） 　1. 婴幼儿彻底清洗双手，十指交叉坐在座位上。 　2. 自己包饺子，包好的饺子放在自己的案板上（每人包2~3个即可）	提醒：要蘸一点水，否则饺子皮粘不起来。 鼓励失败的婴幼儿继续尝试。 及时展示包得比较好的饺子，引导其他婴幼儿学习	能否通过仔细观察，检查出饺子是否有露馅的地方
四、展示（2分钟） 　　婴幼儿洗净双手后搬椅子围着大家的桌子坐半圆，方便观察桌子上的饺子。 　　主动向大家介绍自己包的饺子。	教师展示包得好的饺子（不露馅），请婴幼儿判断某个饺子是否露馅	

【活动延伸】

午餐的时候，品尝大家亲手包的饺子，体会自己劳动带来的乐趣。

【家园联系】

1. 家长在家包饺子的时候可以让婴幼儿参与包的过程，也引导婴幼儿理解饺子背后的习俗。
2. 家长可以有意识地带领婴幼儿了解更多的新年习俗，如拜年、放鞭炮等。

【注意事项】

1. 教师示范的时候可以将面板稍微向上倾斜，并注意随时转向，方便婴幼儿观察。

2. 教师可以选择离午饭时间比较近的时候组织活动，让婴幼儿能够及时吃上自己包的饺子。

【场景拓展】

1. 可以在美工区提供不同颜色的纸黏土，让婴幼儿尝试包"饺子"。
2. 可以请家长志愿者来表演包各种造型的饺子，开拓婴幼儿对于饺子的认识。

活动三 雪花飞扬（木育）

【适合年龄】1.5~2 岁

【组织形式】室内区角活动

【建议时间】20 分钟

【设计意图】

四川某些地区在冬季不下雪，婴幼儿在生活中接触到雪的概率不高，我们可以为婴幼儿自制雪花，让婴幼儿体验雪花飞扬的感受，从活动中感受快乐，增强对冬季、对下雪的认知能力。

【活动准备】

1. 物质准备：区角充气海洋池、废旧报纸白纸若干、雪花片材料包、海洋球若干、吹风机一个。
2. 经验准备：婴幼儿有在游乐园玩过海洋球等的经验。

【环境布置】

环境布局图	目标要求	好	一般	差
充气海洋池 海洋球 婴幼儿撕下的废旧白纸碎片 雪花片 教师观察台	引导婴幼儿在充气海洋池里活动，提醒婴幼儿注意勿将雪花、碎纸扔到池外			
	在海洋池里撕碎纸片，撕很多很多，一把抓起来可以往天空中撒或撒向他人，共同"打雪仗"			
	观察婴幼儿是否玩得开心，在活动中感受到快乐			
	教师指导观察婴幼儿精细动作发展，是否与他人玩耍交流			
	婴幼儿在活动中遇到困难时是否及时向老师寻求帮助			
	教师可偶尔使用吹风机将碎纸花吹起来，代表着漫天飞舞的雪花			

【教师行为】

1. 教师引导婴幼儿将纸撕成碎纸片，并观察婴幼儿精细动作，必要时给予指导。

2. 教师偶尔使用吹风机将碎纸花吹起来，为婴幼儿营造漫天飞雪的景象。

3. 教师提醒婴幼儿不能故意将碎纸花扔到池外，在活动结束时大家一起清理卫生。

【家园联系】

1. 家长有时间可带婴幼儿出门玩雪，趁下雪的时候与婴幼儿一起打雪仗、堆雪人，感受大自然的赠予。

2. 在家也可以为婴幼儿提供自制雪花的机会，让婴幼儿参与并感受快乐。

【注意事项】

1. 对于不感兴趣的婴幼儿，教师不必过分强求，可以让其在旁边观察别人游戏。

2. 注意不要让婴幼儿把材料放进嘴里。

3. 教师用吹风机吹碎纸片时，注意不要对准婴幼儿身体。

【场景拓展】

1. 可以在美工区提供白色面纸，让婴幼儿制作"雪球"，再在户外进行打雪仗的游戏。

2. 如所在地区常年不下雪，也可以将水放在冰箱里冷冻四个小时左右，再倒出来做成冰沙，让婴幼儿感受冰雪的质地。

活动四　打雪仗（木育）

【适合年龄】2~3 岁

【组织形式】室外集体活动

【建议时间】20 分钟

【活动目标】

1. 初步感知雪的形态，如冰凉、易化等。

2. 能用团、握的方式制作雪球，并用大臂力量，以抛物线的形式将雪球扔出去（粗大运动）。

3. 喜欢"打雪仗"等相互逗趣的游戏，愿意主动出击（社会交往）。

【活动重难点】

重点：能用团、握的方式制作雪球。

难点：敢于参加打雪仗的游戏，不退缩。

【活动准备】

1. 物质准备：教师事先准备一大盘子雪；下雪的天气或有积雪。

2. 经验准备：婴幼儿见过雪。

【活动过程】

活动环节	教师行为	观察要点
一、了解雪的形态（2分钟） 教师出示用盘子装的雪，婴幼儿观察雪的形态	提问： 大家看，这是什么？ 雪是什么颜色的？ 雪融化了变成什么了？什么颜色的？	是否能够分辨"白色""透明"
二、学习团雪球（5分钟） 1. 观察教师示范团雪球。 2. 婴幼儿尝试团雪球	教师示范：用双手抓雪——放在手心——双手握一握——团一团	婴幼儿能否双手配合做团、握的动作
三、到户外打雪仗（13分钟） 1. 婴幼儿站在圆圈线上，听教师介绍游戏玩法。 "今天我们要打雪仗，就是快快地团一个雪球然后扔到别人的身上。" 2. 教师与配班老师（相隔3米距离）示范团雪球和扔雪球。 3. 婴幼儿散点进行打雪仗的游戏。 教师参与到打雪仗的游戏中，让婴幼儿模仿教师躲闪、主动出击	教师边示范边讲解，强调扔的动作。 提醒婴幼儿不要对着脸打	是否敢于主动出击，愿意参与互动游戏，获得初步的"成功"或"失败"的体验
四、结束活动，回到班级喝点温开水		

【活动延伸】

婴幼儿可在日常活动中玩其他竞争类的游戏，如"看谁抢得快"，两个物品放在两个孩子的中间，如红蓝两块积木。老师说出物品名称的同时，两个孩子开始抢，先拿到物品的为赢。

【家园联系】

1. 家长不要因为天气寒冷而不带婴幼儿出门玩雪，应该趁下雪的时候与婴幼儿一起打雪仗、堆雪人，感受大自然的赠予。

2. 如遇到特别不愿意玩"打雪仗"此类互动、竞争游戏的婴幼儿，可及时与家长沟通，提醒家长注意其社会交往和耐挫能力的培养。

【注意事项】

1. 对于不愿参与打雪仗的婴幼儿，教师不必过分强求，可以让其在旁边观察别人游戏。

2. 雪天注意婴幼儿保暖，也不可玩得太久，避免出汗着凉。

【场景拓展】

1. 可以在美工区提供白色面纸，让婴幼儿制作"雪球"，再在户外进行打雪仗的游戏。

2. 如所在地区常年不下雪，也可以将水放在冰箱里冷冻四个小时左右，再倒出来做成冰沙，让婴幼儿感受冰雪的质地。

活动五 新年贺卡（美育）

【适合年龄】1.5~2 岁

【组织形式】室内区域活动

【建议时间】20~30 分钟

【设计意图】

新年到，婴幼儿都会收到爸爸妈妈、爷爷奶奶等长辈送的礼物，此次活动中，婴幼儿尝试通过自己的操作，制作出送给家人的礼物。自己动手做新年贺卡为家人们送上祝福，体会感恩与赠予的快乐。

【活动准备】

1. 物质准备：贺卡若干、贴纸若干、彩笔（老师写祝福语）。
2. 经验准备：婴幼儿有进行手工制作的经验。

【环境布置】

环境布局图	目标要求	好	一般	差
操作台（贺卡若干、贴纸卷、贴纸卷、贴纸卷、贺卡若干、教师观察台）	提供多种贴纸供婴幼儿自主选择装饰			
	后期在婴幼儿装饰好贴纸后，教师帮婴幼儿写上祝福语及名字			
	贺卡数量足够，让每位婴幼儿最多可取 4 张，分别送给爸爸妈妈、爷爷奶奶			
	教师对婴幼儿精细动作能力的发展情况进行指导观察			
	婴幼儿在活动中遇到困难是否及时向老师寻求帮助			

【教师行为】

1. 教师为不同的婴幼儿提供不同层次的材料，形成不同难度的挑战。
2. 教师利用区域活动之前的介绍环节为全体婴幼儿示范如何将贴纸撕下来，再贴到贺卡上。
3. 教师提醒婴幼儿做好的贺卡要及时给老师，老师写上祝福语及名字。

【家园联系】

1. 过程中观察婴幼儿的手部灵活度及力量，观察其精细动作能力的发展，及时与家长做好沟通。
2. 家长在家中送给婴幼儿礼物的时候要请婴幼儿表达感谢，学习感恩。

【注意事项】

1. 提醒婴幼儿贴纸的正确使用方式，对贺卡的装饰要适当、适量。

2. 有的婴幼儿由于手部精细运动能力的发展不够，在撕贴纸和贴贴纸时找不到正确的方法，教师应给予个别指导。

【场景拓展】

1. 让婴幼儿制作新年红包，请家长为婴幼儿装好压岁钱。
2. 可以尝试使用双面贴贴稍大点的花纸片等，做成一幅漂亮的花朵画。

活动六　新年糖果送爸妈（美育）

【适合年龄】2~3 岁

【组织形式】室内区域活动

【建议时间】20~30 分钟

【设计意图】

新年到，婴幼儿都会收到爸爸妈妈、爷爷奶奶等长辈送的礼物，此次活动中，婴幼儿尝试通过自己的操作，制作出送给家人的礼物，让婴幼儿体会感恩与赠予的快乐。

【活动准备】

1. 物质准备：各种碎纸放在筐中（报纸、面纸、广告纸、皱纹纸）；请婴幼儿与家长收集各种糖纸，将其展开放好（如收集糖纸困难，也可以网上购买）；为每一名婴幼儿准备透明的罐子。
2. 经验准备：婴幼儿用拧的方式打开过糖果。

【环境布置】

环境布局图	目标要求	好	一般	差
操作台 展开的糖纸 报纸　面纸　皱纹纸 展开的糖 展柜（放透明小罐子）	提供多种纸供婴幼儿自主选择作为糖果			
	后期提供更多材料作为糖果（纸黏土、小石子等）			
	展开的糖纸要有大有小，颜色鲜艳，让婴幼儿有更多的选择空间			
	后期也可提供剪成糖纸大小的白纸，让婴幼儿自主装饰糖纸			
	展柜要低矮，能让婴幼儿够到。为每一名婴幼儿提供透明小罐子做收纳			

【教师行为】

1. 教师为不同的婴幼儿提供不同层次的材料，形成不同难度的挑战。

2. 教师利用区域活动之前的介绍环节为全体婴幼儿示范用纸搓成球，然后包在糖纸中，用拧的方法做糖果。

3. 教师提醒婴幼儿做好的糖果要放在罐子里，放满了就可以送给爸爸妈妈了。

【家园联系】

1. 过程中观察婴幼儿的手部及腕部肌肉的灵活度及力量，及时与家长沟通。

2. 家长在家中送给婴幼儿礼物的时候要请婴幼儿表达感谢，学习感恩。

【注意事项】

1. 可以采用玻璃小罐子，这也是让婴幼儿珍惜日用品的一个机会，如婴幼儿普遍年龄过小，也可换成塑料的透明罐子。

2. 有的婴幼儿由于手部力量不足，糖纸会拧得比较松散。在婴幼儿已经尽力的情况下，教师不必帮助其拧紧。让其直接装进罐子里。独立完成一个送给爸妈的礼物，会让其更加有成就感。

【场景拓展】

1. 让婴幼儿画一幅自己喜欢的画放在新年红包里送给爸妈。

2. 也可采用集体活动的形式，让婴幼儿同时进行做糖果的活动，方便教师帮助婴幼儿快速掌握拧、搓的技巧。

3. 用彩色卡纸剪成长条，做成"拉花"送给爸妈，作为新年中家庭的装饰。

活动七 我会打太极（体育）

【适合年龄】1.5~2 岁

【组织形式】室外/室内集体活动

【建议时间】15 分钟

【活动目标】

1. 了解太极的基本动作。

2. 能够掌握太极的基本动作。

3. 喜欢运动，愿意模仿。

【活动重难点】

重点：掌握太极的简单动作。

难点：精气神的展现，愿意学习并积极参与。

【活动准备】

1. 物质准备：播放器、U 盘、教师示范动作视频。

2. 经验准备：有见过公园里其他人打太极或跳广场舞的经验。

【活动过程】

活动环节	教师行为	观察要点
一、熟悉音乐，模仿动作（3分钟） 1. 热身活动：徒手操。 2. 教师示范动作，吸引婴幼儿的兴趣。 3. 婴幼儿自由模仿太极的动作，包括上肢、下肢和手型	1. 教师带领婴幼儿进行热身活动。 2. 观察婴幼儿模仿的动作	1. 婴幼儿是否愿意运动。 2. 是否有模仿各种动作的行为
二、打太极（10分钟） 1. 教师分解动作教学一。 双手张开，向左、向右、向上、向下 2. 婴幼儿模仿动作。 3. 教师带领婴幼儿配合音乐完成。 组合二：太极宝宝棒棒棒、快乐冲冲冲！ 组合三：自由挥舞手臂 扫描二维码，查看打太极视频	1. 纠正婴幼儿的动作。 2. 进行正确示范	1. 手型是否正确。 2. 是否能够上下肢协调配合
三、放松活动（2分钟） 1. 拉伸运动。 2. 教师总结，宣布下课。 3. 组织婴幼儿回班级、饮水	帮助婴幼儿调整呼吸，逐渐稳定情绪	1. 是否有婴幼儿受伤。 2. 注意幼儿出汗量，及时饮水

【活动延伸】

婴幼儿练习边说儿歌边做动作，尝试跟着音乐完成。

【家园联系】

家长可以带着孩子去公园观看叔叔阿姨或爷爷奶奶打太极，跟着一起学习模仿太极动作。

【注意事项】

1. 引导婴幼儿学习太极的简单的动作，包括动作要领、顺序、方向。
2. 鼓励婴幼儿做操，在做操中感受乐趣。
3. 提醒婴幼儿按照音乐完成动作，注意保护自己和同伴。

活动八　中国功夫（体育）

【适合年龄】2~3岁

【组织形式】室外/室内集体活动

【建议时间】20分钟

【活动目标】

1. 了解握拳、冲拳、架掌、勾手、马步等动作。
2. 能够掌握武术操的动作要领，喜欢做操。
3. 喜欢中国功夫，愿意模仿。

【活动重难点】

重点：掌握《嘿嘿哈哈武术操》的动作。

难点：精气神的展现。

【活动准备】

1. 物质准备：播放器、U盘、教师示范动作视频。
2. 经验准备：了解中国功夫，见过武术动作。

【活动过程】

活动环节	教师行为	观察要点
一、熟悉音乐，模仿动物（3分钟） 1. 热身活动：徒手操。 2. 播放教师示范动作视频，吸引婴幼儿的兴趣。 3. 婴幼儿自由模仿武术的动作，包括上肢、下肢和手型。	1. 教师带领婴幼儿进行热身活动。 2. 播放动作视频。 3. 观看婴幼儿模仿的动作	1. 婴幼儿是否愿意运动。 2. 是否有模仿各种动作的行为
二、《嘿嘿哈哈武术操》（15分钟） 1. 教师分解动作教学一：嘿哈组合 采用镜面示范，结合线性渐进法和递加法进行教学，儿歌：嘿——哈——嘿哈——嘿哈——嘿——哈！ 2. 婴幼儿模仿动作。 3. 教师带领婴幼儿配合音乐完成。 注：组合二至三方法同组合一。 组合二：坐如钟，站如松，功夫宝宝棒棒棒昂首挺胸；折如弓，快如风，功夫宝宝棒棒棒快乐冲冲冲！ 组合三：抱拳，冲拳，架掌，勾手。 重复组合1~3	1. 纠正婴幼儿的错误。 2. 进行正确示范	1. 是否手型正确。 2. 是否马步冲拳时能够上下肢协调配合
三、放松活动（2分钟） 1. 拉伸运动。 2. 教师总结，活动结束。 3. 组织婴幼儿回班级、饮水。	帮助婴幼儿调整呼吸，逐渐稳定情绪	1. 是否有婴幼儿受伤。 2. 注意幼儿出汗量，及时饮水

【活动延伸】

婴幼儿练习边说儿歌边做动作、尝试跟音乐完成。

【家园联系】

家长可以带着孩子一起完成武术操，可以讲解武术文化、介绍其他的武术动作等。

【注意事项】

1. 引导婴幼儿学习武术操的动作，包括动作要领、顺序、方向。
2. 鼓励婴幼儿做操，在做操中感受乐趣。
3. 提醒婴幼儿伴随音乐完成动作，注意保护自己和同伴。

活动九 新年快乐！（感育）

【适合年龄】1.5~2 岁

【组织形式】室内集体活动

【建议时间】15 分钟

【活动目标】

1. 让婴幼儿明白什么是过新年。
2. 学会"新年快乐"的祝福语。
3. 能够将"新年快乐"祝福语运用到生活中。

【活动重难点】

重点：学会用语言表达"新年快乐"。

难点：学会灵活使用新年祝福语。

【活动准备】

1. 物质准备：提前向家长收集家人和婴幼儿过新年的照片或大合照、新年景象的图片，提前装扮教室新年环境，儿歌《新年好》，沙锤、小鼓摇、摇铃等乐器若干。
2. 经验准备：婴幼儿在日常生活中感受到新年的到来，有听过新年的相关话题。

【活动过程】

活动环节	教师行为	观察要点
一、观看过新年的照片和新年景象图，吸引婴幼儿注意力（2分钟） 1. 请婴幼儿观察照片和图片上的内容。 2. 请婴幼儿指认自己的照片，教师引出过新年的主题	提问： 1. 大家看，这是谁？ 2. 图片上有红色的春联，我们要"过年了"	1. 是否对图片上的内容感兴趣。 2. 是否认真主动观察
二、唱《新年好》儿歌（10分钟） 1. 播放《新年好》儿歌，教师轻声哼唱，婴幼儿学习。 2. 为婴幼儿分发沙锤、小鼓或摇铃等乐器，让婴幼儿听着音乐跟着节奏来打节拍，体验音乐的乐趣。 3. 教师与婴幼儿一起哼唱《新年好》儿歌	1. 提醒婴幼儿听儿歌，询问旋律是否熟悉。 2. 教师跟婴幼儿一起唱儿歌。 3. 教师观察婴幼儿的节奏感	1. 是否能够跟着老师尝试唱《新年好》儿歌（观察能否说出词语或音节）。 2. 是否在活动中体验快乐

续表

活动环节	教师行为	观察要点
三、新年快乐！（3分钟） 1. 教师情景引入：过年啦，要说"新年快乐"，引导婴幼儿说出"新年快乐"。 2. 教师教婴幼儿做"恭喜"的动作，对婴幼儿说"新年快乐"，每位婴幼儿排队到教师面前说"新年快乐"。 3. 交代任务，回家后对家人做"恭喜"动作并送上"新年快乐"祝福语	1. 小朋友们，跟着老师一起来学习"新年快乐"吧！ 2. 将双手拿出，跟着老师学习做"恭喜"的动作。 3. 老师对每位小朋友送新年祝福，小朋友也为老师送上新年祝福哦！	1. 是否能做出"恭喜"动作。 2. 是否在语言和神情中表现出非常高兴的体验感

【活动延伸】

在区角摆放过年相关的物品进行装饰，让婴幼儿感知过新年的氛围。

【家园联系】

1. 家长与婴幼儿共同贴窗花或"福"字，让婴幼儿更能感受新年的到来。

2. 家长回忆往事，和婴幼儿分享自己小时候或以往过新年的趣事。

【注意事项】

1. 婴幼儿对新年节日的概念比较模糊，在认知上应多强调新年相关元素，如贴对联、贴福字、放鞭炮等，增强其认知。

2. 婴幼儿学会"新年快乐"祝福语，但不一定知道是在新年节日才会使用的，所以在不是新年时婴幼儿却说出"新年快乐"的时候，教师或家长应积极回应并进行提醒。

【场景拓展】

1. 观察外面街道张灯结彩、家家户户贴对联的新年景象。

2. 可和婴幼儿互相问候，送上新年祝福语。

活动十　我长大啦！（感育）

【适合年龄】2~3岁

【组织形式】室内集体活动

【建议时间】20分钟

【活动目标】

1. 知道自己与婴儿时期相比长大了。

2. 能区分自己在婴儿时期与现阶段的长相和用品。

3. 体会自己长大了、能够照顾自己的自豪感。

【活动重难点】

重点：感受到自己相比于婴儿时期长大了。

难点：能区分婴儿时期与现阶段的用品。

【活动准备】

1. 物质准备：请家长准备婴幼儿婴儿时期（1岁以内）的照片和常用物品以及现阶段的照片和常用物品；教师平时积累婴幼儿自己吃饭、喝水、睡觉的视频或照片；教师将照片制作成PPT；两个透明低矮储物筐（分别贴有婴儿和幼儿卡通图片的标志）用于分类放物品。

2. 经验准备：婴幼儿与家长共同参与准备的过程，对自己的变化有所察觉。

【活动过程】

活动环节	教师行为	观察要点
一、个别婴幼儿的照片展示，引起婴幼儿兴趣（3分钟） 提问帮助婴幼儿了解自己婴儿时期与现阶段长相是不一样的	提问： 大家看，这是谁？（婴儿阶段） 你们不认识啊，那这是谁？（现阶段） 为什么你们刚刚没认出××呢？（那是他还是小宝宝的时候）	是否能够区别时间阶段的不同，理解现在和婴儿阶段是不同的时间段
二、PPT展示婴幼儿的照片，请大家尝试说一说哪个是自己和自己的婴儿时期（5分钟） 婴幼儿自己指认自己的照片，并说明："这是我小时候，这是我现在。" 婴幼儿尝试从他人和自己照片的对比中，说出婴儿时期和现阶段的变化（身高、体重、头发等）	适时提醒婴幼儿可从身高、体重等方面进行比较	是否能用简单的形容词来形容自己（很高、很矮）
三、出示婴幼儿带来的物品，请婴幼儿尝试说明、分类。（7分钟） 婴幼儿分辨婴儿时期和现在所穿衣服的差距，并尝试放在贴有标记的两个分类筐中。 婴幼儿自己尝试找出婴儿时期和现阶段常用的日用品（婴儿时期常用的奶瓶、奶嘴、口水巾、尿不湿等；现阶段常用的吸管杯、小书包、小雨伞等）	用提问的方式帮助婴幼儿判断：你现在还用尿不湿吗？你现在用什么喝水？	是否能用比较完整的句子说明自己的变化
四、提供婴幼儿在托育园所做的自己照顾自己的事情的视频，说一说自己照顾自己的感受（5分钟） 播放婴幼儿集体喝水、午餐、午睡时候的视频。婴幼儿感受自己的事情自己做的成就感	提问： 你可以自己做哪些事情了？觉得自己长大了吗？	是否在语言和神情中表现出自豪的自我体验

【活动延伸】

将婴幼儿在婴儿时期所使用的物品放在角色区，请婴幼儿尝试扮演爸爸妈妈照顾"宝宝"。

【家园联系】

1. 家长整理婴幼儿从小到大的照片，带领婴幼儿感受自己长大的过程，对自己近期的变化也可以加以引导（如从不会骑滑板车到会骑滑板车）。

2. 家长给婴幼儿更多的机会去完成自我服务和帮忙做家务，让婴幼儿深刻体会到长大的自豪感。

【注意事项】

1. 家长带来的有些物品并不能非常明显地体现婴儿阶段和现阶段的区别，教师要在课前做好筛查。

2. 摆放物品的活动一定要让婴幼儿自己操作，争取每名婴幼儿都有机会去分辨并分别摆放婴儿时期及现阶段的物品，让婴幼儿从自身出发来理解不同时期的不同。

【场景拓展】

1. 可在区域活动中提供不同阶段婴幼儿的物品，进行分散式的活动。

2. 户外活动中可结合跑步活动将物品放到20米外的两个分类筐（婴儿时期和现阶段）里。

第十二节　主题：科技生活初感知

主题设计图

④ 影响因素

婴幼儿的因素
1. 缺乏正确认知；
2. 自控能力较弱；
3. 受外界影响大。

养育者的因素
正面因素：能够在一定程度上科学判断科技产品对于儿童的影响是积极还是消极的；
负面因素：执行力不够，不知道引导儿童的正确方式。

环境因素
多媒体、人工智能等相应技术渗透到生活的方方面面。

养育者所处环境
工作压力大；
养育大力大。
自己有娱乐等生活需求；
隔代带养的观念不同。

托育环境
信息技术广泛使用，但是基本由教师进行。儿童屏幕暴露的时间不一。

② 现状
1. 这一代儿童是数字信息时代的"原住民"，科技在生活中无处不在；
2. 网络成瘾等社会问题呈现低龄化倾向。

③ 背景

婴幼儿方面
1. 儿童一些常见健康问题，如肥胖、弱视等被证明与电子产品的使用具有关联；
2. 视频暴露时间、电子游戏时间、不恰当上网等会增加儿童心理问题的发生概率；
3. 儿童获得直接经验的机会减少。

养育者方面
1. 自己对于科技产品依赖性较强；
2. 对于儿童使用科技产品的影响没有正确认知；
3. 对于儿童使用电子产品等科技产品没有科学、一致的教养方法。

① 目标

主题目标
1. 能够合理利用科学技术，正确处理科学技术与自然、与人类的关系；
2. 初步认识生活中常用的科技产品，知道简单的使用规则；
3. 在成人的指导下使用科技产品，避免过度使用。

发展目标
详见表1-1。

评价方法
1. 完成该主题的目标活动
2. 家长反馈

⑤ 教育指导方法
1. 食育
2. 木育
3. 美育
4. 体育
5. 感育

⑥ 科学依据
理论模型
实证研究成果
儿童发育评估客观数据
实际观察中的场景数据

随着社会的发展，儿童的生活中也越来越离不开各种科技产品。手机、电脑、电视等电子产品已经不可避免地进入儿童的生活中,并且对儿童产生重要影响。如何引导儿童正确对待电子产品是社会发展过程中产生的新问题,需要托育园和家长共同探讨与解决。儿童在进入托育园之前已经有了不同程度的接触电子产品的经验,也会受到家长使用电子产品习惯的影响。本次主题活动的目的并非回避电子产品对生活的影响,而是正确面对,规范使用,帮助儿童初步认识电子产品的使用利弊,学会正确使用电子产品。环境创设方面,可以结合科技小制作,让儿童体验科技的神奇与魅力。家园合作方面,教师可以和家长沟通,希望家长以身作则,在家中合理使用电子产品,给儿童树立榜样。

活动一 厨具我会用(食育)

【适合年龄】1.5~2 岁
【组织形式】室内区角活动
【建议时间】20~30 分钟
【设计意图】
　　与厨房用具认知的相关集体教学活动相呼应,突出引导婴幼儿认识厨具;并引导婴幼儿用语言指认出不同的厨具、如碗、锅、烧水壶、灶等。
【活动准备】
1. 物质准备:厨房玩具包若干。
2. 经验准备:在家里关注厨房,对家长做饭感兴趣。
【环境布置】

环境布局图	目标要求	好	一般	差
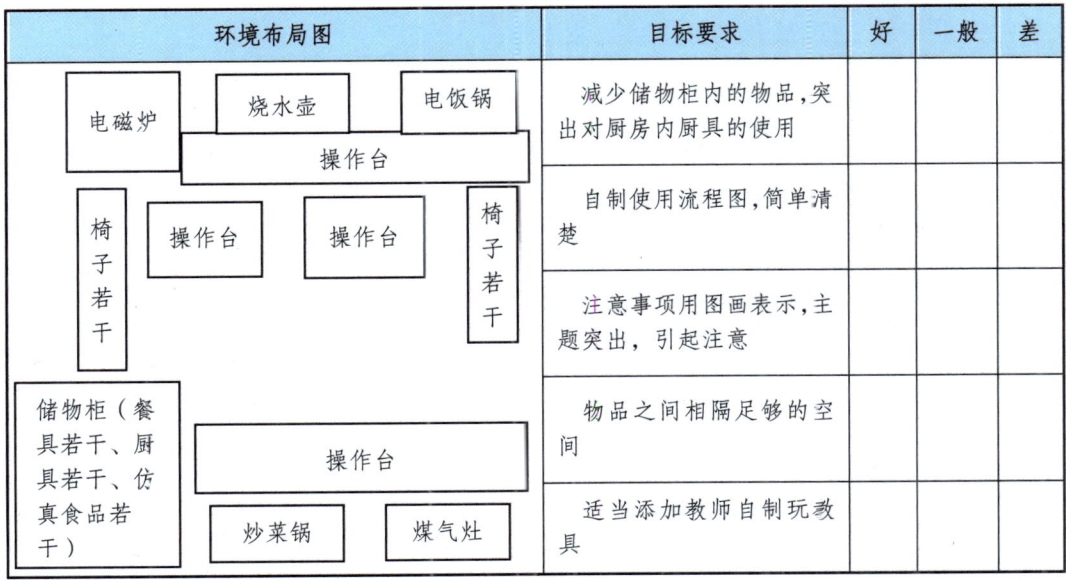	减少储物柜内的物品,突出对厨房内厨具的使用			
	自制使用流程图,简单清楚			
	注意事项用图画表示,主题突出,引起注意			
	物品之间相隔足够的空间			
	适当添加教师自制玩教具			

【教师行为】
1. 如果发生争抢,尽量补充提供同样的教具,或者组织轮流进行。

2. 不打断婴幼儿的活动。如果有求助，引导其观察标识进行。
3. 尊重婴幼儿自己选择的活动，不强迫婴幼儿注意厨具的使用。

【家园联系】
1. 过程中对婴幼儿进行观察记录，将结果与家长及时沟通。
2. 与家长沟通婴幼儿的认知能力，建议家长在家里引导幼儿巩固认识厨具。

【注意事项】
该阶段婴幼儿处于独立或者平行游戏阶段，同伴交往的机会较少。教师要根据婴幼儿的数量投放材料，种类不宜过多，但是每种玩教具的数量必须充足。

活动二 厨房电器我会用（食育）

【适合年龄】2~3岁
【组织形式】室内区角活动
【建议时间】20~30分钟
【设计意图】
与厨房用具认知的相关集体教学活动相呼应，突出环境设置中各类标识的引导作用。婴幼儿通过角色扮演，自由尝试，感受厨房中的科技生活。

【活动准备】
1. 物质准备：厨房娃娃家玩具、教师在每个电器旁边张贴自制使用流程图和注意事项。
2. 经验准备：在家里关注厨房，对家长做饭感兴趣；开展过认识厨房用具的集体活动。

【环境布置】

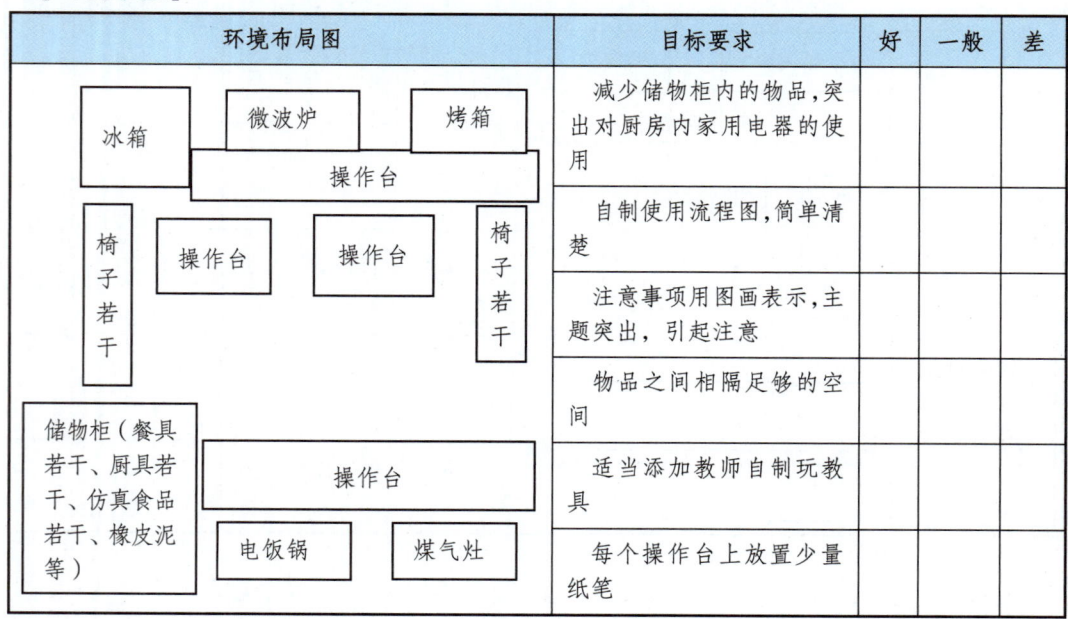

环境布局图	目标要求	好	一般	差
	减少储物柜内的物品，突出对厨房内家用电器的使用			
	自制使用流程图，简单清楚			
	注意事项用图画表示，主题突出，引起注意			
	物品之间相隔足够的空间			
	适当添加教师自制玩教具			
	每个操作台上放置少量纸笔			

【教师行为】

1. 如果发生争抢，尽量补充提供同样的教具，或者组织轮流进行。
2. 不打断婴幼儿的活动。如果有求助，引导其观察标识进行。
3. 尊重婴幼儿自己选择的活动，不强迫婴幼儿注意厨房电器的使用。

【家园联系】

过程中对婴幼儿进行观察记录，将结果与家长及时沟通。与家长沟通婴幼儿的饮食习惯。建议可以让婴幼儿参与家庭中力所能及的劳动。

【注意事项】

该阶段婴幼儿处于独立或者平行游戏阶段，同伴交往的机会较少。教师要根据婴幼儿的数量投放材料，种类不宜过多，但是每种玩教具的数量必须充足。

活动三 花儿朵朵真美丽（木育）

【适合年龄】1.5~2 岁

【组织形式】室内集体活动

【建议时间】15 分钟

【活动目标】

1. 增强婴幼儿的活动参与感，享受干花带来的乐趣。
2. 锻炼婴幼儿手指精细动作的能力。

【活动重难点】

重点：能够认识花朵。

难点：干花瓣的正确使用。

【活动准备】

1. 物质准备：干花瓣、胶棒、卡纸、有关花的图片。
2. 经验准备：婴幼儿在生活中有过欣赏花的经验。

【活动过程】

活动环节	教师行为	观察要点
一、美丽的花（3分钟） 1. 教师拿出图卡纸让小朋友们欣赏，使小朋友们对花产生兴趣。 2. 教师引导小朋友们观察花的颜色、形状特征，能够在教师引导下，复述出花的颜色。	提问： 大家看一看这是什么呢？	1. 是否能够说出"花"。 2. 是否有强烈的动作或语言表达行为
二、动动手，贴一贴（10分钟） 1. 欣赏各种花的照片，老师讲解操作流程。 2. 拿出干花瓣，分发给每个小朋友，闻一闻、摸一摸、贴一贴。 3. 教师对需要帮助的小朋友给予指点和帮助	讲解流程	1. 能否仔细认真观察。 2. 是否能把花瓣"贴好"

续表

活动环节	教师行为	观察要点
三、总结（2分钟） 老师总结下课	提问：小朋友们，你们喜欢花吗？	是否能够用简单语言表达出对花的喜爱，是否会说出"喜欢"或"不喜欢"

【活动延伸】

老师还可以组织婴幼儿观察干花的制作流程。

【家园联系】

活动结束后将婴幼儿的作品照片反馈给家长。

【注意事项】

1. 婴幼儿年龄小，注意胶棒使用时的安全。

2. 个别小朋友处于口欲期，要注意防止他们把东西吃进嘴里。

【场景拓展】

1. 可以将花瓣贴活动反复开展来培养婴幼儿手指的精细动作。

2. 可以根据不同季节来开展树叶贴画等。

活动四 相机里的大自然（木育）

【适合年龄】2~3岁

【组织形式】晨间活动

【建议时间】20分钟

【活动目标】

1. 初步了解拍照工具的使用方法与规则（理解能力）。

2. 能够主动观察大自然，发现大自然中值得留念的场景。

3. 愿意主动尝试拍照，体验利用工具感知大自然的乐趣。

【活动重难点】

重点：观察大自然，选择自己感兴趣的自然场景进行拍照。

难点：拍照工具的正确使用

【活动准备】

1. 物质准备：手机或者是平板电脑；提前联系家长，请家长提前10分钟来到托育园（托育机构），说明活动安排。（如果家长没有时间，则老师代替家长完成。）

2. 经验准备：婴幼儿在生活中有使用手机等进行拍照的经验。

【活动过程】

活动环节	教师行为	观察要点
一、托育园的早晨（10分钟） 1. 家长提前20分钟带孩子来到托育园的户外活动场地。 2. 家长和婴幼儿一起观察早晨托育园中的自然环境。 3. 婴幼儿在家长的帮助下，拍下自己喜欢的一种自然物（或者场景）。 4. 家长通过班级群将照片传给教师，教师进行搜集。	1. 提前在托育园门口迎接家长。 2. 提醒家长让婴幼儿自己选择自己喜欢的一处自然场景进行拍摄。 3. 收集小朋友的作品，整理后准备在班级进行投影播放。	1. 婴幼儿和家长的情绪态度是否积极、愉悦。 2. 家长是否明白活动要求，是否需要帮助。
二、照片分享（10分钟） 1. 教师播放婴幼儿拍摄的作品。 2. 请婴幼儿分享自己的照片，说一说拍的是什么？为什么拍？ 3. 鼓励婴幼儿讨论，分享拍照片的经验。 4. 总结拍照的动作要领与规则。（我们可以正确使用工具记录大自然。）	1. 播放小朋友作品。 2. 提问： 你拍的什么？为什么喜欢它？用什么拍照的？怎么使用？ 3. 总结： 拍照时要拿稳手机或者是平板电脑等工具	1. 能否主动分享拍照经验。 2. 是否能够正确使用电子产品进行拍照

【活动延伸】

在区角中玩拍照的角色扮演游戏。

【家园联系】

1. 提前联系家长，说明活动要求与时间安排。

2. 活动结束后将婴幼儿的讨论场景等也以照片的形式反馈给家长。

【注意事项】

1. 提前联系好家长，确定时间安排。注意告知家长活动的目的以及要求，保证婴幼儿能够体验到自己记录大自然的乐趣。

2. 如果家长没有时间，或者小朋友来得晚，就请小朋友提前一天在家中拍好，由家长通过微信传送。

3. 提醒家长监督婴幼儿在拍照过程中注意保护大自然，不要破坏花草树木等。

【场景拓展】

1. 可以将拍摄活动放在春游、秋游、运动会等亲子特色活动时进行。

2. 如果时间不允许，可以安排婴幼儿提前在家中完成拍照作品。

3. 可以根据季节等，根据不同的自然主题进行探索、尝试拍照。如：蚂蚁等小动物、树叶等。

活动五 沙锤沙沙沙（美育）

【适合年龄】1.5~2 岁

【组织形式】室内集体活动

【建议时间】15 分钟

【活动目标】

1. 初步认识沙锤。
2. 培养婴幼儿的动手能力。
3. 锻炼婴幼儿的听觉。

【活动重难点】

重点：能够对沙锤发出的声音感兴趣。

难点：了解沙锤是如何发声的。

【活动准备】

1. 物质准备：木质沙锤若干、贴纸若干。
2. 经验准备：婴幼儿在生活中玩过乐器类的玩具并对其感兴趣。

【活动过程】

活动环节	教师行为	观察要点
一、音乐哪里来（3 分钟） 1. 教师出示一个沙锤，敲击着完成一段音乐。 2. 问问小朋友们声音是从哪里发出来的？ 3. 让小朋友们对沙锤发出的声音产生兴趣。	提问： 小朋友们看一看，老师手里拿的是什么啊？你们有玩过吗？	是否能集中注意力倾听音乐
二、好玩的沙锤（10 分钟） 1. 教师给每人分发 1 个木质沙锤。 2. 小朋友们先自由玩耍，教师引导小朋友们给沙锤穿上漂亮的"衣服"，并给小朋友们分发贴纸。 3. 鼓励婴幼儿自己动手，遇到问题后，教师指导帮助	1. 鼓励小朋友独立完成。 2. 完成过程中婴幼儿一定会遇到问题，教师给予适当的帮助	1. 是否对沙锤感兴趣。 2. 拿到沙锤，有没有摇晃的动作。 3. 是否能把贴纸贴在沙锤上
三、沙锤变装秀（2 分钟） 1. 教师出示穿上"新衣服"的沙锤。 2. 表扬完成的小朋友，没完成的给予鼓励。 3. 再次共同欣赏沙锤音乐		是否能够随着音乐摇晃沙锤

【活动延伸】

在区角中自由尝试敲击沙锤。

【家园联系】

回到家里找到自己的乐器敲一敲、玩一玩，看看发出的是什么声音。

【注意事项】

1. 在部分乐器的玩耍中注意安全，因为小朋友年龄较小，所以活动重在动手能力、探索体验。
2. 注意在探索活动中强调基本使用规则，不能够随意破坏玩具、乐器。

【场景拓展】

除了沙锤，也可以探索响铃、铃鼓等乐器。

活动六 电池超人（美育）

【适合年龄】2~3 岁

【组织形式】室内集体活动

【建议时间】20 分钟

【活动目标】

1. 初步感知生活中电池的作用（理解能力）。
2. 能够主动探索和尝试电池的拆卸与安装（精细动作）。
3. 对生活中电池的使用感兴趣，愿意进行力所能及的探索。

【活动重难点】

重点：能够尝试拆卸、安装电池。

难点：理解生活中电池的作用。

【活动准备】

1. 物质准备：电池音乐盒（或者电池玩具）若干，PPT 展示生活中常见的使用电池的场景。
2. 经验准备：婴幼儿在生活中玩过很多安装电池的玩具，对电池感兴趣。

【活动过程】

活动环节	教师行为	观察要点
一、音乐哪里来（5 分钟） 1. 教师出示一个音乐盒，和婴幼儿一起聆听一段音乐。 2. 讨论音乐从哪里来？ 3. 讨论生活中电池的作用，引起婴幼儿探索电池的兴趣。	提问： 1. 小朋友们猜一猜，为什么音乐盒可以发出声音呢？ 2. 生活中还有哪些地方需要电池呢？ 3. 电池都在什么地方？	1. 婴幼儿能否集中注意力倾听音乐。 2. 生活中用电池的经验
二、好玩的电池（10 分钟） 1. 婴幼儿分组，教师每组分发 1~2 个（个数由婴幼儿人数决定）音乐盒（或者其他电池玩具）。	1. 将婴幼儿分组，并分发教具，注意每组人数 3~4 人为宜。 2. 教师巡回指导。	1. 婴幼儿是否对电池感兴趣。 2. 婴幼儿的精细动作发展（抠、转、拧等）。

续表

活动环节	教师行为	观察要点
2. 婴幼儿先自由玩耍，教师引导每组婴幼儿发现电池的位置，鼓励婴幼儿自己拆电池。 3. 鼓励婴幼儿自己尝试安装电池，遇到问题后，教师帮助	3. 鼓励婴幼儿独立拆卸电池。 4. 安装过程中婴幼儿一定会遇到问题，教师给予适当帮助	3. 婴幼儿能否主动求助
三、电池本领大（5分钟） 1. 教师示范正确安装电池。 2. 出示 PPT，展示生活中使用电池的场景。 3. 对小组活动进行简单总结，拓展有些玩具不使用电池，而是通过充电线进行充电（PPT 里放置 1~2 张相关图片）。 4. 再次共同欣赏音乐盒中的音乐，感受电池的作用	1. 教师正确示范拆、装电池的动作，如：二指捏、三指捏等 2. 总结婴幼儿的不正确玩法，如把电池随意乱扔，放进嘴里等	1. 婴幼儿是否能够理解一些基本规则 2. 婴幼儿是否能够初步感受生活中"电"的作用

【活动延伸】

在区角中自由探索电池的拆卸与安装。

【家园联系】

回到家里找到自己玩具中安装电池的位置，和父母一起更换电池。

【注意事项】

1. 分发电池玩具，尽量保证每个婴幼儿都能够有独立尝试的机会。
2. 因为婴幼儿年龄较小，所以活动重在动手能力、探索体验，不要求对正负极的讲解等。
3. 在探索活动中强调基本使用规则，不能够破坏或者随意乱扔电池。

【场景拓展】

1. 除了电池，也可以探索拆卸或安装其他玩具或者物品。
2. 可以由婴幼儿分享自己拆卸和安装的过程。

活动七　趣味手电筒（体育）

【适合年龄】1.5~2 岁

【组织形式】室外集体活动

【建议时间】20 分钟

【活动目标】

1. 享受玩手电筒的乐趣。
2. 追逐"星星"，促进婴幼儿视觉追踪能力的发展。
3. 喜欢参与游戏，乐意与同伴合作游戏，体验游戏带来的快乐。

【活动重难点】

重点：婴幼儿追逐能力。

难点：手、眼、身体协调配合。

【活动准备】

1. 物质准备：手电筒、音乐。

2. 经验准备：有在生活中看到过手电筒的经验。

【活动过程】

活动环节	教师行为	观察要点
一、一闪一闪亮晶晶（7分钟） 1. 晚上我们的天空中除了有月亮还有一闪一闪的星星，小朋友们喜欢星星吗？老师今天就带大家去看星星？开心吗？ 2. 小朋友们坐好，老师拉上窗帘关掉灯，拿出投影仪播放《数星星》的音乐，让小朋友们边听边看	提问：小朋友们晚上看到天空中有什么啊？喜欢星星吗？	1. 小朋友们是否能够说出简单的词语。 2. 是否愿意主动表达
二、踩星星（10分钟） 教师讲解示范游戏玩法：老师打开手电筒，照在地上，小朋友们追着地上的星星踩，在追逐星星中感受到游戏的快乐	注意避免小朋友们在追逐数星星的时候抓扯、推搡	1. 在追逐过程中身体是否协调。 2. 是否能准确地站在星星上
三、总结（3分钟） 1. 小朋友们调整呼吸，坐在位置上休息。 2. 老师对小朋友们踩星星给予鼓励和表扬		

【活动延伸】

在户外玩耍的时候也可以数一数地上的落叶、花园里的花朵等。

【家园联系】

家长可以晚上带孩子去户外观察星星，并讲一些关于星星的故事。

【注意事项】

1. 老师在移动手电筒的过程中速度尽量放慢，以免婴幼儿在追逐的时候摔倒。

2. 提醒婴幼儿遵守游戏规则，注意安全。

活动八 我是小小火炬手（体育）

【适合年龄】2~3岁

【组织形式】室外集体活动

【建议时间】20分钟

【活动目标】

1. 关于体育活动和科技结合的场景，我们在身边的生活中最先想到的就是奥运会。奥运会离不开火炬，随着科技发展，火炬样式也变化多样。引导婴幼儿了解火炬的传递方法。

2. 通过走木桥、绕障碍物等方式练习身体平衡；模仿火炬手传递火炬，练习手眼协调。

3. 喜欢参与游戏，乐意与同伴合作进行游戏，体验游戏带来的快乐。

【活动重难点】

重点：单手举玩火炬。

难点：手、眼、身体协调配合。

【活动准备】

1. 物质准备：人手一把玩具火炬、利用高矮、宽窄不一的平衡木、高跷、橡皮筋等布置户外场景。

2. 经验准备：看过火炬传递。

【活动过程】

活动环节	教师行为	观察要点
一、争当小小火炬手（5分钟） 1. 播放奥运会火炬传递视频，并让婴幼儿模仿动作，激发婴幼儿兴趣。 2. 出示不同火炬图片，让婴幼儿看不同的火炬。 3. 出示火炬玩具，让婴幼儿模仿传递。 4. 婴幼儿依次完成游戏	提问： 1. 小朋友们，奥运会大家都知道或者看过吗？ 2. 火炬传递的场景是什么样的呢？ 3. 哪位小朋友能表演一下火炬是怎么传递的？	1. 婴幼儿能否说出简单的完整句子。 2. 婴幼儿能否做出传递火炬的动作
二、点燃火炬盆（5分钟） 1. 教师讲解示范游戏玩法：婴幼儿手举火炬跑过一段空地，绕过障碍物（高跷）、钻过一个小隧道（橡皮筋）、走过一座木桥（平衡木），将火炬放入火炬盆。 2. 婴幼儿听到指令后，依次完成游戏 3. 教师给予语言鼓励和动作指导，婴幼儿再次练习	提醒婴幼儿走平衡木时两臂侧平举	能否手持火炬完成跑、钻、走平衡木等动作
三、火炬大家传（10分钟） 1. 教师讲解示范游戏玩法：婴幼儿分成人数相同的两队，自由选择场地，听到教师喊"开始"时，再有序地，一个接一个地传递火炬，最后一个火炬手要将火炬放入火炬盆，并点燃火炬，按箭头方向返回。哪队先放入，哪队这轮胜出。按规则，循环游戏。 2. 婴幼儿按照指令完成游戏，教师在一旁给予鼓励和表扬	提问： 提醒婴幼儿遵守游戏规则，体验与同伴共同游戏带来的快乐	1. 婴幼儿能否听懂指令，遵守规则完成游戏。 2. 婴幼儿能否准确按动作要领完成动作

【活动延伸】

加高圆柱式平衡木，进行练习。

【家园联系】

家长可以在家与孩子共同观看奥运火炬传递的视频，并讲解有关奥运会的相关知识。

【注意事项】

1. 提示婴幼儿走平衡木时两臂侧平举，眼睛看前面。

2. 注意指导婴幼儿手脚协调地走，保持身体平衡并保护好火炬。

3. 提醒婴幼儿遵守游戏规则，注意安全。

活动九　我会用手机（感育）

【适合年龄】1.5~2 岁

【组织形式】室内集体活动

【建议时间】20 分钟

【活动目标】

1. 婴幼儿对新鲜事物的认知。

2. 初步感知手机的使用方法。

【活动重难点】

重点：生活中用手机的场景。

难点：懂得手机与人的关系。

【活动准备】

物质准备：玩具手机若干。

经验准备：婴幼儿有玩过手机的经验。

【活动过程】

活动环节	教师行为	观察要点
一、喂喂喂（5 分钟） 1. 教师拿出玩具手机来吸引小朋友们的注意力。 2. 教师问小朋友：平时在家有用手机给父母打过电话吗？ 3. 让小朋友们模拟给父母打电话的场景。	提问： 小朋友们使用过手机打电话吗？是打给谁的呢？	1. 小朋友用动作来表现使用手机。 2. 是否能够尝试主动用简单语言打电话，如"喂"。
二、你打、我打，大家打（10 分钟） 1. 教师将婴幼儿分为两人一组，每人分发一部玩具手机。 2. 老师播放《打电话》的儿歌，小朋友听儿歌里面的内容。 3. 两个小朋友模拟打电话的情景。		1.在活动中是否感受到快乐。 2. 是否能用食指按键。

续表

活动环节	教师行为	观察要点
三、总结（5分钟） 　　老师给小朋友们讲解手机的正确使用方法及时间，告诉小朋友们不能长时间玩手机，会伤害我们的眼睛		

【活动延伸】

在家中使用玩具手机进行角色扮演。

【家园联系】

在家父母和婴幼儿一起演练打电话，并告知婴幼儿其父母的电话号码。

【注意事项】

1. 因为婴幼儿年龄较小，手机的光线对婴幼儿眼睛的刺激很大。所以尽量采取玩具手机供婴幼儿玩耍。

2. 使用手机的时间不宜过长。

3. 在使用玩具手机的同时注意婴幼儿咬、抠等动作，防止其把玩具零件吃进嘴里。

【场景拓展】

可以将手机换成生活中的其他科技产品，将生活融入课堂。

活动十　手机应该这样用（感育）

【适合年龄】2~3岁

【组织形式】室内集体活动

【建议时间】20分钟

【活动目标】

1. 简单说出手机的结构和用途。

2. 尝试用贴纸创作表达生活中使用手机的场景（精细动作）。

3. 初步感知手机的使用规则，感受手机与人的关系。

【活动重难点】

重点：回忆生活中使用手机的场景，完成贴纸作品。

难点：感受手机与人的关系。

【活动准备】

1. 物质准备：手机结构图贴纸一套（自制）、A4纸若干张、儿童贴纸、水彩笔若干。

2. 经验准备：婴幼儿在生活中关注过手机。

【活动过程】

活动环节	教师行为	观察要点
一、你说我说，手机是什么（5分钟） 1. 教师提问，吸引婴幼儿的兴趣，鼓励婴幼儿用完整的语言表达。 如果婴幼儿使用肢体语言，或者语言不完整，老师用完整语言补充说明。 2. 婴幼儿说到一处结构，教师就在挂图上贴上相应部位的贴纸（屏幕、触屏按键、摄像头、听筒、充电口等），注意展示撕、贴的动作。 3. 教师展示完整手机结构挂图，组织婴幼儿讨论手机的作用	提问： 1. 小朋友们使用过手机吗？手机是什么样子的呢？ 2. 手机里面有什么？ 3. 手机可以做什么？	1. 婴幼儿能否用动作来表现使用手机 2. 婴幼儿的表情（对待手机的态度） 3. 发音是否清晰、完整，语速是否适中
二、你试我试，我爱玩手机（10分钟） 1. 教师将婴幼儿分组。 2. 分发材料（A4纸一张，贴纸，水彩笔），组织婴幼儿用贴纸粘贴出生活中使用手机的场景，鼓励婴幼儿各自独立完成。 3. 完成贴图的婴幼儿向老师展示说明。 4. 教师将婴幼儿的作品用手机拍照，投放到教室的投影仪或者电视上	教师巡回观察，鼓励婴幼儿自己完成，倾听婴幼儿的解释说明	1. 能否完成撕、贴的精细动作。 2. 注意力集中的时间
三、自制手机使用手册（5分钟） 1. 教师播放婴幼儿的作品，组织婴幼儿讨论哪些使用得对，哪些不对，会有什么危害（比如：吃饭的时候不可以用手机看动画片等）。 2. 教师将正确的使用场景整理编辑成一个文档；根据小朋友的回答，编辑简单的手机使用要求，题目为《手机应该这样用》	提问： 这个场景中应该使用手机吗？ 你喜欢爸爸妈妈自己玩手机吗？	1. 婴幼儿接触手机的机会和时间。 2. 婴幼儿对父母使用手机的看法

【活动延伸】

在娃娃家游戏中使用玩具手机进行角色扮演。

【家园联系】

将《手机应该这样用》打印，分发给家长，向家长了解孩子平时电子产品的接触情况，给予相应指导。

【注意事项】

1. 如果有的婴幼儿对于手机没有兴趣，可以让其用贴纸贴一个自己想到的玩耍场景。

2. 2~2.5岁的婴幼儿有意想象刚刚萌芽，如果无法根据要求进行拼贴，也可以自行随意粘贴，教师可以通过询问的方式引导、提醒主题，但是不应该强迫或者打断。

3. 教师应注意引导婴幼儿自由表达和创作，最后简单的手机使用手册也是婴幼儿作品的集合，不应该过多地总结和强加给婴幼儿他们没有的经验与认知，但是可以注意引导婴幼儿思考人与手机的关系。

【场景拓展】

可以将手机换成生活中的其他电子产品，将生活融入课堂。

第三章

托育机构中的观察与评价

托育机构中的观察与评价主要有两大方面，一是从教师角度出发的对教育活动设计与指导有效性的评价；二是从婴幼儿角度出发的对活动参与有效性的评价。二者相互渗透，又彼此独立。

一、托育机构中教育活动评价的基本内容

对教育活动的评价主要涉及对活动目标、活动内容、活动方法、活动环境以及活动过程等方面的评价内容。

（一）对教育活动目标的评价

目标是教育活动的起点和归宿，影响教育活动的内容选择、方法运用，乃至预期效果等方方面面。对0~3岁婴幼儿教育活动的目标进行评价，首先要看其是否符合婴幼儿的年龄特点，是否符合教育对象的实际发展水平和需要。其次，0~3岁婴幼儿的教育活动目标要具有操作性和整合性，即目标设定要具体可操作，能够促进0~3岁婴幼儿的认知、技能、情绪情感的全面发展。

（二）对教育活动内容的评价

0~3岁婴幼儿的教育活动内容首先应当具有针对性和挑战性，也就是促进婴幼儿在"最近发展区"内，获得生活的关键经验。其次是要具有适宜性和有效性，也就是要尊重婴幼儿的年龄特点、兴趣和需要。第三是自然性、开放性。0~3岁婴幼儿的教育活动要"回归自然""回归生活"，给婴幼儿更为自由的活动内容与空间。最后，教育内容还应该满足多元性和整合性，教师在安排一个阶段的教育内容的时候，要能够将各领域的关键经验有机、自然整合，为婴幼儿提供丰富的学习、游戏内容。

（三）对教育活动方法的评价

针对不同年龄阶段的教育对象、不同的教育内容，就要选择不同的教育方法。尤其是对于 0~3 岁婴幼儿，由于教育对象年龄较小，认知、语言等各方面发展不够成熟，更需要教师选择适宜的教育方法。对于教育方法的评价主要是分析教师使用了何种方法手段，能否满足婴幼儿的活动需要，是否能促进婴幼儿在已有水平上的发展，是否有利于教学目标的实现、教学内容的完成。0~3 岁婴幼儿教育活动的常用方法有游戏法、情景法、模仿法、尝试探究法、故事法、谈话法、操作练习法等。教师在实际操作中必须充分了解每种教学方法的特点、作用，有的放矢地灵活、综合运用，才能够将教育内容转化为婴幼儿的真实体验与感受，从而达到预期的教育目标。

（四）对教育活动环境材料的评价

对于 0~3 岁的婴幼儿，环境和材料在教育活动中的作用十分关键。0~3 岁婴幼儿教育活动实施的环境和材料的要求有以下三个方面。第一，自由与安全。环境设置应当给予婴幼儿充分的活动自由，可以爬行、独自游戏或者与伙伴平行游戏。同时要注意保证环境的安全性，比如环境的卫生安全、物品的放置安全等。第二，生活化、启发性。针对 0~3 岁婴幼儿的发展需要，这个阶段的环境和材料最好是生活中最真实、最自然的环境与材料，不一定是十分贵重的复杂结构玩具或者是具有特点或教育意义的玩具。越简单越生活化的环境和材料，越能吸引婴幼儿，也更具有启发性。第三，多样性、开放性。教师在教育活动中可以根据教育内容调动和布置多种资源和环境，更多样而开放性地设计和使用环境与材料。比如多媒体课件的使用、录像视频等。这些多样的、开放的材料能够给予婴幼儿更多的刺激，丰富婴幼儿的生活经验。

（五）对教育活动过程的评价

对教育活动过程的评价主要有两个方面。第一是对教师的教育活动过程的评价，就是综合上述的 4 个方面，观察并且分析教师在组织和实施的过程中能否关注婴幼儿行为，给予适宜指导；能否灵活安排活动的节奏，完成教育活动的目的；能否根据婴幼儿的实际情况，及时调整活动的方法与内容等。此外，教师在教育活动中的教学语言、教态等教师本身的素质也可以作为评价的内容之一。第二是对婴幼儿在活动过程中的表现进行评价，主要关注婴幼儿的参与度、学习（游戏）方式、互动程度、情绪情感等方面。

二、托育机构中婴幼儿观察与评价的基本方法

通过对托育机构中婴幼儿心理发展与教育活动进行评价，可以了解 0~3 岁婴幼儿真实的发展历程和潜能，促进其身心健康、和谐发展；了解 0~3 岁婴幼儿教育活动的适宜性、有效性，以提高教育质量；还可以增进托育教师与 0~3 岁婴幼儿家长或其他抚养者的相互了解与信任，以形成教育合力。综上所述，托育机构中婴幼儿心理发展与教育活动的评价具有十分重要的意义与价值。

（一）行为观察法

行为观察法是指把被观察对象置于自然的或实验室设定的环境中，评估人员通过感官或者一定仪器设备，有目的、有计划地观察其语言、行为等外部表现，评估其行为表现，探讨相关因素的方法。自然情境下的观察也称为"自然观察法"，在有控制环境下进行的观察也称为"实验室观察法"。儿童年龄越小，其心理活动越具有非随意性和外显性，可以通过观察其外部行为和表现来一定程度上了解其心理活动。行为观察法是实施0~3岁婴幼儿心理发展评价最常用的一种方法。

在运用观察法时，研究者一定要明确自己的观察目的，在观察的同时做好观察记录。观察记录的方法主要有日记法、轶事记录法、实况详录法和样本描述法。这几种观察记录的方法各有优势和劣势，要根据观察的需要提前选择确定。根据观察记录的结果，可以使用行为检核法和等级评定法来进行分析与评价。

值得注意的是，观察最好在自然的生活状态下进行，这样获取的信息才是最真实客观的。即便是实验室观察法也应该尽量给观察对象提供最自然的环境，减少人为控制的因素对婴幼儿行为表现的影响。

（二）心理测量法

心理测量是通过科学、客观、标准的测量手段对人的特定素质进行测量、分析、评价。一般来说，心理测量可以有三种方式，量表法、投射测验和仪器测量法。由于0~3岁婴幼儿的特殊性，量表法是这个阶段最常使用的一种测量方法。量表（Scale）是一种比较客观的测量工具，它可以被看作一把尺子，用这把尺子对被试的属性进行测量。这是一种标准化的心理测验。

量表测验法可以用于测量0~3岁婴幼儿的心理发展水平，及早发现婴幼儿的特殊才能以及其心理发展中所存在的问题和障碍。从评价效果来看，使用量表法对0~3岁婴幼儿的心理发展进行评估具有间接性、相对性和客观性。也就是说，量表法的优势是具有一定的客观性，无论是测验项目的收集与选取，量表本身的信度和效度检测，还是量表使用的方法和过程，最后结果的处理与解释，都要按照标准化的程序进行，这些要求都在一定程度上保证了结果的客观性。但是由于心理发展的某种内在不可直接测量的特质，量表的测量只能是针对这些内在特质的外显行为进行，所以实际上只是测量了研究对象对测验项目的行为反应，然后对测量结果进行推论。因此，使用心理测量法得出的结果依旧也没有绝对的标准，只能推断婴幼儿在一个序列中的位置或是他们表现出的优势或者劣势。综上所述，量表法实际上还具有间接性和相对性。

在使用量表测验法的时候，首先要注意根据评价的目的和月龄阶段选择合适的量表。其次，测评人要能够充分地了解所使用的量表，能够科学、全面地掌握量表的使用方法，包括测验的组织与结果的分析。最后，在进行结果分析的时候，还要综合考虑环境、个体差异等可能会对结果产生影响的其他因素。

(三)访谈法

访谈法顾名思义就是通过访谈获得信息。访谈的对象可以是被评估人,也可以是和被评估人相关的人或者环境。如果是对 0~3 岁婴幼儿进行评价,访谈对象一般是婴幼儿的家长、教师和熟悉婴幼儿的主要带养者。访谈法比观察法和量表测验法更加开放,给了访谈对象表达自己的机会,从而可以收集到更为广泛的信息。当然,由访谈法收集上来的信息主观性更强,相对缺少一些针对性。因此访谈法一般结合其他两种方法一起使用。比如在进行正式的观察或者测验之前,进行时间适中的一段访谈,可以了解被评价对象的个人信息、家庭背景、早期或者近期的一些生活经历等。

以上三种方法可以根据实际评估的要求运用到对 0~3 岁婴幼儿的心理发展各个方面的评价工作之中,可以单独使用也可以任意组合使用。值得注意的是,如果要对某一婴幼儿的心理发展状况进行全面的评价,还是需要综合测验、观察、谈话等多种方法获得的多方面的信息,最终分析多方因素,才能够得到较为科学的评价结果。

托育机构记录与评价用表

一、保育个案观察记录

保育个案观察记录表

年　　月　　日

观察对象			性别		年龄	
特殊原因						
特殊护理	□隔离观察		□打针	□喂药	□生活护理	□其他
观察环节	观察指标				备注	
入园	情绪状态		体温			
集体活动	情绪状态		参与情况			
用餐	情绪状态		用餐量			
午睡	情绪状态		午睡情况			
大便情况	次数		质量			
反馈结果与分析						
保育建议与策略						

填表说明：
1. "情绪状态"：分"好"（愉快、积极）；"中"；"差"（情绪低落、沮丧或哭泣）。
2. 参与情况：用"积极""被动""消极"等填写。
3. 午睡情况：用"正常""入睡时间短""不能入睡"等填写。

二、体能锻炼观察记录

婴幼儿体能锻炼观察记录表

班级		人数		日期		
体能锻炼内容						
器械						
安全状况		□场地安全　　□玩具材料安全　　□器械安全 □内容安全　　□其他				
教师	基本素质	□精神饱满　　□动作协调 □尊重幼儿　　□穿戴适合				备注
教师	组织能力	□面向全体　　□关注差异 □安排有序　　□活动有效　　□材料丰富				
幼儿反应	发展情况	□活动有序　　□动作到位 □敢于尝试　　□有所创新				
幼儿反应	活动量	疲劳流汗：　□大部分　　□小部分　　□个别 适度出汗：　□大部分　　□小部分　　□个别 不出汗：　　□大部分　　□小部分　　□个别				
锻炼实录						
特殊儿童 情况记载						
反思与建议						

填表说明：
1. "安全状况"：在相应"□"内用"√"或者"×"分别表示"安全"与"不安全"。
2. "幼儿反应"：用打"√"形式在相应"□"内反映。
3. "备注"栏可以写上具体的情况说明。

三、生活常规班级评价

班级婴幼儿生活常规评价

班级_____ 总人数_____ 日期_____

项目	评价内容	会	不会
洗手	按一定程序认真洗手（挽袖、搓肥皂、手心手背洗）		
	不拥挤、不边玩边洗，节约用水		
	认识自己毛巾的标记，将毛巾挂在固定位置		
入厕	能分清男女厕所，男孩站位，女孩正直蹲位		
	不在便池前拥挤		
	会整理衣裤，或知道请求帮助整理		
	便后洗手		
喝水	知道自己口渴要喝水		
	用自己的水杯接水，不浪费水		
	排队不拥挤		
	知道喝水的正确方法		
	认识自己的杯子标记，将杯子放在固定的位置		
用餐	认真洗手、方法正确；能排队轮流不拥挤		
	安静进餐，坐姿良好		
	会自己使用餐具进餐		
	不挑食，吃饭不拖拉，能保持桌面干净		
	餐后自己放餐具，摆放椅子，擦嘴		
	饭后进行安静的活动		
午睡	有秩序入厕		
	安静进入寝室		
	按顺序脱鞋、衣、袜，并折叠好放在固定的位置		
	安静入睡，纠正幼儿不良睡姿，不带玩具上床		
起床	按时起床，不喧哗		
	较迅速正确地进行穿戴		
	被子、拖鞋摆放整齐		
	有秩序地入厕、喝水		
其他	将外衣、帽子、书包等叠放整齐，放在固定的地方		
分析与策略			

备注：请在相应的栏目中打"√"或填写幼儿人数。

四、心理行为观察记录

婴幼儿心理行为观察记录表

观察时间		观察地点			
观察对象		观察对象的年龄		观察对象的性别	
观察者		观察方法			
观察目标					
发生背景					
行为主题	☐ 注意　　☐ 感知觉　　☐ 记忆 ☐ 想象　　☐ 思维　　☐ 语言 ☐ 情绪情感　☐ 意志　　☐ 社会性				
行为表现					
行为分析					
措施策略					

备注：可在观察到的"行为主题"相关的"☐"中打钩再记录。

五、区域活动记录

班级区域活动观察记录表

日期：_____   班级：_____

活动时间	——		
儿童数目及年龄		成人参与及数目	□是　　□否
区域类型	□益智区　□角色区　□建构区　□图书角　□自然角　□其他		
环境及材料创设			
活动主题			
观察目的			
教师指导	□是　　□否		

游戏过程实录	适宜的介入时机、指导方式即时评价

结论、评价与建议：

六、区域活动评价

婴幼儿区域活动评定表

姓名：_____　性别：_____　记录者：_____　日期：_____

类目	项目	经常	一般	很少	从未
自主性	1. 能独立完成一项活动				
自主性	2. 会主动选择活动				
自主性	3. 能主动收拾玩具				
自主性	4. 分享活动时能主动提出自己的看法				
注意力	1. 喜欢逗留该区达10分钟以上				
注意力	2. 认真思考解决问题				
注意力	3. 不受环境影响改变活动				
合作性	1. 能与同伴交谈				
合作性	2. 能与同伴合作完成一件工作				
合作性	3. 遵守集体游戏规则				
合作性	4. 会轮流使用活动材料				
创造力	1. 会利用不同的材料作整体的造型				
创造力	2. 能简述其作品造型的意义				
创造力	3. 能提出解决问题的方法				
创造力	4. 能提供不同的答案				
分析及建议					

七、户外活动记录

婴幼儿户外活动记录分析表

班级		人数		日期	
活动类型		☐早操		☐器械活动	☐体育游戏
环境与材料	☐环境材料安全　　☐材料种类数量充足 ☐充分利用环境材料　☐材料有创新			备注	
幼儿反应	☐灵活有序　　☐积极参与　　☐合作互助 ☐活动量适中　☐玩法创新　☐有所发展				
观察重点					
现场实录					
分析措施					

八、大型活动记录

园所大型活动记录分析表

地点		参与对象		人数	
主题					
形式					
过程					
效果分析					
建议					

备注：
　　幼儿园大型活动是指有较大规模、形式多样、全体幼儿参加或邀请家长一起参加的集体活动。主要包括：庆祝节日活动、参观访问、纪念活动、运动会、春游、家长助教、亲子活动等。

九、周计划记录

园所周计划记录分析表

班级：_____   周次：_____   日期：_____

主题			
工作重点			
区域活动			
教学活动	星期	上午	下午
	周一		
	周二		
	周三		
	周四		
	周五		
户外活动			
环境创设			
个别教育			
家园联系			
分析			
建议			

十、班级教学活动记录

教学活动观察评价表

项目	评价要点	评价等级		
		优	良	中
教学目标	符合幼儿的年龄特点与发展水平			
	重视情感、态度、知识、能力的培养，体现教育的整体性			
	具体、明确，切实可行，易于衡量			
教学内容	符合幼儿的现有水平，有一定的挑战性			
	贴近幼儿的现实生活，能引发幼儿的有效学习			
	活动内容与知识概念科学、准确			
	教学内容适中，有利于目标的落实			
教学过程	合理利用教育资源，教玩具的使用科学、合理、有效			
	问题的提出具启发性，有利于引发幼儿进一步学习与思考			
	教学方法具有直观性、趣味性，做到教学组织游戏化			
	灵活运用集体、小组、个别等组织形式			
	抓住重点，突破难点，优化教学效果			
	重视对幼儿"自主、合作、探究"学习方式的引导，展现积极有效的幼幼互动、师幼互动			
	面向全体幼儿，关注个别差异，因人施教			
	营造关爱、平等、民主、和谐、宽容和支持的学习氛围			
教学效果	幼儿积极主动，轻松愉快			
	活动气氛活跃，富有活力			
	教学活动具有时效性			
	活动目标完成情况良好			
教师素质	敏感地察觉到幼儿的表现和反应，及时以适当的方式应答			
	语言清晰简练，富有吸引力			
	教态亲切自然，衣着得体，举止从容			

附录　托育机构记录与评价用表

十一、教师听课记录

教师听课与分析记录表

活动时间		活动地点（幼儿园）	
活动领域		活动名称	
活动班级		执教教师	
活动目标			
活动准备			

活动过程：	即时评价

活动评价：

十二、教案模板

活动名称：

【组织形式】集体教学活动

【设计意图】

【活动目标】

【活动重难点】

重点：

难点：

【活动准备】

1.物质准备：

2.经验准备：

【活动过程】

活动环节	教师提问	观察记录
一、 1. 2. 二、 1. 2. 3. 三、 1. 2. 3. 四、		

【注意事项】

1.

2.

【小结】

1.

2.

参考文献

中文文献：

[1] 国务院办公厅关于促进 3 岁以下婴幼儿照护服务发展的指导意见[EB/OL].（2019-04-17）. http://www.gov.cn/gongbao/content/2019/content_5392295.htm.

[2] 中华人民共和国国家卫生健康委员会. 托育机构保育指导大纲（试行）[EB/OL].（2021-01-12）. http://www.nhc.gov.cn/rkjcyjtfzs/s7785/202101/deb9c0d7a44e4e8283b3e227c5b114c9.shtml.

[3] 曹桂莲. 0～3 岁儿童亲子活动设计与指导[M]. 上海：复旦大学出版社，2014.

[4] 周念丽. 0～3 岁儿童观察与评估[M]. 上海：华东师范大学出版社，2013.

[5] 王颖蕙. 0～3 岁儿童玩具与游戏[M]. 上海：复旦大学出版社，2019.

[6] 童连. 0～6 岁儿童心理行为发展评估[M]. 上海：复旦大学出版社，2020.

[7] 童连. 婴幼儿营养与食育[M]. 上海：复旦大学出版社，2022.

[8] 丹尼斯·博伊德，海伦·比. 儿童发展心理学[M]. 13 版. 夏卫萍，译. 北京：电子工业出版社，2016.

[9] 王明晖，左志宏. 0-3 岁婴幼儿认知发展与教育[M]. 上海：复旦大学出版社，2011.14.

[10] 张婷，刘新民. 发展心理学[M]. 合肥：中国科学技术大学出版社，2016.

[11] 周念丽. 0-3 岁儿童心理发展[M]. 上海：复旦大学出版社，2017.

[12] 叶澜. 新编教育学教程[M]. 上海：华东师范大学出版社，1991.

[13] 刘杰，孟会敏. 关于布郎芬布伦纳发展心理学生态系统理论[J]. 中国健康心理学杂志，2009，17（02）：250-252.

[14] 杨玉凤. 儿童发育行为心理评定量表[M]. 北京：人民卫生出版社，2016.

[15] 童梅玲，邵洁，张悦，等. 婴幼儿养育照护关键信息 100 条[J]. 中国妇幼健康研究，2020，31（09）：1132-1136.

[16] 黄楹，童连. 国际托育质量评估与监测体系[J]. 中国儿童保健杂志，2022，30（8）：5.

[17] 黄楹，张海峰，童连. 托育质量与儿童发展研究进展[J]. 中国儿童保健杂志，2020，28（09）：997-1000，1008.

[18] 金燕妮. CLASS Toddler 与 ITERS-3 在托育机构师幼互动质量评价中的应用分析[D]. 金华：浙江师范大学，2020.

[19] 赵颜，张娜. 美国伊利诺伊州 0～3 岁婴幼儿社会与情感发展的培养经验及启示[J]. 早期教育，2022（08）：6-10.

[20] 刘冲. 走出学校美育的认识误区——兼论学校美育的课程化实施[J]. 当代教育论坛，2021（01）：29-37.

[21] 宁本涛，杨柳. 美育建设的价值逻辑与实践路径——从"五育融合"谈起[J]. 河北师范大学学报（教育科学版），2020，22（05）：26-33.

[22] 夏志凤. 我国南方和北方 0-3 岁婴幼儿家庭教养模式与婴幼儿社会性行为的特点的比较研究[D]. 上海：华东师范大学，2014.

[23] 陈菲菲. 我国 0-18 月龄婴幼儿父母教养行为与婴幼儿社会性行为关系的研究[D]. 上海：华东师范大学，2013.

[24] 谢佩娜，张健忠.杭州市 126 名婴幼儿体育活动及家长认识状况调查[J]. 中国儿童保健杂志，2005（03）：272.

[25] 周燕.0—3 岁婴幼儿情感教育系列之三——培养一个快乐的孩子[J]. 教育导刊（幼儿教育），2000（S3）：20-21.

[26] 解毅飞. 婴幼儿体育研究[J]. 北京体育大学学报，1994（S1）：9-13.

外文文献：

[1] 安梅勅江. 子育ち環境と子育て支援[M]. 日本：株式会社勁草書房，2004，11

[2] 安梅勅江. 根拠に基づく子育ち子育てエンパワメント[M]. 日本：日本小児医事出版社，2009.8

[3] 高山忠雄.いのちの輝きに寄り添うエンパワメント科学[M]. 日本：北大路書房，2014.

[4] 安梅勅江. 保育パワーアップ講座[M]. 日本：日本小児医事出版社，2008，10.

[5] Tokie Anme，Empowermen-Based Co-Creative Action Research Book[M]. 日本：Empowerment Research and Education forum，2021.

[6] 木育とは何か？特定非営利活動法人活木活木（いきいき）森ネットワーク[EB/OL][2022-12-02]. https://www.mokuiku.jp

[7] 山下晃功，田中昭夫，長澤郁夫，野津道代，原知子. 幼児教育における自然環境学習の発展型としての「木育」活動の試み：未来を拓くものづくり・環境学習の醸成をめざして[J].島根大学教育臨床総合研究 9，153-167，2010.6.